UNA PERSPECTIVA EVANGÉLICA

TEOLOGÍA DE LA LIBERACIÓN

Emilio A. Nuñez

Editorial CARIBE

© 1986 Editorial Caribe

Departamento de Producción y Ventas:
9200 S. Dadeland Blvd., Suite 209
Miami, FL 33156, EE.UU.

ISBN: 0-89922-242-0

Tercera Edición, 1988.

Impreso en Colombia.

Contenido

Contenido

Prefacio

Nadie que esté medianamente familiarizado con la situación religiosa a nivel mundial ignora el inusitado florecimiento de la teología en América Latina en las dos últimas décadas. El *boom* de la teología, como el de la novela latinoamericana, ha trascendido los límites del continente y está ejerciendo una marcada influencia en otras latitudes por medio de traducciones. ¡Quién iba a imaginar hace apenas unos años que un teólogo peruano sería leído en Alemania, otro uruguayo sería discutido en el Japón y otro mexicano sería estudiado en Sudáfrica? Definitivamente, se ha superado la etapa de subdesarrollo teológico que por tanto tiempo caracterizara a la Iglesia en América Latina.

Por supuesto, mucha de la teología que hoy se publica en esta región guarda una innegable semejanza con las teologías del Atlántico Norte, protestantes o católicas. Después de todo, para bien o para mal, todo lo latinoamericano no puede menos que conservar los rastros de la cultura "occidental y cristiana" que es parte de su origen. Es un hecho, sin embargo, que los teólogos latinoamericanos muestran generalmente una fuerte propensión hacia la teología que surge del diálogo con la fe con la realidad socioeconómica y política en que viven. Y, quiera que no, esto imprime una nota peculiar en su obra.

En ningún lugar es esa nota más marcada que en las teologías de la liberación, de las cuales trata el presente volumen. Se diría que para ellas la pertinencia de la fe a la realidad concreta es un *sine qua non* de la reflexión teológica.

Por lo mismo, es difícil que una persona que no conozca a fondo la realidad latinoamericana esté en condiciones de entender y evaluar estas teologías. Lo más probable es que se acerque a ellas sin la sintonía que le permita captar su mensaje, ni los interrogantes que le acucien a profundizar sus respuestas, ni las preocupaciones que le muevan a la acción que quieren inspirar.

La primera gran ventaja de esta obra es que ha sido escrita por un autor que por ser latinoamericano, siente y sufre como los teólogos de la liberación, aunque en muchos puntos disienta con ellos.

A ello se añade la integridad de quien está dispuesto a dejar que los

otros hablen y den cuenta de su propio pensamiento antes de ser
rebatidos. Con la erudicción y la honestidad que le son características,
el Dr. Emilio A. Núñez ha investigado su tema y se ha esforzado por
hacer una síntesis de los principales lineamientos de las teologías de la
liberación, sin permitir que su propia posición obstruya la comprensión de los mismos. Hasta dónde lo ha logrado, por supuesto, es algo
que el lector tendrá que jugar. Pero nadie podrá tachar a Núñez de no
haber estudiado su materia con cuidado e integridad.

La lectura de este libro debe estimular al pueblo evangélico a
acercarse a las teologías de la liberación con la actitud de quien quiere
examinarlo todo y retener lo bueno. Núñez ha demostrado con su
ejemplo que a la ortodoxia no se sirve con las generalizaciones irresponsables ni los juicios superficiales sino con una labor teológica que
busca la fidelidad a la Palabra de Dios y el compromiso con el prójimo
en su situación concreta.

C. René Padilla
Secretario General
Fraternidad Teológica Latinoamericana

Introducción

Miles de páginas han sido escritas durante los últimos diez años sobre la teología latinoamericana de la liberación. Se impone por lo tanto la pregunta de por qué otra obra que trata este mismo tema. Si algo tiene de especial el presente libro es sencillamente el de haber sido escrito por un evangélico latinoamericano que no solo nació y creció en un hogar proletario en la república de El Salvador, sino que antes de llegar a ser maestro de escuela elemental fue él mismo un proletario en los años de su adolescencia. Además, por cuarenta años ha cumplido su ministerio de predicador evangélico especialmente entre proletarios de Centroamérica. Ha vivido, por consiguiente, en carne propia la triste realidad económica y social que confronta a las grandes mayorías del pueblo latinoamericano. Conoce muy de cerca las angustias, frustraciones y esperanzas de este pueblo, del cual se siente parte y al cual no ha querido darle la espalda en la controversia teológica e ideológica que gira alrededor de la teología de la liberación.

Las siguientes páginas han sido escritas en actitud de lealtad al Evangelio, teniendo en cuenta el serio compromiso que el autor ha contraído con su propio pueblo. Se trata en este libro de la teología de la liberación desde la perspectiva de un evangélico latinoamericano. El orden en que se enuncian estos dos últimos términos es de vital importancia para el autor. Lo evangélico debe anteponerse a todo lo que es meramente racial, geográfico, cultural y social.

Importancia del tema

Contrario a lo que observadores norteamericanos y europeos creyeron, la teología de la liberación, en sus varias formas, no ha sido una moda pasajera en la escena teológica contemporánea. Esta teología parece haber venido a quedarse con nosotros, ya sea como un sistema de pensamiento que lleva en sí mismo la simiente de su propia transformación, o como un conjunto de ideas o interrogantes, que están ya ejerciendo profunda influencia en el quehacer teológico de nuestro tiempo. Prueba de esta influencia la vemos en el interés que la comunidad teológica internacional ha mostrado en el estudio de las diferentes teologías de la liberación, incluyendo, por supuesto, la teología negra de la liberación, la teología de la liberación femenina, y la teología latinoamericana de la liberación; por no mencionar las distintas tonalidades que esta última ha venido adquiriendo con el correr de los años.

Que la teología de la liberación está influyendo también, de una manera u otra, en círculos evangélicos del así llamado Tercer Mundo, es innegable. Entre los pensadores evangélicos latinoamericanos ha habido un renovado interés por estudiar a fondo las implicaciones sociales del evangelio en respuesta, directa o indirecta, al desafío de la teología de la liberación. Se han publicado asimismo algunos trabajos de autores evangélicos latinoamericanos que evalúan este sistema teológico.[1]

La importancia de la teología de la liberación consiste no sólo en la influencia que ejerce en diferentes partes del mundo, sino también en las características que sus representantes le atribuyen.

Por ejemplo, los escritores liberacionistas están convencidos de que su trabajo es eminentemente teológico, no obstante el extenso uso que hacen de las ciencias sociales en su reflexión sobre la realidad latinoamericana y en su enseñanza sobre la naturaleza y misión de la Iglesia. Ellos hablan de "una nueva manera de hacer teología", no de "una nueva manera de hacer sociología", aunque admitan que su corriente de pensamiento va del contexto social al texto bíblico, de la sociología a la teología.

Nos dan a entender también que su reflexión es bíblica, en tanto que descubren en las Escrituras paradigmas de liberación, como el evento del éxodo en el Pentateuco y la naturaleza política del reino que Jesús y sus apóstoles anunciaron.

Insisten, además, en el carácter cristiano de su teología. Se trata,

---

[1]Por ejemplo, Samuel Escobar, "Beyond Liberation Theology: Evangelical Missiology in Latin America," *International Bulletin of Missionary Research*, Julio 1982.

René Padilla, "Mensaje Bíblico y Revolución", *Certeza*, Bs. Aires, Argentina, enero-marzo de 1970, no. 39. "The Theology of Liberation", Third International Conference of Institutions for Christian Higher Education, Dordt College, Sioux Center, Iowa, U.S.A., agosto 13-20, 1981 (copia a mimeógrafo). En la revista *Misión*, Bs. Aires, Argentina: "Una nueva manera de hacer teología" (marzo-junio de 1982), "La Teología de la Liberación: una evaluación crítica" (julio-septiembre de 1982), "¿Un nuevo Gutiérrez?" (abril-junio de 1983). "Iglesia y Sociedad en América Latina", *Fe Cristiana y Latinoamérica Hoy*, C. René Padilla, editor (Buenos Aires, Argentina: Ediciones Certeza, 1974).

Orlando Costas, *Theology of the Crossroads in Contemporary Latin America*, Amsterdam: Rodopi, 1976. Costas hace una descripción y evaluación de Iglesia y Sociedad en América Latina (ISAL).

dicen ellos, de ser auténticos cristianos en una situación de dependencia económica, y por ende, de subdesarrollo e injusticia social. Se trata de lo que significa ser la verdadera Iglesia de Jesucristo en este contexto de miseria, a favor de los oprimidos.

Como es de esperarse, los teólogos de la liberación subrayan vez tras vez la naturaleza latinoamericana de su reflexión teológica. Afirman que esta es una teología forjada en una realidad social de suma pobreza y desamparo para las masas que sufren los tristes resultados de su dependencia económica y política bajo el dominio de poderes neocolonialistas en la escena nacional e internacional. Señalan a la vez el carácter científico de su análisis del contexto latinoamericano; lo que significa que se han valido también del instrumental marxista para la descripción y transformación de la sociedad.

Estas y otras características que los liberacionistas sugieren hacen que su sistema de pensamiento sea digno de atento estudio, especialmente de parte de los evangélicos.

En realidad, la teología latinoamericana de la liberación es mucho más que un ejercicio académico para profesores y estudiantes de teología que disfrutan de las comodidades ofrecidas por una sociedad opulenta. Es cierto que el liberacionismo corre el riesgo de convertirse en otro producto de consumo burgués en el mercado de las ideas; pero su contenido viene, por así decirlo, desde fuera de las aulas magisteriales, con un mensaje de inquietante significado social.

Por su atrevida referencia a la situación de profunda pobreza en que viven millones de latinoamericanos, y por su valiente exhortación a que la Iglesia asuma su responsabilidad cristiana en este contexto de miseria espiritual, moral y material, la teología de la liberación ha captado la atención de muchos cristianos alrededor del mundo. No es posible soslayar esta nueva manera de hacer teología. Y si es fácil refutar la metodología de los teólogos de la liberación, no lo es el pasar por alto la angustiosa realidad social y eclesiástica que ellos señalan.

El humanitarismo de la teología de la liberación ha producido no pocas inquietudes entre los teólogos del Primer Mundo que no son indiferentes a la problemática social de los pueblos subdesarrollados y que ven con ojos no paternalistas el surgimiento de teólogos autóctonos en otras latitudes. Parece haber una fuerte corriente de simpatía hacia la teología de la liberación en el protestantismo conciliar (ecuménico) a nivel mundial. Aun entre teólogos protestantes que no militan en el ecumenismo hay quienes están más dispuestos a señalar lo positivo que a denunciar lo negativo en la teología de la liberación.

En determinados círculos protestantes es muy fácil ganar popularidad y aun cierto prestigio académico hablando solamente en términos que favorezcan a la teología de la liberación. Adoptar una actitud crítica —así sea en el espíritu más ecuánime— hacia el liberacionismo es darse a conocer como alguien que "no está en contacto con la realidad social", o que "le está haciendo el juego al capitalismo", o que "no se ha liberado del protestantismo fundamentalista norteamericano".

El temor de ser así clasificados y marginados de la comunidad teológica internacional puede intimidarnos a los evangélicos latinoamericanos, obligándonos a mantener una postura acrítica —que en sí no es académica—, o a guardar un silencio culpable. Por otra parte, es de esperar que la mayoría de los profesionales de la teología estén dispuestos a escuchar con el debido respeto las ideas ajenas, lo que tengamos que decir sobre una teología que ha surgido en nuestro suelo latinoamericano.

A propósito de la naturaleza latinoamericana de la teología de la liberación, vale la pena decir algo sobre la aceptación que ésta ha tenido en la América Latina. En cuanto a la Iglesia Evangélica en general, es evidente que la teología de la liberación, aun la de paternidad protestante, no ha llegado todavía al pueblo, a la gente que ocupa los asientos de las congregaciones locales, ni a la gran mayoría de los pastores y otros líderes evangélicos en las zonas rurales y urbanas de la mayor parte de países latinoamericanos. Pero es tema de estudio en seminarios teológicos, y no es imposible que crezca en el futuro quizá no lejano el movimiento protestante liberacionista, especialmente en aquellos países que se hallan en vías de experimentar profundas transformaciones sociales.

Por ahora, los teólogos protestantes de la liberación no han influido en la vasta mayoría de evangélicos latinoamericanos. Se debe esto en parte a que no han expresado sus ideas en lenguaje popular. Sus libros son de difícil lectura, y no ha habido quien los haga legibles para un pueblo que lee muy poco, mayormente si se trata de obras de fuerte contenido doctrinal.

Lo opuesto ha ocurrido en el catolicismo latinoamericano, el cual se halla dividido con respecto a la teología de la liberación. Esta ha logrado descender al pueblo, en unos países más que en otros, y ya tiene sus héroes y mártires. Ha habido de parte de algunos sacerdotes un esfuerzo pedagógico para comunicar a nivel de las masas campesinas y proletarias el contenido básico de la teología de la liberación.[2]

Tanto en el clero como en el laicado, hay católicos que favorecen el liberacionismo, en tanto que otros lo rechazan y aun lo condenan considerándolo herético. Pero hasta hace poco el Vaticano no se había

---

[2]Véase por el ejemplo el libro *Vamos Caminando*, publicado por el Equipo Pastoral de Bambamarca, en el Perú, para enseñar a los campesinos "una teología liberadora en el sentido más amplio de la palabra, siguiendo las líneas trazadas por el Vaticano II, Medellín y el documento 'Evangelización del Episcopado Peruano' " (Lima, Perú; Centro de Estudios y Publicacaiones, 1977), p. 10. Hay edición inglesa de este libro: *Vamos Caminando: A Peruvian Catechism.* Translated and with an introduction by John Medcalf, an English Catholic priest who has worked for many years in Peru and who shared in making the catechism. (Londres: SCM Press, 1984.)

declarado en contra de la teología de la liberación. El papa Juan Pablo II solamente había procurado frenar el activismo político de los sacerdotes católicos en la América Latina. La Conferencia Episcopal Latinoamericana reunida en Puebla en 1979 no dio marcha atrás al proceso liberador iniciado oficialmente en Medellín, Colombia, en 1968; no repudió la teología de la liberación, sino se esforzó por señalar su carácter integral dentro del marco de la enseñanza del magisterio católico romano.[3] Pero el documento dado a conocer por el Vaticano a principios de septiembre de 1984 contra la teología de la liberación viene a acentuar el antagonismo del Papa hacia este sistema teológico latinoamericano.

Aparentemente, la teología de la liberación podrá seguir refinándose, o evolucionando, o diversificándose; pero también es posible que su metodología continúe influyendo por largo tiempo en el quehacer teológico latinoamericano. A lo menos no será posible volver a los días cuando la teología en la América Latina era tan solo una copia de la que se ha forjado en un contexto social diferente al nuestro. A pesar de que desde el punto de vista evangélico conservador la hermenéutica liberacionista es cuestionable, ella ha venido a señalar en forma dramática la importancia de tener muy en cuenta para nuestra reflexión teológica la realidad social de la cual somos parte.

Los evangélicos latinoamericanos no podemos ya sustraernos de nuestra responsabilidad de pensar y hablar teológicamente a partir de las Escrituras, en respuesta a las necesidades vitales de nuestro propio pueblo.

Enfoque del tema

Hay más de una manera de tratar la teología de la liberación. En este libro se sigue primordialmente el enfoque bíblico teológico, sin pasar por alto las bases e implicaciones sociológicas del liberacionismo latinoamericano.

Se le da atención especial a la teología católica de la liberación, teniendo en cuenta que es esta la teología liberacionista que más se conoce dentro y fuera de la América Latina. Pero se hace referencia también a lo que puede llamarse liberacionismo protestante latinoamericano, aunque no es el propósito del autor realizar un análisis de todos y cada uno de los teólogos de la liberación. Esto sería un proyecto demasiado ambicioso para los límites y objetivos de esta obra introductoria.

Se sobreentiende que es imposible evaluar la teología de la libera-

[3]Francisco Interdonato, *Teología Latinoamericana, ¿Teología de la Liberación?* (Bogotá, Colombia: Ediciones Paulinas, 1978), pp. 153-65.

ción sin entrar en el terreno político. Los teólogos de la liberación afirman que su hermenéutica es política y que el Evangelio tiene una dimensión política. Evangelizar es "politizar". Además, ellos han optado por el socialismo,[4] en contra del capitalismo; dando a entender, por supuesto, que el socialismo por el cual ellos abogan no tiene que ser necesariamente igual al que se practica en otras latitudes. Pero esta opción política le crea un serio problema al cristiano que desea evaluar la teología de la liberación, ya que no puede hacerle ningún comentario negativo sin exponerse a que se le llame "defensor de los capitalistas, o imperialistas". Esta acusación puede ser muy peligrosa en un ambiente caldeado por las pasiones políticas, como peligroso es también el membrete de "izquierdista" para el teólogo que sin haber optado por ningún sistema político de izquierda habla en favor de la liberación integral del ser humano.

El autor de este libro tiene la convicción profunda de que la revelación escrita de Dios se halla muy por encima de toda ideología política como la palabra final de autoridad para la fe y la conducta del cristiano, y que lejos de ser absoluto, todo sistema político es relativo, imperfecto y temporal, y por lo tanto sujeto siempre a cambio; en tanto que la Palabra del Señor permanece para siempre.

Dentro del orden de las relatividades humanas, los sistemas políticos tienen su lugar en la sociedad; pero el cristiano no es llamado a darle carácter absoluto a ninguno de dichos sistemas porque lo absoluto se encuentra solamente en Dios. Además, sin pretender una falsa neutralidad política el cristiano debe reservarse siempre el derecho a criticar cualquier sistema político, sea de izquierda o de derecha, a la luz de la Palabra de Dios. No debe olvidarse que aun los teólogos de la liberación tienen su "reserva escatológica", para negarle finalidad a todo sistema político.

Se hacen estas advertencias porque en las discusiones sobre la teología de la liberación hay quienes parecen estar más interesados en defender un sistema político, ya sea de derecha o de izquierda, que en rendir incondicional obediencia a las Escrituras.

Es también necesario aclarar que el autor no se dirige a los especialistas en los temas más intrincados de la teología y la filosofía, ni a los expertos en las ciencias sociales, sino a pastores y seminaristas, y a otros cristianos evangélicos que desean obtener información básica sobre el origen, naturaleza y objetivos de la teología latinoamericana de la liberación. Se discuten aquí estos temas desde el punto de vista de un evangélico latinoamericano que desea ser fiel a las Escrituras y escuchar al mismo tiempo el clamor de libertad que viene de su pueblo.

---

[4]Gustavo Gutiérrez, *Teología de la Liberación. Perspectivas* (Salamanca, España: Ediciones Sígueme, 1972), pp. 154-61.

Si este libro promueve en la comunidad cristiana el estudio de la teología de la liberación bajo la autoridad de la Palabra y del Espíritu y si estimula a otros evangélicos a expresarse libremente sobre tan importante tema, el autor se considerará ampliamente recompensado por su esfuerzo. Y que al Señor de la Iglesia y de la historia sea el honor, la gloria, y la alabanza, ahora y siempre. Amén.

Primera Parte

El contexto histórico-social de la teología de la liberación

Capítulo I

Latinoamérica: ayer y hoy

La teología de la liberación de la cual trata este libro es una reflexión que se lleva a cabo dentro de la situación de la América Latina con el propósito especial de responder a los problemas económicos y sociales de estos países. Uno de los mayores distintivos del liberacionismo teológico es su gran énfasis en el contexto social. Hay otras teologías que enfocan la problemática social contemporánea, pero lo hacen en un ambiente de opulencia económica, desde donde es muy difícil entender la angustia de los pueblos subdesarrollados. Tal es el caso de la teología política europea, cuyos representantes más conocidos son el teólogo católico J. B. Metz y el teólogo protestante J. Moltmann.[1]

En cambio, la teología de la liberación tiene como su marco de referencia social la realidad de pobreza en la América Latina. Es más, los teólogos de la liberación dicen que la reflexión teológica debe ser producto de la situación y praxis sociales, en la lucha por liberar a los que se hallan oprimidos bajo estructuras económicas injustas. Si estos teólogos van de la sociedad a la teología y le dan la preeminencia al contexto social, muy por encima del texto bíblico, entonces para entender la teología de la liberación es indispensable darle siquiera un vistazo a la realidad social latinoamericana, subrayando la manera en que el liberacionismo teológico analiza esta realidad.

Perspectiva histórica

Sociológicamente hablando, la problemática latinoamericana tiene sus raíces en los tiempos de la conquista y la colonización ibéricas; por no hablar de la época precolombina, cuando también hubo violencia, opresión, y aun imperialismo entre los amerindios, como puede verse, por ejemplo, en la historia de los aztecas en México y de los incas en el

---

[1] J. B. Metz, *Antropocentrisomo Cristiano* (Salamanca: Sígueme, 1972). *Teología del Mundo* (Salamanca: Sígueme, 1971). J. Moltmann, *Teología de la Esperanza* (Salamanca: Sígueme, 1969). *El Dios Crucificado* (Salamanca, 1975).

Perú.[2] Pero nos interesa especialmente la situación social que es fruto de la conquista y la colonización europeas, porque en nuestro medio todavía prevalece mucho del nuevo orden que los ibéricos implantaron, anulando o cuando menos reprimiendo el de los amerindios, quienes se vieron sometidos de una manera u otra a la cultura de sus conquistadores. Hay además una fusión étnica que contribuye a darle su carácter distintivo a la América Latina. El mestizaje, producto de la unión de lo amerindio con lo ibérico, es uno de los factores antropológicos y sociológicos más importantes en la formación de nuestra cultura. Enrique Dussel, historiador católico, afirma que el mestizo es el latinoamericano.[3]

Los españoles tuvieron concubinas entre las amerindias y, por así decirlo, procrearon una nueva raza. Habían venido solos a América, no con sus familias a establecer una colonia europea en los territorios que tuvieran en suerte descubrir, sino a realizar una hazaña comercial, política y religiosa. Se esperaba que la expedición de Cristóbal Colón probaría la existencia de una ruta más corta a la India, ampliaría el comercio con el Lejano Oriente, añadiría territorios al dominio español, y extendería el área de influencia de la cristiandad bajo la bandera papal.

Cristóbal Colón era un hombre religioso que parece haber tomado muy en serio la responsabilidad de cristianizar a las gentes en los territorios por él descubiertos. Pero hace bien Dussel al señalar que lo que se trató de implantar en América era la cristiandad, o sea el sistema cultural, social y político europeo, del cual la Iglesia era solo una parte, al servicio de intereses económicos y políticos, representados en este caso por el rey de España y el Papa.[4] Se produjo de inmediato el fenómeno de la dependencia eclesiástica, a la par de la dependencia cultural, económica y política. La Iglesia establecida en América era verdaderamente colonial, gobernada desde el otro lado del Atlántico, para beneficio de la corona española y del papado.

La clase social dominante en la colonia estaba formada por los *peninsulares*, es decir los españoles nacidos en la península ibérica. Los *criollos*, o sea los españoles nacidos en América, ocupaban segundo lugar en la escala social. Seguían en orden descendente los *mestizos*, quienes aun después de la independencia sufrían, en unos países más que en otros, una crisis de identidad y se veían marginados del poder

[2]Pablo Pérez, M., *Misión y Liberación* (México: Publicaciones El Faro, 1976), p. 1-17.

[3]Enrique Dussel, *Caminos de Liberación Latinoamericana* (Bs. Aires: Latinoamérica Libros, 1972), p. 70. En otra parte de esta obra, Dussel dice: ". . .y la historia latinoamericana comienza en 1492. Nuestra madre es Amerindia; nuestro padre, si quieren, es España (o inviertan los términos, no importa). Pero el hijo *nuevo* no es ni Amerindia, ni España, ni Europa, ni los incas, ni aztecas, sino algo *nuevo*: es una nueva cultura criolla, mestiza, mezclada. Un hijo", p. 36.

[4]E. Dussel, Ibid., pp. 69-72.

público en un sistema social dominado por peninsulares y criollos. Los de la raza autóctona, los *amerindios*, ocupaban el estrato más bajo en la sociedad colonial. Se había trasladado a América el esquema de la sociedad clasista española.

De la cristianización de Latinoamérica puede decirse que en general hubo una imposición de la cristiandad medieval, española y romana, pero no una evangelización que convirtiera a las gentes al cristianismo del Nuevo Testamento. El esfuerzo misionero resultó más que todo en lo que ahora conocemos como religiosidad católica popular, y en un sincretismo de la cristiandad europea con la religión de los pueblos autóctonos. Hasta el día de hoy hay quienes adoran a sus antiguos dioses inclinándose ante las imágenes de santos católicos romanos.

Sin embargo, es justo reconocer que el esfuerzo misionero de la Iglesia Católica Romana en la América Latina tuvo su lado positivo. Hubo misioneros que se dedicaron con gran fervor y espíritu de sacrificio a la comunicación de su mensaje. Vivieron entre las gentes, aprendieron la lengua autóctona, y fueron en muchos respectos un ejemplo de la doctrina que predicaban. Algunos de estos misioneros se convirtieron en valientes defensores de los amerindios ante los abusos de los colonizadores. Mención especial merece fray Bartolomé de las Casas, a quien se le conoce en la historia de América como "el protector de los indios".[5]

Es también de rigor mencionar que a la empresa misionera católica romana le debemos que el nombre de Cristo haya sido anunciado en nuestro subcontinente siglos antes del establecimiento de la iglesia evangélica latinoamericana. Que hubo distorsiones del mensaje evangélico en la iglesia de la colonia, nadie puede negarlo; pero también es cierto que el cristianismo no era del todo desconocido en América cuando los pioneros evangélicos arribaron a nuestras playas. Muy diferente es el caso de otras regiones del mundo donde los misioneros protestantes han tenido que desarrollar sus labores en una cultura dominada por religiones que no profesan ser cristianas.

Con todo, la Iglesia Católica era parte del proyecto ibérico y respaldó, directa e indirectamente, al sistema social importado de la Península, un sistema semifeudal en el que los amerindios se vieron desposeídos de sus tierras y sometidos por la fuerza al servicio de sus conquistadores. En la práctica, la voz de los misioneros que defendían a los aborígenes era como un clamor en el desierto. Las leyes mismas emitidas por la corte española para proteger a los amerindios no se

---

[5]Herbert Herring, *A History of Latin America* (New York: Alfred A. Knopf, 1962), pp. 174-77. Llevado por su deseo de defender a los amerindios, Las Casas propuso en 1517 que éstos fueran substituidos por negros. Se dice que tiempo después le pesó haber sugerido semejante atrocidad, y sugirió la reforma del sistema de *encomienda*. Lewis Hanks: *The Spanish Struggle for Justice in the Conquest of America* (Philadelphia: University of Pennsylvania Press, 1949).

aplicaban como era debido en la colonia. El aborigen, el mestizo, el mulato, y otros marginados sociales, estaban a la base de la pirámide, sosteniendo a sus opresores.

Los dignatarios eclesiásticos no estaban abajo, sino en la cúspide de la pirámide, al lado de los gobernantes civiles y militares. La sociedad colonial se hallaba bien estratificada. La movilidad social se hacía muy difícil, y en cierto modo hasta imposible para la gran mayoría del pueblo. Los colonizadores tenían el concepto de aristocracia, de oligarquía, de jerarquía civil y eclesiástica, no de democracia. La verdad es que no se hablaba de democracia en aquellos días. El pueblo existía para servir los intereses de los grandes terratenientes, de los funcionarios civiles y eclesiásticos, de la corona y de la Iglesia.

El movimiento de independencia vino especialmente de los criollos.[6] Hubo sacerdotes, como José Matías Delgado en Centroamérica, José María Morelos y Miguel Hidalgo y Costilla en México, que se adhirieron a este movimiento, no obstante que el papado lo condenó.[7] Es posible que algunos sacerdotes criollos vieran en la independencia una oportunidad para ascender en la jerarquía eclesiástica.

La influencia de la revolución francesa y de la independencia norteamericana era evidente en círculos intelectuales de Hispanoamérica. Estas dos gestas de libertad eran en cierto modo un fruto de la Ilustración, aquella corriente intelectual europea que en los siglos XVII y XVIII le dio paso al racionalismo y al deísmo, y en el plano político acabó por negar el derecho divino de los reyes. En la revolución francesa (1789-1794) se manifestó el espíritu de la Ilustración en el culto a la diosa Razón, en la determinación de acabar con la aristocracia y el clericalismo, en la importancia que se le dio al nacionalismo y a los derechos del individuo, y en el deseo de fundar un nuevo orden social basado en los ideales de libertad, igualdad y fraternidad.

El liberalismo político, de notoria influencia en la vida política latinoamericana, se nutrió en las fuentes de la Ilustración. La corte española no pudo evitar que las ideas liberales llegaran a América y fomentaran el deseo de libertad. Además, a principios del siglo XIX la situación política llegó a ser propicia en Europa para la independencia de las colonias españolas en América.

Por otra parte, las ideas liberales importadas de Europa no produjeron de este lado del Atlántico una revolución verdaderamente popular en el siglo XIX. La independencia trajo un cambio de gobernantes, no del sistema económico y social. Seguía imperando el sistema estable-

---

[6]Severo Martínez Peláez, *La Patria del Criollo*, San José, Costa Rica: Editorial Universitaria Centroamericana, 1975 (tercera edición). E. Dussel, op. cit., pp. 89-93.

[7]E. Dussel, *op. cit.* p. 88. Según Dussel, historiador católico, "Hay una encíclica condenando nuestra revolución de independencia. . .San Martín. . . es condenado por el Papa".

cido por los colonizadores. Las masas no tuvieron la iniciativa, ni mucho menos la dirección del movimiento emancipador. Tampoco parecen ellas haberse dado cuenta de la posibilidad de un cambio radical en las estructuras sociales. Se resignaron a quedarse en la base de la pirámide, soportando todo el peso de las clases privilegiadas.

Aunque la Iglesia perdiera algunos privilegios como resultado de la independencia, mantuvo su hegemonía en el plano religioso, y también en lo político, especialmente cuando las nuevas repúblicas eran gobernadas por los archiconservadores. La independencia no trajo cambios que afectaran fundamentalmente la relación entre la Iglesia y el Estado, o entre la Iglesia y las clases dominantes, o entre la Iglesia y las masas populares. Hablando en términos generales se puede decir que la independencia se llevó a cabo dentro del marco del conservadurismo católico romano. No se repitió aquí ni en pequeña escala la revolución francesa de 1789.

Sin embargo, en algunos países más que en otros, la influencia del liberalismo político creció en vez de menguar, y propició cambios en la legislación y en la cultura latinoamericanas. Entre otras cosas, los liberales exigían el respeto a los derechos políticos de los ciudadanos, la separación entre la Iglesia y el Estado, la educación laica y popular. Por estas ideas, saturadas de un fuerte anticlericalismo, los liberales eran vistos como grandes enemigos de la Iglesia. Esta tuvo que depender más de la religiosidad popular para mantener su prestigio y su poder político. Como ideología, el liberalismo atrajo especialmente la atención de los intelectuales, y en nombre de la ciencia le abrió camino al positivismo y al panteísmo.[8]

De interés especial para nosotros los evangélicos latinoamericanos es el hecho de que los liberales vieron en el protestantismo un arma para socavar el poder clerical. De allí que se mostraran favorables a los misioneros evangélicos anglosajones. En Guatemala, por ejemplo, el presidente Justo Rufino Barrios, líder de la revolución liberal de 1871, invitó a misioneros presbiterianos de Norteamérica en 1882 para que establecieran la iglesia evangélica en este país centroamericano. Pero el general Barrios, como en el caso de muchos otros liberales en la América Latina, no se convirtió al protestantismo. Siguió siendo católico, cuando menos en su vida pública.[9] También es digno de notarse que no obstante el apoyo liberal el protestantismo latinoamericano siguió siendo una pequeña minoría, de influencia social muy reducida, a través de su época de iniciación, consolidación y primera expansión, o sea de mediados del siglo XIX hasta las postrimerías de la segunda guerra mundial. Dictadores que se creían liberales en lo polí-

---

[8]Juan A. Mackay, *El Otro Cristo Español* (México: Casa Unida de Publicaciones, 1952). E. Dussel, op. cit., pp. 94-96.

[9]Paul Burgess, *Justo Rufino Barrios* (Guatemala: Editorial Universitaria, 1972).

tico y social, como Jorge Ubico de Guatemala (1931-1944), veían con cierta simpatía a los protestantes, quizá porque los consideraban inocuos para el régimen.

En la segunda mitad del siglo XIX, mientras arreciaba la lucha entre liberales y conservadores latinoamericanos, en Europa florecía el positivismo y echaban raíces el darwinismo y el marxismo. Bajo el pontificado de Pío IX (1846-1878), la Iglesia Católica Romana hacía esfuerzos desesperados por mantener su hegemonía política y religiosa. El Papa condenó el liberalismo, que en aquellos tiempos era su enemigo número uno, y se declaró infalible, lo que no logró impedir la pérdida del poder temporal para la silla pontificia.

Ante el embate de las ideas socialistas, el papa León XIII escribió en 1891 su famosa encíclica *Rerum Novarum*, que trata de los problemas de la clase trabajadora y es conocida como el primer documento social pontificio en el mundo moderno. León XIII también condenó el racionalismo y se esforzó por reavivar la filosofía de Tomás de Aquino en el ministerio docente de la Iglesia Católica Romana. Bajo el signo de la *Rerum Novarum* la Iglesia Católica procuró recuperar el terreno perdido en lo político y social bajo los regímenes liberales latinoamericanos. Pensadores católicos como Jacques Maritain tuvieron en Europa la visión de una "nueva cristiandad". La Acción Católica y los partidos demócratas cristianos de aquellos tiempos lucharon por llevar a la práctica la enseñanza social de la Iglesia Católica. Pero la cruzada de reconquista no tuvo en la América Latina todo el éxito que sus líderes esperaban, no obstante que en el período entre las dos guerras la oligarquía liberal iba en decadencia. La "nueva cristiandad" fue incapaz de atraer la atención de las masas latinoamericanas. No respondió a las nuevas inquietudes de la América Latina por un futuro mejor. El pueblo no quería mirar atrás, sino seguir adelante en la conquista de su libertad. Se había iniciado ya el despertar de nuestra América hispana a una nueva era de grandes transformaciones sociales.

La denuncia internacional contra el fascismo y el nazismo trajo descrédito a los dictadores latinoamericanos. La publicidad sistemática a favor de la democracia en el mundo occidental hizo mella en muchas conciencias. Durante los últimos años de la segunda guerra mundial circulaban extensamente en la América Latina revistas bien ilustradas en las que se decía que los ejércitos aliados contra el eje Berlín-Roma-Tokio luchaban de manera heróica en defensa de la libertad. Leyendo esta literatura era natural que los latinoamericanos que gemían bajo el peso de una dictadura en su propio país se preguntasen si la democracia no debería existir también para ellos. Era irónico que dictadorzuelos latinoamericanos le declarasen la guerra a Hitler y Musolini. La palabra *democracia* se volvió peligrosa para los opresores del pueblo latinoamericano.

Los medios de comunicación masiva —la prensa escrita y hablada, el cine, y luego la televisión— dieron también a conocer con mayor amplitud, con lujo de detalles, la posibilidad de otra manera de vida, totalmente distinta a la de los pueblos subdesarrollados. El progreso de los medios de transporte, el incremento del turismo y del intercambio comercial, contribuyeron a señalar la enorme diferencia entre las naciones ricas y las pobres.

La propaganda marxista, que había hecho lo posible para sembrar la semilla del descontento social en la América Latina desde el triunfo de la revolución socialista en Rusia, se intensificó después de la segunda guerra mundial, impulsada por la victoria militar y diplomática de la Unión Soviética en aquella gran contienda.

Al terminarse la guerra, se oyó un gran clamor de libertad por todo el mundo. La estructura colonialista en Asia y Africa comenzó a resquebrajarse. Surgieron nuevas naciones independientes, libres por fin de las potencias extranjeras que por largo tiempo las habían sojuzgado. También en la América Latina se apoderó de la gente un espíritu de protesta y un anhelo de cambios sociales. A varios dictadores les llegó su hora final. Había el propósito de que la democracia por la cual muchas vidas se habían sacrificado en Europa, en Africa, y en el Lejano Oriente, se hiciese efectiva en las Américas.

Muchos latinoamericanos creían con Franklin D. Roosevelt que "la verdadera libertad individual no puede existir sin seguridad económica e independencia".[10] Exigían, por lo tanto, los mismos derechos enunciados por este presidente norteamericano en su mensaje anual al congreso de la nación en enero de 1944: El derecho a un trabajo útil y bien remunerado; el derecho a ganar lo suficiente para el alimento, el vestido, y la recreación; el derecho de cada agricultor a cultivar la tierra y vender sus productos con una ganancia que le dé a él y a su familia una vida decente; el derecho de cada hombre de negocios a comerciar en un ambiente libre de competencia injusta y del dominio de monopolios nacionales e internacionales; el derecho de cada familia a tener una buena vivienda; el derecho a recibir la debida atención médica y a disfrutar de buena salud; el derecho a estar protegido contra los temores económicos relacionados con la enfermedad, los accidentes, el desempleo y la ancianidad; el derecho a obtener una buena educación. Todo esto, dijo el presidente Roosevelt, significa seguridad.[11]

Era natural que los latinoamericanos que tenían conciencia de su problemática social recibiesen con beneplácito la Declaración Universal de los Derechos Humanos, adoptada por la Asamblea General de

[10]Franklin D. Roosevelt, "A New Bill of Rights," *The Annals of America* (Chicago: Encyclopedia Britanica, Inc., 1968), XVI, pp. 213-18.

[11]*Idem.*

las Naciones Unidas en 1948, y que al principio mirasen a esta organización mundial como una promesa del advenimiento de una era mejor para todos los pueblos del orbe. Desafortunadamente, para las grandes mayorías en la América Latina, como en otras regiones del así llamado Tercer Mundo, hubo mucho de lirismo y muy poco de resultados tangibles en los pronunciamientos sobre derechos humanos.

En la década de los años sesenta continuó en la América Latina el clamor por un cambio social. De especial interés para el estudio de esta época es el efecto de la revolución cubana en la conciencia latinoamericana y en la política estadounidense hacia la América Latina. No cabe duda que al principio el triunfo de Fidel Castro despertó gran expectación de libertad en millones de latinoamericanos. Muchos vieron en la gesta revolucionaria contra Batista un modelo y un anticipo de libertad para toda la América Latina. Por su parte, los norteamericanos repondieron al castrismo con la invasión a la Bahía de Cochinos y con la Alianza para el Progreso, un ambicioso proyecto de desarrollo económico y social para los pueblos latinoamericanos. El primero de estos esfuerzos no logró derrocar al régimen cubano; el segundo tampoco alcanzó su objetivo. Mientras tanto, seguía en la América Latina la conmoción social.

En la esfera religiosa, las enseñanzas de Juan XXIII y Pablo VI, y los documentos del Segundo Concilio Vaticano (1962-1965) alentaron a los católicos que esperaban una auténtica renovación eclesiástica que favoreciera a los pueblos oprimidos. Un nuevo amanecer pareció despuntar para el catolicismo alrededor del mundo. En la América Latina, los obispos reunidos en la conferencia de Medellín, Colombia, en 1968, tuvieron que volver el rostro hacia las masas empobrecidas. Aun entre los protestantes sudamericanos había surgido ya un movimiento que bajo el nombre de Iglesia y Sociedad en la América Latina (ISAL) estaba llamado a ser un pionero de la teología de la liberación.

Subdesarrollo y dependencia

Con base en el análisis económico y social se habla de naciones desarrolladas —algunas de ellas superdesarrolladas— y naciones subdesarrolladas. La América Latina entra en esta última clasificación, con las debidas excepciones. Algunos países latinoamericanos han llegado a niveles muy bajos de desarrollo. Las estadísticas son alarmantes, a pesar del esfuerzo que se hace en ciertos sectores para restarles importancia. Es innegable que puede haber una manipulación de las estadísticas; pero aparte de los informes técnicos sobre el subdesarrollo económico y social, salta a la vista del observador común la triste condición en que viven millones de latinoamericanos. Y no es necesario ser un experto en la ciencias sociales para señalar cuando menos algunas de las causas de dicha situación.

Que nuestra problemática social nos llega desde tiempos coloniales no justifica su existencia; como tampoco la justifica el hecho de que hay pobres en los países desarrollados. En cuanto a esto último no es correcto equiparar, por ejemplo, el cuadro de pobreza en Norteamérica con el de la América Latina. La diferencia es abismal. Decir que el latinoamericano es por naturaleza indolente no pasa de ser una generalización. Hay millones de latinoamericanos que trabajan diligentemente de sol a sol y se quedan por toda la vida hundidos en extremada pobreza, porque no reciben el salario justo por sus esfuerzos. También es una generalización decir que los trabajadores latinoamericanos no se superan en lo económico por causa del alcoholismo, o porque no tienen el ideal ni la capacidad de mejorarse a sí mismos.

En el terreno bíblico no hay justificación para la miseria que padecen muchos de nuestros coterráneos en el falso significado que se le atribuye a las palabras de Jesús con respecto a que los discípulos siempre tendrían a quienes ayudar (Jn. 12:8). El Maestro no dijo que debe haber pobres en lo económico y social, sino que siempre los habrá. Mucho menos quiso Él eximir de culpabilidad a los que por egoísmo producen o aumentan la pobreza de sus semejantes. Siempre habrá pobres por causa de la maldad del corazón humano.

La vasta mayoría de evangélicos latinoamericanos no tienen dificultad en entender la realidad del subdesarrollo porque ellos mismos la están viviendo y sufriendo cada día. Nadie tiene que convencerles de que existe la pobreza; ellos la están viendo cara a cara, sin necesidad de cuadros estadísticos. Para el evangélico latinoamericano el problema tiene que ver con las causas de la pobreza y su remedio, no con su realidad, la cual es evidente. El déficit en vivienda, salubridad y educación es enorme. En algunos países el índice de analfabetismo es todavía muy alto. Los niños desnutridos se cuentan por millones. No todos los niños latinoamericanos tendrán la oportunidad de alimentarse bien, recibir atención médica, completar los estudios en la escuela elemental, disfrutar de recreación sana e instructiva, y abrirse paso en el camino de su vocación. Según predicciones económicas, por ahora no hay esperanza de que todos ellos tengan trabajo cuando lleguen a la edad de incorporarse a las fuerzas laborales de sus respectivos países.

En un trabajo estadístico realizado en preparación para la Tercera Conferencia General del Episcopado Latinoamericano, 1979, se dice:

La nutrición deficiente de los niños menores de cinco años de edad ha surgido como un aspecto alarmante e intratable del problema, sobre todo en vista de sus consecuencias a largo plazo para el nivel de sanidad de la población. Estudios por muestreo realizados en 13 países latinoamericanos y tres países del Caribe en años diferentes entre 1965 y 1970 indican que el porcentaje de niños desnutridos (definida la desnutrición por un peso del

10% o más por debajo del peso teórico noraml) oscilaba entre el 37 y el 80%. Respecto de los países en conjunto, más de la mitad de estos niños estaban subalimentados, y en siete países dos terceras partes o más estaban subalimentados. La desnutrición de segundo grado (peso del 25% o más por debajo de lo normal) afectaba al 20% o más de la población de muestra.[12]

En cuanto al suministro de infraestructuras y facilidades de vivienda, el informe señala que "en 1971 menos del 50% de la población urbana de algunos países y menos del 50% de la población rural de la mayor parte de los países disponían de abastecimiento de agua potable. En 15 de 23 países para los que se disponía de datos correspondientes a 1970, menos del 50% de la población urbana contaba con servicios de eliminación de aguas utilizadas".[13]

También se dice que "el aumento de los costos y de las solicitudes de matrícula indican que la crisis educacional se agravará cada vez más en el decenio de 1980, a menos que pasen a primer plano otras prioridades y esperanzas".[14]

El trabajo estadístico aquí citado se esfuerza por ser objetivo y optimista; pero seis años después se siguen escuchando cifras abrumadoras tocante a nuestro subdesarrollo. Se dice, por ejemplo, que 75% de la población brasileña vive en pobreza, y que se estima que 30% de los habitantes de aquel país se hallan en situación extremadamente precaria.[15]

Estos datos son suficientes para dar una idea, por cierto muy general, de la realidad de pobreza que nos confronta en la América Latina. No es necesario abundar en detalles que muchos otros han presentado técnicamente al referirse a esta situación desde la cual los teólogos de la liberación nos hablan.

Precisamente una de las principales características de la teología de la liberación es el esfuerzo que sus autores hacen para estudiar a fondo el problema social latinoamericano. Con este fin, echan mano, como es de esperarse, de las ciencias sociales. A la vez dan por sentado que el mejor análisis económico y social es el que viene de Karl Marx, aunque admiten que en cierto modo es necesario adaptar el pensamiento marxista a la situación concreta de la América Latina.

Los teólogos de la liberación concluyen que el subdesarrollo es producto de la dependencia económica de los países pobres con

[12]Iglesias y América Latina: *Cifras* (Consejo Episcopal Latinoamericano, CELAM, 1978), p. 51.

[13]*Idem.*

[14]*Ibid.*, p. 53.

[15]*Lausanne Communique*, December 1983.

respecto a los países ricos. Hay países subdesarrollados porque existen los superdesarrollados, los que se han aprovechado de otros pueblos para alcanzar su alto grado de desarrollo. En otras palabras, el desarrollo de los pueblos ricos depende del subdesarrollo de los pueblos pobres. Los países superdesarrollados dominan y dirigen el comercio internacional. Siguen siendo colonialistas en el sentido de explotar a los países subdesarrollados, en los cuales consiguen materia prima y mano de obra baratas, y disponen de mercados donde pueden imponer el precio de sus productos. En defensa de su imperio económico acuden a la manipulación de la política interna de los países subdesarrollados, y si lo creen necesario optan por la intervención militar. Llega así el neo-colonialismo a una de sus más odiosas expresiones.

Se dice, además, que para mantener su hegemonía económica y política, los poderes colonialistas internacionales cuentan con el apoyo irrestricto de las clases dominantes en los países subdesarrollados. Pero los teólogos de la liberación parecen estar alucinados por una ideología cuando dan a entender que la opresión de unas naciones por otras es un mal exclusivo del capitalismo. Su silencio en cuanto a lo que sucede en el otro campo es elocuente. Si en caso de denunciarse tal opresión el peligro de persecución para la Iglesia es mayor en un campo que en el otro, ese es otro dato sobre el grado de libertad que el pueblo de Dios tiene en diferentes partes del mundo. Ajustar el significado de la libertad a la idología del sistema imperante no resuelve el problema. Dios libera de la esclavitud en Egipto a Israel porque desea que este pueblo, su pueblo, tenga plena libertad para servirle a Él en presencia de todas las naciones. Esta es también la libertad que la Iglesia debe tener en todo el mundo el día de hoy.

Desarrollo o revolución

La tesis de la dependencia va acompañada en la teología de la liberación por el rechazo total del desarrollismo como respuesta al problema latinoamericano. El Segundo Concilio Vaticano, la Conferencia Episcopal de Medellín, Colombia, y las enseñanzas de Juan XXIII y Pablo VI, respaldan a su manera el concepto de desarrollo global al enfocar los problemas sociales de nuestro tiempo.

Por su parte, los teólogos de la liberación prefieren ir mucho más allá de la enseñanza social del catolicismo. Para ellos el desarrollismo tiene un sentido peyorativo, ha llegado a ser un sinónimo de reformismo y modernización, y no ataca las raíces del mal. Ven la Alianza para el Progreso como un completo fracaso. Rechazan la idea de que la cultura capitalista es el modelo de desarrollo para la América Latina. Señalan que el desarrollismo amplió en lugar de reducir la brecha entre los pueblos subdesarrollados y los superdesarrollados, entre las clases dominantes y las oprimidas. Los ricos se hicieron más ricos y los pobres más pobres.

El fracaso del desarrollismo se debe, dicen los teólogos de la liberación, a la manera de producción en el sistema capitalista, a la forma en que nuestra sociedad se halla estructurada. Por consiguiente, lo que se necesita no es desarrollo o evolución, sino *revolución*, el cambio radical de las estructuras sociales, y el establecimiento del sistema socialista. Gustavo Gutiérrez aclara:

> Buscar mejorar dentro del orden actual se ha revelado inconducente. Estamos aquí al nivel del análisis de una situación, en el plano de una cierta racionalidad científica. Unicamente una quiebra radical del presente estado de cosas, una transformación profunda del sistema de propiedad, el acceso al poder de la clase explotada, una revolución social que rompa con esa dependencia, puede permitir el paso a una sociedad distinta, a una sociedad socialista. O, por lo menos, hacer que ésta sea posible.[16]

Tal es en esencia la respuesta de la teología de la liberación a la problemática económica, social, moral y política de la América Latina. La verdad es que tanto en el análisis puramente sociológico como en la reflexión teológica y misionológica, lo espiritual y lo ético quedan en sujeción a lo económico y social, dentro del marco de una ideología política. Según los teólogos de la liberación, la Iglesia debe identificarse con la causa de los oprimidos y luchar por su liberación total aquí y ahora, en el plano de las realizaciones históricas. Esta es su misión.

No es de extrañar que haya teólogos católicos que se opongan a esta tendencia de magnificar una ideología por encima de la enseñanza oficial y tradicional de la Iglesia Católica Romana. Tampoco es de extrañar que los teólogos evangélicos conservadores resientan que las Escrituras queden supeditadas a lo ideológico; aunque se sobreentiende que este problema existe no solamente en el liberacionismo. Es también posible someter la teología a una ideología de derecha. Tenemos ambos extremos en la escena teológica contemporánea.

Es también natural que haya cierta reserva en cuanto a la solución revolucionaria que los teólogos de la liberación proponen. Sin negar la necesidad y urgencia de efectuar cambios profundos en nuestra sociedad, no es posible pasar por alto, sin embargo, el hecho de que si bien es fácil conocer el principio y los propósitos originales de una revolución, nadie puede asegurar qué rumbo le darán al movimiento revolucionario los que asuman el poder. Nadie sabe si en verdad habrá

---

[16]Gustavo Gutiérres, *Teología de la Liberación* (Salamanca: Ediciones Sígueme, 1972), p. 52. Una lectura somera de la obra de Gutiérrez basta para detectar en ella la influencia marxista.

libertad para el pueblo o si se aumentarán sus cadenas. [17] Es indispensable tener presente que necesitamos mucho más que un cambio de estructuras sociales y un cambio de gobernantes. El anhelo de libertad le es inherente al ser humano, y contrario a lo que algunos piensan, no todo el que clama por ella es un reaccionario. [18] Tarde o temprano llega el momento cuando el pueblo se da cuenta de que no solo de pan vivirá el hombre; que éste tiene otras necesidades vitales, las cuales no es posible soslayar para siempre.

En la historia de la América Latina ha habido casos de cristianos que vieron frustrada la esperanza que depositaron en un movimiento revolucionario que en vez de cumplir con sus promesas de liberación se convirtió en un opresor más del pueblo que sincera y entusiastamente creyó en dichas promesas. Se necesita mucha cautela para no darle apoyo incondicional, acrítico, a un proyecto revolucionario, cualquiera que sea su naturaleza o procedencia. El cristiano evangélico se siente obligado a someter sus posibles opciones al escrutinio de la revelación escrita de Dios.

Lo dicho hasta aquí basta y sobra para tener siquiera una idea general del contexto histórico, económico, social y político de donde emerge la teología latinoamericana de la liberación.

---

[17] Aun Richard Shaull, uno de los fundadores del movimiento teológicio revolucionario *Iglesia y Sociedad en América Latina* (ISAL), ha dicho: ". . .estamos rodeados de evidencias de que la revolución es un fenómeno sumamente ambiguo. Representa la pasión por la justicia y por la liberación de los oprimidos, pero también libera grandes fuerzas destructoras y lleva a nuevas formas de injusticia. Hombres y mujeres, en gran número, han luchado y sacrificado sus vidas por lograr una nueva sociedad; y demasiado a menudo el orden establecido después de la revolución no es muy diferente del anterior. Movimientos que logran despertar a las masas e invitarlas a participar en el uso del poder público, a menudo conducen a un fanatismo destructor y terminan privándolas del poder. . .en una situación revolucionaria es imposible predecir cómo será eventualmente utilizado ese poder", "Perspectiva teológica de los cambios revolucionarios", *Hacia Una Revolución Responsable* (Buenos Aires: Editorial La Aurora, 1970), p. 14.

[18] Roberto Oliveros Maqueo dice que es necesario entender lo que significa "el intentar crear una sociedad donde los bienes efectivamente están al servicio de la colectividad. Y si se piensa que esto tiene por precio la "libertad"; "¿la libertad de qué y de quién?" *Liberación y Teología* (México: Ediciones Centro de Reflexión Teológica, 1977), pp. 41-42. Por su parte, José Míguez Bonino afirma: "En el último estado del camino liberal, pues, la libertad formal de los modernizadores, viene a ser la justificación ideológica de un estado policial represivo. Hoy, cuando alguien clama "libertad" en América Latina, uno sospecha inmediatamente que se trata de un reaccionario. Y raramente se equivoca", *La Fe en Busca de Eficacia* (Salamanca: Ediciones Sígueme, 1977), p. 40. El Dr. Míguez no generaliza, pero su palabra puede resultar intimidante.

Segunda Parte

Esbozo histórico de la teología de la liberación

Capítulo II

Influencia europea en la teología de la liberación

En el capítulo anterior se ofrece una vista panorámica del contexto histórico y social de la teología de la liberación. La sementera de esta teología es nuestra América Latina, con su carga de sufrimientos y esperanzas.

Por primera vez en la historia del cristianismo surge una teología que no obstante haber sido escrita por latinoamericanos, para los latinoamericanos, ha captado la atención de la comunidad eclesiástica internacional. Por fin la América Latina ha dejado oír su voz en los centros teológicos de mayor prestigio en varias partes del mundo. Ningún teólogo que se precie de serlo puede mirar con desdén a una teología que ha producido cierta conmoción en el campo de la hermenéutica bíblica y, consecuentemente, en lo relacionado con doctrinas tan importantes como las del ser y hacer de la Iglesia, y la naturaleza del reino de Dios..

En realidad, nos hallamos ante "una nueva manera de hacer teología", en respuesta a la problemática económica, social y política del pueblo latinoamericano. Es un intento de cambiar radicalmente el concepto tradicional de lo que significa ser la Iglesia de Jesucristo, o ser cristiano, en una sociedad conflictiva como la nuestra. Es muchísimo más que una teología de la revolución; se trata nada menos que de la revolución de la teología misma, o sea el cambio profundo del quehacer teológico, resultante de la transformación social propuesta por los abanderados de este sistema de pensamiento.

Es natural que muchos se pregunten cuán latinoamericana es la teología de la liberación, mientras señalan en ella influencias que le son foráneas. Evidentemente, a estas alturas de la historia del pensamiento cristiano nadie puede ser ya totalmente original; y quizá sean los conceptos que la teología de la liberación toma prestados los que más contribuyan a hacerla inteligible en otras latitudes. De otra manera no tendría interlocutores.

Diremos, pues, siquiera algo sobre algunas corrientes europeas de pensamiento que desembocan en la teología católica de la liberación. Por ejemplo, la teología política de pensadores católicos y protestantes de Europa, y el poderoso influjo de Karl Marx. Sin embargo, es de advertirse que los teólogos de la liberación adoptan una actitud crítica ante las ideas europeas, aun cuando las asimilan de una manera u otra. La teología de la liberación puede tener savia europea en sus raíces, pero se niega a ser europea y europeizante. Hay relación y ruptura entre los teólogos latinoamericanos de la liberación y los teólogos europeos, ya sean éstos católicos o protestantes.

La teología europea

Aunque el intento de trazar el desarrollo de la teología contemporánea se halla fuera del propósito y espacio de este libro, vale la pena tener presente el cambio que se efectúa en la teología europea con la irrupción del liberalismo, cuyo punto de partida se halla en la *Ilustración* (siglos XVII y XVIII).

La Iglesia Católica Romana no quedó del todo exenta de los efectos de esta revolución teológica. La amenaza del "modernismo", como se le llamó en las esferas católicas magisteriales, fue motivo de preocupación para los pontífices desde finales del siglo XIX. Los errores del modernismo fueron condenados por el decreto del Santo Oficio *Lamentabili* (3 de julio de 1907), y por la encíclica papal *Pascendi dominici gregis* del 8 de septiembre de 1907. Sin embargo, el modernismo parece haber seguido influyendo en la "nueva teología" hasta los tiempos de Pío XII (1939-1958).[1]

Como se sabe, el liberalismo no sólo pretendió socavar la fe en las doctrinas cardinales de la Iglesia; era también intensamente humanista, en el sentido de creer que el ser humano es por naturaleza bueno y que tiene la suficiente capacidad para resolver todos sus problemas y edificar por sí mismo un mundo mejor. Se caracterizaban los liberales por su gran fe en el progreso humano. Parecían ser incurablemente optimistas. Su teología daba la impresión de que Dios estaba en el mundo maravilloso de la ciencia y la técnica al servicio del hombre. Subrayaban la inmanencia de Dios, pasando por alto su trascendencia. Anteponían la religión del sentimiento a la autoridad de la revelación escrita. En realidad, sometían la Biblia al juicio de la razón cuando le aplicaban la crítica histórica y literaria, aparte de toda creencia en la posibilidad de que Dios se revelara en forma sobrenatural por medio de las Escrituras. Para los liberales, la Biblia perdió toda autoridad en aras de la razón humana.

---

[1]Alfredo Garland, *Como Lobos Rapaces* (Lima, Perú: Servicio de Análisis Pastoral e Informativo, 1978), p. 14.

La Primera Guerra Mundial (1914-1918) fue un golpe severo al liberalismo porque demostró que el ser humano estaba todavía inclinado al mal, que el progreso de la ciencia y de la técnica no podían contener la avalancha del egoísmo y la ambición innoble, y que era imperativo confiar en el Dios trascendente que se encuentra muy por encima de las circunstancias terrenales, en el libre ejercicio de su voluntad soberana, sobre todos los pueblos del orbe. La teología liberal estaba edificada sobre la arena, sobre el fundamento de un humanismo que es antibíblico porque no depende de Dios sino del hombre.

En esa hora crucial para la humanidad, el teólogo Karl Barth alzó su voz en contra de los excesos del liberalismo teológico. Habló de la grandeza de Dios y de la miseria del hombre. Hizo hincapié en la trascendencia de Dios y en su iniciativa para revelarse al ser humano. No hay camino del hombre a Dios, sino de Dios al hombre. Tomó muy en serio las Escrituras y las expuso con denuedo, aunque su concepto de la inspiración de las Escrituras estaba muy lejos de ser ortodoxo. A la teología barthiana se le ha llamado "neo-ortodoxia". No fue el intento de Barth regresar a la vieja ortodoxia, sino proclamar el mensaje que él creyó necesario para las nuevas generaciones.

Karl Barth quiso exaltar la palabra de Dios por encima de lo meramente antropológico y sociológico. Abogó por el encuentro con Dios sin depender de todo aquello que los liberales habían magnificado. Ahora se dice que Barth no permitía "la preocupación por la creación de un futuro renovado".[2] Pero sí habló Barth de la predicación política como necesaria, y demostró tener conciencia cívica cuando se opuso desde el principio al nacional-socialismo, con el resultado de tener que abandonar su cátedra en Bonn por negarse a hacer el juramento nazi. Su oposición a la dictadura hitleriana nunca menguó. Además, posteriormente procuró que su teología no fuese tan radical en cuanto a la separación entre lo temporal y lo eterno, entre Dios y el hombre, entre la Palabra y su destinario.[3] Con todo, no fue el énfasis mayor de su teología lo político y social.

También la teología existencial de Bultmann ha sufrido la crítica de aquellos que ven en el existencialismo una negación absoluta del mundo,[4] y dicen que la obra de Bultmann es "privatizante", alejada de la realidad social. Sin embargo, no hay que olvidar que fue Bultmann

---

[2]Rubem Alves, *Religión: ¿Opio o Instrumento de Liberación?* (Montevideo: Tierra Nueva, 1970), p. 81. Esta obra es traducción de A *Theology of Human Hope* (New York: World Publishing Co., 1969).

[3]Luis Maldonado, *El Menester de la Predicación* (Salamanca: Ediciones Sígueme, 1972), p. 35.

[4]Alves, *op. cit.* p. 63.

quien también intentó desmitologizar el Nuevo Testamento. Esto es, interpretar adecuadamente los mitos, aquellas formas culturales de expresión que pueden ocultar "un significado más profundo".[5] Por ejemplo, para Bultmann la expresión "Dios tiene su morada en el cielo" es mitológica, es decir, "un modo tosco de expresar la idea de que Dios está más allá del mundo, de que es trascendente".[6] Así la concepción virginal de Cristo, sus milagros, su resurrección, su ascensión y segunda venida son mitos, formas culturales de comunicar ciertas ideas religiosas, pero no información sobre realidades históricas, de acontecimientos en el tiempo y en el espacio.

La escatología bíblica es para Bultmann definitivamente mitológica. No hay un futuro cumplimiento escatológico. "...el tiempo presente de la predicación del evangelio es en realidad el tiempo esperado ya de antiguo, del reino del Mesías. Jesús es ahora el Mesías, el Señor".[7] Mucha razón le asiste a Luis Maldonado para señalar el reproche que se le hace a Bultmann de haberle dado al futuro de Dios "un significado atemporal, amundano, deshistorizado y desescatologizado".[8]

El énfasis que Bultmann le da al presente no queda en el olvido. Sus discípulos lo acogen y refinan, abriéndole así el camino a una teología que se preocupará por la realidad política contemporánea. El individualismo existencial es superado por la teología de la secularización y la teología política.

Los discípulos de Bultmann dan un paso adelante en la tendencia de magnificar el presente sobre el pasado y el futuro. El resumen que L. Maldonado hace del pensamiento escatológico de Ernst Fuchs, discípulo de Bultmann, dice en parte:

> La predicación genuinamente cristiana anuncia la venida de Dios, del amor salvador de Dios, ahora, en la actualidad, en el momento en que se hace el anuncio... A esto alude la "plenitud de los tiempos" que anuncia el evangelio. Hemos llegado al tiempo en que el pasado ha terminado. Deja de haber pasado ... Sólo hay presente; por tanto, un presente sin término. Vivimos en un ahora ilimitado, de plenitud. Esa es la escatología. Estamos en el "esjaton" definitivo. La historia como sucesión de etapas ha terminado... El reino se hace actual ahí, en el "cada

---

[5]Rudolf Bultmann, *Jesucristo y Mitología* (Barcelona: Ediciones Ariel, 1970), pp. 2-22.

[6]*Ibid.*, p. 24.

[7]*Ibid.*, p. 42.

[8]Maldonado, *op. cit.*, p. 45.

día", en la vida de cada día, en la convivencia humana y familiar, en la experiencia que hacemos del amor, y con el amor.[9]

Gerhard Ebeling, otro discípulo de Bultmann, subraya también el momento presente en su teología existencial. Ebeling tenía estrecha amistad con Dietrich Bonhoeffer, quien juntamente con Friedrich Gogarten se destaca como representante de la teología de la secularización. A Bonhoeffer, quien sufrió el martirio bajo el nazismo, le preocupaba la confrontación de la fe cristiana con el mundo secularizado, "el mundo mayor de edad" que ya no acepta la antigua manera de hablar respecto a Dios, porque ha llegado a la autonomía de la razón. Comentando sobre la teología de la secularización el teólogo alemán Heinz Zahrnt dice:

> Y así se ha abierto camino a la secularización del mundo y a la autonomía de la razón humana, por tanto a la dominación y organización del mundo mediante la ciencia y la tecnología moderna...el núcleo del moderno proceso de secularización que empieza ahora a hacerse patente consiste en que la libertad del hombre frente al mundo se desliga de la fe cristiana y de la libertad para Dios...el hombre...se basta a sí mismo, es autárquico. Ya no es él quien depende de Dios, sino más bien le parece que Dios depende de él.[10]

Bonhoeffer concentra su reflexión teológica en la cuestión de cómo reinterpretar el evangelio para el hombre adulto de la época moderna, y propone la "interpretación no religiosa" de las Escrituras. Como explica Zahrnt:

> La interpretación no religiosa de los conceptos bíblicos de Bonhoeffer constituye trazo por trazo la contrapartida exacta de lo que él ha descrito como esencia de la "religión". Si lo característico de la religión consistía ante todo en admitir dos mundos, un mundo superior del más allá y un mundo inferior del más acá, y por tanto en la preocupación individualista por la salvación personal del alma, en el deseo de redención en un más allá mejor, en cambio la interpretación no religiosa de la Biblia recalca lo profundamente *de este mundo* que es el cristianismo.[11]

Ebeling, el bultmaniano, recibe también la influencia de su amigo Bonhoeffer, y se aleja en su hermenéutica de la concepción dualista de la realidad. No hay dos reinos, o mundos diversos, sino una única realidad. Para Bonhoeffer y Ebeling, "el Dios cristiano supone una

[9]*Ibid.*, p. 54.

[10]Heinz Zahrnt, *A Vueltas con Dios* (Zaragoza, España: Hechos y Dichos, sin fecha. La edición original alemana fue publicada en 1966), p. 167-170.

[11]*Ibid.*, p. 184.

supresión de la separación habitual entre lo sagrado y lo profano que es la principal dicotomía en todas las religiones".[12]

El énfasis de la teología existencial sobre el presente, y el interés de la teología de la secularización en la sociedad contemporánea —"la ciudad secular"— preparan, por así decirlo, el terreno para la teología política, la cual influye, quiérase o no, en los teólogos latinoamericanos de la liberación. Maldonado dice que la línea seguida desde Barth por la teología es descendente, "como de un progresivo aterrizaje en las realidades humanas, mundanas, temporales".[13] El salto último lo dan los exponentes de la teología política, cuyos más conocidos representantes son J. B. Metz (católico) y J. Moltmann (protestante).

Jurgen Moltmann publicó en alemán su ya famosa obra *Teología de la Esperanza* en 1964. L. Maldonado cree que Moltmann "ha resituado toda la teología en la perspectiva escatológica".[14] En contraste con Barth, y especialmente con Bultmann, Moltmann se esfuerza por recuperar la dinámica del futuro en el mensaje cristiano. Se opone al concepto escatológico inmovilista. Para él la promesa escatológica es dinámica, va creando el futuro. Cada cumplimiento de la promesa abre una nueva perspectiva, un nuevo horizonte escatológico. La Iglesia no debe volverse tanto al pasado como al futuro, y contribuir a la transformación del presente. Moltmann dice:

> Creer significa rebasar, en una esperanza que se adelante, las barreras que han sido derribadas por la resurrección del crucificado. Si reflexionamos sobre esto, entonces esa fe no puede tener nada que ver con la huida del mundo, con la resignación y los subterfugios... En la resurrección de Cristo, la esperanza no ve la eternidad del cielo, sino precisamente el futuro de la tierra sobre la que se yergue su cruz... Pero, a la inversa, esto no significa otra cosa sino que el que así espera no podrá conformarse jamás con las leyes y los sucesos inevitables de esta tierra, ni con la fatalidad de la muerte, ni con el mal que engendra constantemente otros males... Cristo no es sólo consuelo *en* el sufrimiento, sino también la protesta de la promesa de Dios *contra* el sufrimiento.[15]

En el último capítulo de su obra, Moltmann reflexiona sobre "el oficio de la cristiandad para la sociedad", y afirma que "la misión no significa tan sólo propagación de la fe y de la esperanza, sino también

---

[12]Maldonado, *op. cit.*, p. 65. Véanse también John A. T. Robinson, *Sincero para con Dios* (Barcelona, 1967). Harvey Cox, *La Ciudad Secular* (Barcelona: Península, 1968).

[13]*Ibid.*, p. 69.

[14]*Ibid.*, p. 107.

[15]Jurgen Moltmann, *Teología de la Esperanza* (Salamanca: Sígueme, 1969), pp.26-27.

modificación histórica de la vida".[16] Moltmann ha seguido ahondando, en artículos posteriores, en la dimensión política del cristianismo. "La revolución social para suprimir las situaciones injustas es la cara inmanente de la esperanza trascendente de la resurrección".[17] Para que las Escrituras hablen en términos de esta transformación, la hermenéutica tiene que ser política.

Hay en Moltmann unas palabras muy llamativas que parecen ser un eco de Karl Marx: "Para los teólogos no se trata sólo de *interpretar* de otra manera el mundo, la historia y el ser humano, sino de *modificarlos* en la expectativa de una modificación divina".[18] Ernst Bloch, autor de la obra titulada *El Principio Esperanza*, y quien pertenece, según Gustavo Gutiérrez, a lo que algunos han llamado el "marxismo esotérico", ha ejercido cierta influencia en Moltmann. Dice Gutiérrez:

> Por la inesperada brecha abierta por Bloch pasa la actual teología de la esperanza. J. Moltmann y W. Pannenberg han encontrado en los análisis de Bloch categorías que les permiten pensar algunos grandes temas bíblicos: escatología, promesa, esperanza. En esto no hacen sino seguir una indicación del propio Bloch que decía "allí donde hay esperanza, hay también religión.[19]

Pero debe reconocerse que en su diálogo con Bloch, Moltmann le hace una evaluación crítica.[20]

En su comentario sobre la teología de Moltmann, Heinz Zahrnt afirma:

> ...algunos teólogos hablan hoy tanto del futuro, que parece sospechoso. Da casi la sensación de que el futuro haya venido a ocupar el lugar que antes tenía el más allá. La vertical ha caído sobre la horizontal: si antes uno se escapaba hacia "arriba" de la presión de la realidad, hoy lo hace hacia "adelante". Pero ya se escape hacia arriba o hacia adelante, en ambas direcciones la manifestación de la verdad de Dios queda trasladada a una imprecisa lejanía, espacial o temporal.[21]

Hay cierto parecido en estas palabras con las de Gustavo Gutiérrez en su crítica a la *Teología de la Esperanza*, aunque el propósito sea diferente:

[16]*Ibid.*, p. 425.

[17]Maldonado, *op. cit.*, pp. 106-107.

[18]Moltmann, *op. cit.*, pp. 108-109.

[19]Gustavo Gutiérrez, *Teología de la Liberación* (Salamanca: Sígueme, 1972), p. 281.

[20]Véase el Apéndice "El Principio Esperanza y Teología de la Esperanza", en la edición castellana de la *Teología de la Esperanza* de Moltmann, pp. 437-466.

[21]Zahrnt, *op. cit.*, p. 231.

La esperanza que vence la muerte debe echar sus raíces en el corazón de la praxis histórica; si no toma cuerpo en el presente para llevarlo más adelante, no será sino una evasión, un futurismo. Habrá que tener sumo cuidado en no reemplazar un cristianismo del más allá, por un cristianismo del futuro; si el uno olvidaba este mundo, el otro corre el peligro de descuidar un presente de miseria e injusticia, y de lucha por la liberación.[22]

Hugo Assmann, otro prominente teólogo de la liberación, admite que la obra de Moltmann es "una de las mejores cosas de la teología actual", pero al mismo tiempo señala que "una esperanza que no articula y que no motiva los pasos reales de la lucha... encierra el peligro de dejar al hombre inactivo, como espectador".[23]

Rubem Alves, teólogo presbiteriano brasileño, exponente de la teología protestante de la liberación, opina que Moltmann futuriza demasiado a Dios, alejándolo del presente, tornándolo ahistórico. Alves no está de acuerdo con la idea moltmanniana de que el movimiento hacia el futuro surge como respuesta a una *promesa* que viene desde afuera y lo hace posible. El movimiento renovador tiene que brotar de la realidad presente, de la condición actual del hombre, no de una promesa que es trascendente. "Es solamente dentro del contexto de la política en acción de Dios que es posible hablar sobre el futuro y sobre la esperanza".[24]

En una nota al calce, Gutiérrez reconoce que trabajos más recientes de Moltmann "reflejan una interesante evolución y una fecunda abertura a la lucha histórica del hombre de hoy".[25] Lo mismo hace Míguez Bonino cuando dice que especialmente en su obra *El Dios Crucificado*, Moltmann "ha corregido y profundizado brillantemente sus formulaciones anteriores, respondiendo a la vez a ambas críticas mediante una concentración en la cruz".[26] Sin embargo, Míguez Bonino afirma que Moltmann no ha logrado "captar con claridad el desafío fundamental del pensamiento teológico latinoamericano", y se queda, por lo tanto, "dentro del círculo de la teología política europea".[27]

Según los teólogos de la liberación, la teología política europea,

[22]Gutiérrez, *op. cit.*, pp. 283-84

[23]Hugo Assmann, *Teología desde la Praxis de la Liberación* (Salamanca: Ediciones Sígueme, 1973), pp. 86-87.

[24]Alves, *op. cit.*, pp. 82-101, 148.

[25]Gutiérrez, *op. cit.*, p. 284

[26]José Míguez Bonino, *La Fe en Busca de Eficacia* (Salamanca: Ediciones Sígueme, 1977), p. 174.

[27]*Ibid.*, p. 176.

precisamente por no ser latinoamericana y por haber sido formulada
en un contexto de riqueza, no puede entender la problemática económica y social de nuestros pueblos.

Las críticas a Moltmann se aplican fundamentalmente, en la teología
de la liberación, a J. B. Metz, representante católico de la teología
política europea. L. Maldonado explica que el tema político aparece en
la teología europea como resultado del diálogo que Metz sostiene con
E. Bloch, el marxista "esotérico". "A la vez que asciende en el horizonte cultural la estrella de la sociología, otra estrella declina, la de
Heidegger y su existencialismo, que justamente había sido quien dio
calor y vida a Bultmann". [28]

Para Metz, la teología política es la teología cristiana de regreso a su
dimensión social, temporal. Su énfasis cae no en explicar sino en
cambiar el mundo. En la Biblia hay categorías políticas en relación con
Dios: reino, señorío, poder. Además, el Dios de la Biblia promueve el
movimiento liberador. El reino de Dios significa la liberación integral
de los pobres, como personas, no solamente como almas. Las promesas escatológicas de Jesús no se dirigen solamente a individuos, sino a
toda la comunidad humana, y no deben entenderse tan solo futurísti-
camente, ni identificarse con ninguna situación social concreta, o
sistema político alguno. Estas promesas han comenzado a realizarse
ahora, pero llegarán a su plenitud al final de la historia. Además, ellas
sirven de impulso "para realizar el futuro esperado, que no va Dios a
hacer caer de las nubes sin nuestra colaboración". [29]

Esto sugiere que el cristiano tiene que comprometerse con el presente. No hay neutralidad política. La pretendida neutralidad ya es una
manera de intervenir en la política, es una toma de posición. El que
calla otorga. Maldonado concluye su comentario sobre la teología
política de Metz diciendo que la predicación cristiana debe denunciar
el pecado en el acontecer social, y anunciar el reino del cual este
acontecer es un preludio. [30]

Estas ideas resuenan de una manera u otra en la teología latinoamericana de la liberación, a la par de la crítica a veces fustigante que los
representantes de esta teología le hacen a sus colegas europeos, con
quienes están en deuda. Míguez Bonino dice que "Moltmann es el
teólogo con quien la teología de la liberación ha contraído la mayor
deuda y con quien muestra indudable afinidad". [31] La deuda con Metz
es también evidente.

[28]Maldonado, *op. cit.*, p. 71.

[29]*Ibid.*, p. 72 Cf. J. B. Metz, *Antropocentrismo Cristiano*, (Salamanca: Sígueme, 1972).
Teología del Mundo (Salamanca: Sígueme, 1971).

[30]*Ibid.*, p. 81.

[31]Míguez Bonino, *op. cit.*, p. 173.

En su Carta Abierta a José Míguez Bonino, Jürgen Moltmann se pregunta dónde está al fin y al cabo lo característicamente latinoamericano en la teología de la liberación. "Uno es primero criticado en forma intensa y, entonces, descubre, para sorpresa de uno mismo, que los críticos confirman con sus propias palabras exactamente lo mismo que uno ha dicho".[32] Moltmann piensa que Gustavo Gutiérrez ha hecho una valiosa contribución a la teología europea presentando el proceso de liberación en la América Latina "como la continuación y culminación de la historia europea de la libertad".[33] Pregunta Moltmann si todavía no existe de manera inconsciente, entre teólogos europeos y teólogos latinoamericanos, la relación de la madre patria con sus colonias, o de la madre iglesia y la iglesia hija. Piensa que la destrucción del imperialismo teológico europeo no debe conducirnos al provincialismo teológico. Por el contrario, lo ideal sería la formulación de una teología para todo el mundo, a expensas de la parcializada teología occidental.[34]

Enrique Dussel indica que la teología latinoamericana comenzó a gestarse "gracias al estudio de muchos profesores de seminarios y facultades de teología latinoamericanos en Europa".[35] Un estudio biográfico de los principales exponentes de la teología de la liberación confirma este aserto. Dussel mismo hizo estudios en Alemania.

Para Moltmann, "la diferencia más decisiva entre la teología latinoamericana de la liberación y la teología política europea se halla en la evaluación de las diferentes situaciones históricas".[36] Los teólogos latinoamericanos están hablando desde su propio contexto histórico y social. Leyendo los trabajos de Metz, Gustavo Gutiérrez "tiene la impresión de una cierta insuficiencia en sus análisis de la situación contemporánea",[37] y termina su evaluación de la "nueva teología política " diciendo:

La nueva teología política representa, no obstante, un fecundo esfuerzo por pensar la fe teniendo en cuenta su dimensión

---

[32]Jürgen Moltmann, "An Open Letter to José Míguez Bonino", *Mission Trends. No. 4*. Edited by Gerald H. Anderson Y Thomas F. Stransky (Grand Rapids: Wm. B. Eerdmans Publishing Co., 1979), p. 59. Esta carta fue publicada originalmente en *Christianity and Crisis*, March 29, 1976. Circuló privadamente en aquel tiempo en la América Latina, copiada a mimeógrafo.

[33]*Ibid.*, p. 62.

[34]*Ibid.*, pp. 58-59.

[35]Enrique Dussel, *Historia de la Iglesiaa en América Latina* (Barcelona: Editorial Nova Terra, 1972), p. 284.

[36]Moltmann, "An Open Letter...", p. 65.

[37]Gutiérrez, *op. cit.*, p. 295.

política, vale decir tomando conciencia de los problemas más globales y más agudos que vive el hombre de hoy. Significa un replanteamiento original de la función de la iglesia en el mundo actual... Pero el proyecto de la nueva teología política debe evitar la trampa de una "inocencia" entre los condicionamientos de la sociedad capitalista avanzada y de un estrecho marco eclesiástico, si quiere llegar allí donde se juega hoy el destino de la sociedad y de la iglesia.[38]

Innegablemente, de Europa vinieron ideas que le dieron aliento al nuevo quehacer teológico latinoamericano. Pero como hemos dicho, al principio de este capítulo, hay *relación* y *ruptura* entre los teólogos europeos y los de la América Latina en cuanto a la formulación de una teología que aspira a ser liberadora.

El pensamiento marxista

A nadie se le escapa que el pensamiento marxista ejerce poderosa influencia en la teología de la liberación. Y los exponentes de esta teología no tratan de ocultar dicha influencia. Por el contrario, parecen ufanarse del uso que hacen del marxismo para el análisis social y para la acción que proponen con el fin de transformar las estructuras de la sociedad latinoamericana. Son prominentes en la teología de la liberación el énfasis en lo económico como factor determinante del proceso histórico, la idea marxista del trabajo, de la lucha de clases, de la praxis liberadora de los oprimidos por los oprimidos mismos, del hombre como protagonista de su propia historia, del nuevo hombre y la nueva sociedad como resultantes de la revolución proletaria, así como la crítica ideológica del capitalismo.

No es nuestro propósito describir aquí el marxismo, ni mucho menos refutarlo, sino simplemente indicar que los teólogos de la liberación se hallan también bajo la influencia marxista, procedente de Europa, y que ellos mismos reconocen y aprecian esta influencia.

Dice J. Moltmann que "se critica severamente a la teología occidental y a la teología en general, y luego se nos dice algo acerca de Karl Marx y Friedrich Engels, como si ellos fueran un descubrimiento latinoamericano", y que además los teólogos de la liberación tratan de introducir e interpretar a Marx y Engels, con el gozo de un descubrimiento misionero, para teólogos que viven en el país de origen de estos dos pensadores.[39]

Evidentemente, la teología latinoamericana de la liberación es europea en sus presupuestos marxistas. Pero lo teólogos de la liberación

[38]*Ibid.*, p. 297.

[39]Moltmann, "An Open Letter...", p. 59, 62.

esperan que el socialismo que surja en estos países sea diferente al de otras regiones del mundo, aunque tenga fundamentos marxistas. No cabe duda que el marxismo se ha diversificado hasta cierto punto. Existe, por ejemplo, lo que se llama el revisionismo en las filas marxistas; hay ortodoxos y heterodoxos entre los seguidores de Marx, pero fundamentalmente todos son marxistas. A Ernst Bloch y Herbert Marcuse, frecuentemente citados en los escritos liberacionistas, se les califica como "marxistas sui generis", porque no se ubican dentro de la estricta ortodoxia.

Ya hemos visto que según Gustavo Gutiérrez, Ernst Bloch pertenece al marxismo esotérico, "la corriente cálida del marxismo preocupada por llegar a lo real a través de lo que hoy es sólo potencial".[40]

Con su énfasis en la esperanza, Bloch ha contribuido de manera significativa al diálogo marxista-cristiano. J. Moltmann, quien ha estado interesado en este diálogo dice que "difícilmente podría una filosofía diferente de la de *El Principio Esperanza* [obra de Bloch] ser más útil para ayudarnos a renovar y elaborar la doctrina cristiana de la esperanza".[41]

Herbert Marcuse se sitúa también entre los marxistas no del todo ortodoxos. Su reflexión tiene como punto de partida de manera especial la sociedad dominada por la ciencia y la tecnología. Le preocupa que el hombre de la tecnópolis se deshumanice en medio de la abundancia material. De allí su tema del "hombre unidimensional"[42] y su crítica tanto del capitalismo como del socialismo marxista. Ve en ambos sistemas una tendencia deshumanizante.[43]

José Míguez Bonino se pregunta si no surge el "marxismo esotérico" de la situación de los países "desarrollados", donde la sociedad tecnológica de bienestar puede limitar la lucha por la liberación humana al plano de la contestación intelectual. Nuestro problema en la América Latina no es solamente que se nos uniforme, que lleguemos a ser el hombre unidimensional, sino hacer los cambios sociales que garanticen el mínimo vital para nuestro pueblo. Con todo, Míguez Bonino

---

[40]Gutiérrez, *op. cit.*, p. 280 (nota al calce).

[41]Citado por Gutiérrez, *op. cit.*, p. 281.

[42]*El Hombre Unidimensional.* (México: Mortiz, 1968).

[43]En su obra *Los Orígenes del Marxismo* (Madrid: Biblioteca de Autores Cristianos, 1974), Carlos Valverde ve que el capitalismo y el marxismo tienen como progenitores a los "ilustrados" ideológicos del siglo XVIII, que ambos sistemas tienen hoy bastantes planteamientos comunes, "sobre todo cuando tratan de crear un tipo de hombre apoyado en la economía, empirista, pragmático, scientista, cerrado en el horizonte de lo terreno... Marcuse ha criticado con agudeza y penetración los inhumanismos de unos y otros", pp. 50-51.

no pone en duda los elementos que él considera positivos en el pensamiento de Marcuse.[44]

Hugo Assmann aclara que el lenguaje de liberación en medios cristianos no ha surgido espontáneamente en el seno del reformismo posconciliar, o sea el movimiento renovador que recibe del Concilio Vaticano II su inspiración. No es el lenguaje de la vanguardia posconciliar europea:

> Mucho más directa fue por cierto la influencia terminológica de los frentes de liberación nacional y sus variantes. El lenguaje de las izquierdas revolucionarias, el vocabulario marxista del "nuevo marxismo" latinoamericano discrepante del reformismo de los partidos comunistas de línea moscovita, el lenguaje del movimiento estudiantil, todo eso influyó más o menos directamente. Cierta influencia, presumiblemente más directa para la América Latina, provino de H. Marcuse (*Un ensayo sobre la liberación*) y de encuentros internacionales sobre la "dialéctica de la liberación".[45]

Gustavo Gutiérrez trata con bastante respeto al marxismo. Cree, por ejemplo, que "Marx forja categorías que permiten la elaboración de una ciencia de la historia",[46] y señala que el análisis de la teología política europea ganaría mucho "con la contribución de ciertos aspectos del marxismo que, a pesar de (¿o causa de?) la mediación del pensamiento de Bloch, no parecen estar suficientemente presentes".[47]

Míguez Bonino explica en qué forma se usa el marxismo en la teología de la liberación: El materialismo dialéctico e histórico concebido "como una suerte de teoría metafísica, una formulación filosófica absoluta a la que se transfiere una especie de ciega adhesión como la que se pretendía para el dogma teológico" entra inevitablemente en conflicto con la fe cristiana.[48] Pero al mismo tiempo el marxismo "ha demostrado ser un instrumento útil para la proyección de una praxis histórica destinada a realizar las posibilidades humanas en la historia. Una praxis vinculada a esa teoría sería a la vez verificación y banco de prueba para la corrección de la misma".[49]

Míguez Bonino aclara también que "la asunción de categorías o

[44]José Míguez Bonino, en el Prólogo a la obra de Rubem Alves, *Religión: Opio o Instrumento de Liberación* (Montevideo, Uruguay: Tierra Nueva, 1970), pp. vii-ix.

[45]Assmann, *op. cit.*, p. 33.

[46]Gutiérrez, *op. cit.*, p. 57.

[47]*Ibid.*, pp. 295-96.

[48]Míguez Bonino, *op. cit.*, p. 122.

[49]*Ibid.*, p. 123.

análisis vinculados al marxismo no tiene para esta teología [la de la liberación] el carácter de una teoría abstracta o eterna o de fórmulas dogmáticas irreformables. . .sino sólo el de una teoría científica y un número de hipótesis verificables".[50] Sin tener en cuenta las críticas que se le han hecho al fundamento teórico del marxismo, Míguez afirma que la asunción de elementos analíticos o ideológicos originados en el marxismo no constituye "la sacralización de una ideología, el intento de 'teologizar' categorías sociológicas, económicas o políticas".[51] Reconoce, a la vez, que "el marxismo no se comporta como la fría entidad racional que hemos descrito. Frecuentemente está poseído de un celo aspostólico, de una certidumbre dogmática y de un fervor mesiánico cuyas causas no podemos estudiar aquí".[52] Sin embargo, parece confiar Míguez en que la teología de la liberación no caerá en ese dogmatismo, ni se dejará subyugar por la filosofía que da base y aliento a los elementos analíticos e ideológicos del marxismo. La verdad del caso es que el "fundamentalismo de izquierda" ya está presente en la escena eclesiástica latinoamericana, promovido en cierto modo por la teología de la liberación.

Por su parte, José P. Miranda, en sus dos obras principales, tituladas *El Ser y el Mesías* y *Marx y la Biblia*,[53] responde en el terreno de la interpretación bíblica al reto marxista, aceptando el método dialéctico de Marx como clave hermenéutica. Explica este método contraponiéndolo a "la epistemología de la ciencia occidental heredada de los griego", que se contenta "con registrar los hechos tal como se presentan en la experiencia inmediata, a la manera de los empiristas, y con establecer relaciones entre ellos".[54] Citando a R. Garaudy dice que el método dialéctico "consiste en buscar, más allá de los pretendidos 'datos' de la experiencia, las relaciones humanas ocultas detrás de la apariencia de las cosas".[55]

El conocimiento verdadero se halla en el estudio de las relaciones humanas en la sociedad, cuyos conflictos tienen como causa directa las estructuras injustas que son herencia del pasado y que el capitalismo

---

[50]*Ibid.*, pp. 121-122.

[51]*Ibid.*, p. 124.

[52]*Ibid.*, p. 123.

[53]José P. Miranda, *El Ser y el Mesías* (Salamanca: Ediciones Sígueme, 1973). *Marx y la Biblia* (Salamanca: Ediciones Sígueme, 1975).

[54]José P. Miranda, *Marx y la Biblia*, pp. 294-95.

[55]*Ibid.*, p. 295.

mantiene y fortifica para su propio provecho.[56] Miranda sugiere que tanto Marx como la Biblia ven la realidad en situación conflictiva, desde el punto de vista social:

> Marx coincide con Pablo en la intuición de la totalidad del mal: que el pecado y la injusticia forman una estructura orgánica omnicomprensiva y omnipervadente. Pablo llama *kósmos* a esa totalidad. Marx la llama capitalismo.[57]

Que Marx no llegase a reconocer que el capitalismo ya le era inherente desde tiempos bíblicos a la civilización humana no significa que la opresión no existiese entonces:

> ...el capitalismo denunciado por Marx es el desarrollo congruente de la civilización humana de la opresión, es la cultura de la injusticia y del aplastamiento de los hombres a extremo perfeccionamiento y refinamiento sistemático.
>
> Marx y la Biblia coinciden en esta afirmación de importancia incalculable: el haber llegado el pecado a sistematizarse institucionalmente en estructura civilizatoria sin grietas, es lo que históricamente se necesitaba para que la humanidad cambiara de eón. Esa exacerbación del pecado hasta el extremo...es, tanto para Pablo como para Marx, la maduración total de la historia, el punto de rompimiento que la humanidad necesitaba para caer en la cuenta de la maquinaria infernal que ha montado y para liberarse definitivamente de ella.[58]

Estas últimas palabras sugieren que Marx y la Biblia coinciden también en que existe la posibilidad de la liberación definitiva en el plano de la historia. El pecado y el mal "no le son inherentes a la humanidad y a la historia, comenzaron un día por obra humana y son, por tanto, suprimibles".[59]

Miranda es un apologista apasionado de Karl Marx. Por ejemplo, dice que cuando Marx no enfoca el problema de la muerte, sin entrever por lo tanto la posibilidad de la resurrección, "no es precisamente la falta de fe en Dios sino insuficiente dialéctica lo que hay que reprocharle".[60] Miranda cristianiza a Marx, aunque su libro *El Cristianismo de Marx*[61] no resulta convincente. Pero tenemos en las obras

---

[56]J. Andrew Kirk, Comentando sobre el método dialéctico en *Liberation Theology. An Evangelical View from the Third World* (Atlanta: John Knox Press, 1979), p. 82.

[57]Miranda, *Marx y la Biblia*, p. 283.

[58]*Ibid.*, pp. 287-88.

[59]*Ibid.*, p. 288.

[60]*Ibid.*, p. 317.

[61]José Porfirio Miranda, *El Cristianismo de Marx* (México: no da casa editora, 1978). Cf. del mismo autor, *Comunismo en la Biblia* (México: Siglo Veintiuno Editores, 1981).

teológicas de Miranda un serio esfuerzo por darle base bíblica exegética a la teología de la liberación. La medida del éxito de este esfuerzo
depende de la posición teológica y política del lector. Para el cristiano
evangélico conservador tiene que ser inadmisible el uso de una ideología como el criterio hermenéutico para el estudio y exposición de las
Escrituras.

En la opinión de Andrew Kirk, los teólogos de la liberación han
caído en la trampa de convertir a Marx en "un nuevo magisterio, en el
sentido de que el enfoque de la revelación de Dios en nuestros tiempos
tiene que pasar por la interpretación que él dio a los signos de los
tiempos".[62]

La deuda del liberacionismo teológico latinoamericano con la teología política europea es evidente; como lo es también la influencia de
Karl Marx y sus seguidores en los teólogos de la liberación. En la
teología de la liberación el marxismo puede ser la norma suprema para
la interpretación del sagrado Texto.

No queremos anticiparnos a la evaluación que más adelante procu-
raremos hacer de la hermenéutica liberacionista. Lo que nos ha interesado en este capítulo es sencillamente determinar hasta qué punto la
teología latinoamericana de la liberación ha recibido influencia de la
Europea que ha forjado en gran parte nuestra cultura y que aún sigue
subyugándonos con su pensamiento. Diremos más sobre esta influencia en el próximo capítulo.

[62]J. Andrew Kirk, "Exégesis Técnica y Anuncio de la Fe", *Exégesis, Evangelización y Pastoral* (Bogotá, Colombia: Secretariado General del Consejo Episcopal Latinoameri-cano, 1976), p. 45.

Capítulo III

Iglesia y sociedad
en América Latina

Dejamos establecido en el capítulo precedente que hay influencia de algunos teólogos protestantes europeos en la teología latinoamericana de la liberación. Ahora es preciso mencionar que antes de que la teología católica romana de la liberación se hiciera sentir a nivel continental y mundial, había ya una corriente liberacionista en el protestantismo. Orlando Costas, misionólogo evangélico latinoamericano, dice que aunque la teología de la liberación se inició en círculos católicos, "no pasó mucho tiempo antes de que atrajera la atención de grupos protestantes de vanguardia como ISAL y de teólogos como Rubem Alves y José Míguez Bonino".[1]

ISAL (Iglesia y Sociedad en América Latina) es un movimiento cuyos fundadores habían estado preocupados por responder teológicamente al desafío de los cambios sociales en la América Latina, desde mucho antes del Segundo Concilio Vaticano (1962-1965). Hugo Assmann reconoce que al teólogo protestante brasileño Rubem Alves, quien llegó a ser uno de los líderes del pensamiento isalino, le "cabe el mérito de una contribución significativa, sobre todo como amplia globalización de las interrogaciones básicas de una 'teología de la liberación' ".[2] No cabe duda que ISAL tuvo una parte muy importante en la reflexión interconfesional de la cual surgieron elementos que se incorporaron en la teología de la liberación.

Fuentes nutricias de ISAL

No es difícil detectar en los escritos isalinos la influencia de la teología europea, del diálogo cristiano-marxista, del Consejo Ecumé-

---

[1]Orlando Costas, *Theology of the Crossroads in Contemporary Latin America* (Amsterdam: Rodopi, 1976), p. 73.

[2]Hugo Assmann, *Opresión-Liberación: Desafío a los Cristianos* (Montevideo: Tierra Nueva, 1971), p. 79.

49

nico de Iglesias, del pensamiento pedagógico del educador brasileño Paulo Freire, y de los teólogos católicos de la liberación. Discutiremos las ideas de estos últimos en capítulos subsiguientes.

La teología europea

El teólogo protestante uruguayo Julio de Santa Ana, que fue uno de los secretarios generales de ISAL, indica que en la década de los años treinta y después de la Segunda Guerra Mundial, "comenzó a existir cierta información sobre la labor teológica que en Europa y Estados Unidos llevaban a cabo Barth, Brunner, Tillich, Nieburh, Aulén y otros".[3] También menciona de Santa Ana que se hicieron estudios en ISAL sobre la obra de teólogos de la secularización, como Dietrich Bonhoeffer y John A. T. Robinson.[4] El pastor y teólogo metodista uruguayo Emilio Castro bosqueja la evolución de la hermenéutica bíblica en la América Latina refiriéndose al pensamiento de Barth, Bonhoeffer, Moltmann, y otros:

> Es mérito de la teología Barthiana y Bonhoeferiana que nos haya impulsado a la participación en el quehacer histórico de nuestra América Latina, aun cuando a partir de puntos de partida teóricos diferentes. Barth en su énfasis de lo ya hecho de una vez para siempre en Jesucristo nos dio la seguridad interior, el coraje de irnos al mundo exterior, en particular al mundo marxista, sin temor, preconceptos ni afán proselitista, ya que tanto ellos como nosotros estábamos a partir de Jesucristo condicionados por el "sí" de Dios a la humanidad y en consecuencia, liberados para nuestra colaboración. Igualmente a partir de Bonhoeffer ya teníamos una aceptación de la secularidad como el campo de lucha de los cristianos, independientemente de cualquier necesidad de aprobación o sanción religiosa . . . más tarde Moltmann nos produce una total implicación en la historia. . .[5]

Lo dicho por Castro puede aplicarse ampliamente a los teólogos de ISAL.

---

[3]Julio de Santa Ana, *Cultura y Sociedad* (Buenos Aires: Editorial La Aurora, 1970), p. 114.

[4]*Ibid.,* p. 29.

[5]Emilio Castro, "La creciente presencia de criterios de interpretación histórica en la evolución de la hermenéutica bíblica", *Pueblo Oprimido, Señor de la Historia.* Hugo Assmann, editor (Montevideo: Tierra Nueva, 1972). En la primera parte de su artículo, Castro declara: "Karl Barth nos invita a entrar en un mundo de la historia bíblica en el cual Dios es el protagonista fundamental. . .Barth continúa trabajando y a partir de la centralidad de su afirmación histórica, Dios en Cristo, va sacando consecuencias que le llevarán años más tarde a abrir el camino para el énfasis en el hombre histórico y en la importancia de todo el quehacer humano, en virtud de que a partir de la encarnación Dios y el hombre son uno. Ya no hay Dios ni el hombre, Dios es humano", p. 214.

El pensamiento marxista

En el análisis sociológico de la realidad latinoamericana, realizado por los teólogos de ISAL, sobresale el marxismo esotérico de Bloch y Marcuse, del cual ya hemos hablado en el capítulo anterior. Del análisis sociológico y de la reflexión teológica, dentro del marco de la secularización, pasan los isalinos a afirmar que es posible y necesario el diálogo entre la fe cristiana y las ideologías revolucionarias, "porque la ideología era el ámbito propio de lo político, de la 'praxis', vale decir, el medio para asumir el compromiso y la acción de transformación social en el sentido determinado por la interpretación teológica de la historia".[6] Como afirma el teólogo evangélico sudamericano C. René Padilla, "se toma como punto de partida de la teología la situación latinoamericana, pero ésta vista a través del lente del análisis marxista".[7]

Paul Lehmann, uno de los representantes de la ética de situación en Norteamérica,[8] ha influido en el pensamiento isalino, especialmente por su participación y compromiso en el diálogo entablado entre el marxismo y el cristianismo. Según Julio de Santa Ana, para Lehmann el marxismo "no es un movimiento demoníaco, sino una herejía cristiana en un estado avanzado de secularización".[9] Se dice que debido a que el cristianismo y el marxismo propugnan por alcanzar la misma meta (aunque por diferentes caminos), pueden entrar en diálogo.

El propósito de la acción del cristiano es el mismo de la acción de Dios en Cristo: la humanización del hombre. De ahí que sea posible dialogar con aquellos otros movimientos o filosofías que, sin ser cristianos y por caminos distintos y hasta encontrados, también están comprometidos con la humanización del individuo. De ellos también se sirve Dios, dado que están sujetos a su voluntad.[10]

---

[6]*América Hoy* (Montevideo: ISAL, 1966), p. 17. Este libro contiene una recopilación de los temas e informes presentados en la *II Consulta Latinoamericana de Iglesia y Sociedad*, en la Granja Presbiteriana del "El Tabo", Chile, entre el 12 y el 21 de enero de 1966.

[7]C. René Padilla, "Iglesia y Sociedad en América Latina", *Fe Cristiana y Latinoamerica Hoy*. C. René Padilla, compilador (Buenos Aires: Ediciones Certeza, 1974), p. 125.

[8]Paul Lehmann, *Ethics in a Christian Context* (New York: Harper & Row, 1963). *Christian Faith and Social Action*, editado por J. A. Hutchison, (New York: Charles Scribners and Sons, 1953). *La Etica en el Contexto Cristiano* (Montevideo: Editorial Alfa, 1968).

[9]Julio de Santa Ana, "Algunas Referencias Teológicas Actuales al Sentido de la Acción Social", *La Responsibilidad Social del Cristiano* (Montevideo: ISAL, 1964), pp. 40-42.

[10]*Idem.*

Por el lado marxista uno de los pensadores más interesados en el diálogo con el catolicismo es Roger Garaudy, quien encuentra elementos de convergencia entre el marxismo y el cristianismo. Por ejemplo, en opinión de Garaudy tanto el pensamiento católico como el marxista se esfuerzan por aprehender al hombre total, y en este sentido el marxismo es también un humanismo, el verdadero humanismo.[11]

En abril de 1972 se celebró en Santiago de Chile el Primer Encuentro de Cristianos por el Socialismo. *Cristianismo y Sociedad*, revista que da a conocer el pensamiento isalino, informó que la idea del encuentro "surgió en forma concreta en una reunión de personas que participan en el Movimiento Tercer Mundo de Argentina, ONIS de Perú, Golconda de Colombia, ISAL, y el Secretariado 'Cristianos por el socialismo' de Chile".[12]

El Documento Final del encuentro en Santiago se basa en el análisis marxista de la sociedad, critica al capitalismo usando categorías marxistas, y acepta la lucha de clases como la clave del proceso de liberación.[13] Los que hacen la apología del documento dicen que se trata de "un marxismo asumido críticamente".[14] El doctor José Míguez Bonino aclara que no se trata de una capitulación ante el marxismo, que en el documento no hay reduccionismo de orden materialista, y que se admite la crítica cristiana, toda vez que ésta venga desde dentro de la lucha revolucionaria.[15] Pero una lectura somera del documento basta para revelar que allí se le hace una crítica a la Iglesia y al capitalismo, pero no al socialismo. El compromiso ideológico con el marxismo es evidente.

La "alianza estratégica" que el documento sugiere entre "los cris-

---

[11]Raymond Domerge, "¿Es el Marxismo un Humanismo?" *Testimonium*, Buenos Aires, 1968, vol. xii, No. 3. *Testimonium* es una publicación auspiciada por la Federación Universal de Movimientos Estudiantiles Cristianos para uso del Movimiento Estudiantil Cristiano en América Latina. Domerge cita especialmente dos obras de Garaudy: *Humanismo Marxista* (1957) y *Perspectivas del Hombre* (1959). En 1965 Garaudy publicó su libro *Del Anatema al Diálogo*.

[12]"Primer Encuentro Latinoamericano de Cristianos por el Socialismo", *Cristianismo y Sociedad*, Montevideo, Uruguay, 1972. 1ª entrega, nros. 29-30. Se mencionan en esta citación dos movimientos sacerdotales "tercermundistas": el grupo Golconda de Colombia, que la prensa sensacionalista consideraría como "la revolución de las sotanas", y del Perú, el grupo ONIS (Oficina Nacional de Información Social).

[13]"Primer Encuentro de Cristianos por el Socialismo", 23-30 de abril de 1972. "Documento Final", *Cristianismo y Sociedad*, Montevideo, 1972, 2a. entrega, No. 31 y 32.

[14]Hugo Assmann, José Blanes y Luis Bach, "Exigencias de una opción", *Cristianismo y Sociedad*, Montevideo, 1972, 3a. y 4a. entregas, número especial.

[15]José Míguez Bonino, "¿Partidismo o Solidaridad?", *Cristianismo y Sociedad*, Montevideo, 1972, 3a. y 4a. entregas, número especial.

tianos revolucionarios" y "los marxistas en el proceso de liberación del continente",[16] seguirá siendo motivo de controversia. Esta viene no solamente de parte de aquellos que critican a los cristianos por el socialismo "a partir de una supuesta neutralidad política", sino también de cristianos que buscan con sinceridad y seriedad cómo escaparse de cualquier esclavitud ideológica y, a la vez, mantener su lealtad a la Palabra de Dios en la entrega del mensaje liberador que nuestro pueblo necesita.

Para el cristiano evangélico es natural el temor de pasar ingenuamente no sólo del anatema al diálogo, sino del diálogo al compromiso ideológico incondicional en el análisis de la realidad de nuestros países y en la opción política para el cambio social.

El pensamiento de Paulo Freire

El movimiento isalino fue también motivado en su reflexión y praxis por las ideas del educador católico brasileño Paulo Freire. El doctor Orlando Costas menciona que entre los años 1967 y 1971 ISAL se involucró en la aplicación de la pedagogía popular de Paulo Freire en proyectos misioneros urbanos, en el entrenamiento y desarrollo de líderes, y en el análisis de la cambiante situación en la América Latina.[17]

Pablo Freire se ha dado a conocer especialmente por su método para la alfabetización de adultos, el cual surgió, en su forma elaborada, en 1961. Freire creó "círculos de cultura" y "centros de cultura popular" en todo el Brasil. Estuvo encargado del Departamento de Alfabetización de Adultos, del Ministerio de Educación y Cultura del Brasil, antes del golpe militar de 1964, cuando tuvo que emigrar a Chile.[18]

En 1963, Freire publicó en la Revista de cultura de la Universidad de Recife, Pernambuco, un artículo en el que une el concepto de "concientización" al de alfabetización. Su libro titulado *La Educación como Práctica de la Libertad* apareció en portugués en 1967.[19] La primera edición castellana de la *Pedagogía del Oprimido*, de la editorial uruguaya Tierra Nueva, es del año 1970. El pensamiento y la obra de Freire eran ampliamente conocidos por los teólogos de ISAL en la década de los años sesenta.

---

[16]Documento final del Primer Encuentro de Cristianos por el Socialismo, *Cristianismo y Sociedad*, Montevideo, 1972, 3a. y 4a. entregas, número especial.

[17]Orlando Costas, *Theology of the Crossroads in Contemporary Latin America* (Amsterdam: Rodopi, 1976), p. 200.

[18]Hugo Assmann, "Bibliografía de y sobre Paulo Freire", apéndice a la *Pedagogía del Oprimido* (Montevideo: Tierra Nueva, 1970), pp. 244-50.

[19]*La Educación como Práctica de la Libertad* (Montevideo: Tierra Nueva, 1970).

El teólogo jesuita José I. González Faus ve que los principios filosóficos, antropológicos y éticos en los cuales se apoya la pedagogía freirana "se hallan en estrecha comunión con la teología".[20] Esto a pesar de que Freire mismo no pretende ser teólogo,[21] aunque hace sus incursiones en el campo de la teología, como cuando ofrece consejo a un joven teólogo, y entre otras cosas le dice:

> Como la Palabra se hizo carne, sólo es posible aproximarse a ella a través del hombre, por eso el punto de partida de la teología ha de ser la antropología. De esta forma, una teología *utópica* tiene que estar asociada con la acción cultural para la liberación, a través de la cual los hombres deben substituir su concepción ingenua de Dios como un mito alienante por un concepto nuevo: Dios como una Presencia en la historia que no impide en ninguna forma al hombre hacer la historia de su liberación.[22]

En una entrevista publicada en *Cristianismo y Sociedad*, en 1972, Freire explica:

> En mi punto de vista el papel de la iglesia debe ser el liberador, el humanizador, del hombre...creo que la teología hoy día tiene muchas cosas que hacer, lo que quiere decir que desde mi punto de vista la teología no es algo superfluo, por el contrario. Pero esto es obvio, no quiero decir la teología falsa o la teología del bla, bla, bla, teología idealista, pero una teología que es parte de la antropología, la cual está metida históricamente para discutir por ejemplo la palabra DIOS y nuestras relaciones con la palabra de Dios. Yo creo que mi actitud no puede ser la actitud de un hombre vacío esperando ser llenado por la palabra de Dios. Creo que si queremos escucharla, es necesario para mí estar metido en el proceso de liberación del hombre. Por esto yo creo que la teología debería estar metida con la educación liberadora, y una educación liberadora con la teología.[23]

Sin lugar a dudas, el mensaje y el método de Freire empalman muy bien con las aspiraciones de los movimientos revolucionarios de nuestro continente.

Freire escribe también con base en su reflexión y experiencia de educador de adultos. Su lema puede ser "la educación como práctica

---

[20]José I. González-Faus, "La Teología Latinoamericana de la Liberación", *Actualidad Bibliográfica* (Barcelona: Facultades de Filosofía y Teología, San Francisco de Borja y San Cugat de Vallés, julio-diciembre de 1973), p. 429.

[21]Paulo Freire, "Carta a un joven teólogo", *Selecciones de Teología*, Barcelona, Facultad de Teología de San Francisco de Borja, vol. 1, No. 50, abril-junio de 1974, p. 180.

[22]Freire, "Carta a joven teólogo", p. 180.

[23]"Educación para un despertar de la conciencia. Una charla con Paulo Freire", *Cristianismo y Sociedad*, Montevideo, 1972, 1a. entrega, números 29-30.

de la libertad''. Su método es el de educar ''concientizando'', ''problematizando''. Según Freire, la sociedad está dividida en *opresores* y *oprimidos*. Estos últimos llevan dentro de sí mismos la imagen del opresor, y no es extraño que vean la liberación como la posibilidad de llegar a ser como sus opresores, a vivir como viven los opresores de hoy y convertirse mañana ellos mismos en opresores.

Al mismo tiempo, ''acomodados y adaptados, inmersos en el propio engranaje de la estructura de dominación temen a la libertad, en cuanto no se sienten capaces de correr el riesgo de asumirla''.[24] El problema se agudiza por ese miedo que el oprimido siente de la libertad, el miedo de despojarse de la conciencia opresora para llenar el vacío de su propia autonomía. El oprimido es el único responsable y capaz de liberarse y liberar al opresor.

¿Qué hacer para que los oprimidos se liberen? Es imperativo asumir una actitud radical para transformar la realidad opresora. Los oprimidos deben entregarse a una praxis ''que es reflexión y acción de los hombres sobre el mundo para transformarlo''.[25] Sin esa praxis es imposible la superación de la contradicción opresor-oprimido.

¿Cómo llevar a los oprimidos a esa praxis liberadora? La respuesta se halla en ''la pedagogía del oprimido, que, en el fondo, es la pedagogía de los hombres que se empeñan en la lucha por su liberación''.[26] De acuerdo a Freire, hay dos formas de educación: la una es ''bancaria'' y consiste tan solo en depositar conocimiento en la mente del educando, dejando a éste en su estado de opresión. La otra es ''problematizadora'', porque concientiza al educando en cuanto a los ''mitos'' con que le ha nutrido el opresor. La educación libertadora busca transformar la situación opresora y no simplemente transformar la mentalidad de los oprimidos.[27]

El impulso inicial de esta educación es el de superar la contradicción educador-educando, de tal modo que ambos se hagan simultáneamente, educadores y educandos. Esto es lo que pudiera llamarse una comunión educativa en la que el que educa es a su vez educado en el proceso pedagógico liberador. La educación problematizadora es ''dialógica'' y liberadora, en contraste con la educación bancaria, que es ''antidialógica'' y sirve los intereses de la opresión.

La acción liberadora auténtica no busca conquistar al pueblo sino colaborar con él en su liberación; no divide al pueblo, lo une; no lo manipula, lo organiza; no es invasión cultural, sino acción cultural

[24]Paulo Freire, *Pedagogía del Oprimido* (Montevideo: Tierra Nueva, 1970), p. 44.

[25]*Ibid.*, p. 49.

[26]*Ibid.*, p. 42.

[27]*Ibid.*, p. 79.

"dialógica" que se prolonga en una "revolución cultural", conjuntamente con el acceso al poder.[28] Con mucha razón, González-Faus dice que la obra de Freire más que una "pedagogía de oprimido" es una pedagogía del líder revolucionario.[29] Freire no cree que pueda hacerse una profunda y radical transformación de la educación como sistema, a menos que la sociedad misma sea también radicalmente transformada.[30]

Una propuesta concreta de acción es el método freirano para la alfabetización de adultos. Explica Iván Illich que "la eficacia de este programa se contruye en torno de determinadas palabras claves que están cargadas de sentido político".[31] Los adultos que lleguen a interesarse en los problemas políticos de su comunidad pueden aprender a leer y escribir en seis semanas de clases nocturnas. Pero se apresura Illich a señalar que el programa ha tenido también sus dificultades. Más importante que el método de diálogo y concientización es la meta que Freire persigue: la revolución social. Su mayor interés se halla en la humanización. Tiene gran confianza y esperanza en el ser humano. Cree que éste puede cambiarse a sí mismo y cambiar el mundo. Acepta el análisis marxista de la sociedad y de la historia. Su optimismo suena a veces exagerado.

El cristiano evangélico se preocupa al ver que en la antropología freirana no se le da el lugar debido a las Escrituras, y que el hombre no aparece como un pecador. La deshumanización es, según Freire, solamente el resultado de un orden social injusto. Por supuesto Freire ha dicho que "el punto de partida de la teología ha de ser la antropología" y que "el teólogo debe tomar como punto de partida de su reflexión la historia del hombre".[32]

El movimiento ecuménico

ISAL tuvo su origen en el ámbito del Consejo Mundial de Iglesias, impulsado especialmente por el Departamento de Iglesia y Sociedad de ese organismo. En tiempos de la Segunda Guerra Mundial (1939-1945), la Federación Universal de Movimientos Estudiantiles Cristianos (FUMEC) le dio aliento en casi todos los países de nuestro continente a la creación de pequeños grupos nacionales que bajo el

---

[28]*Ibid.*, p. 209.

[29]González-Faus, *op. cit.*, p. 434.

[30]*Diálogo Paulo Freire-Ivan Illich* (Buenos Aires: Ediciones Búsqueda, 1975), p. 47.

[31]Iván ILlich, *En América Latina, ¿Para qué sive la escuela?* (Buenos Aires: Ediciones Búsqueda, 1974), p. 30.

[32]Freire, "Carta a un joven teólogo", p. 180.

nombre de Movimiento Estudiantil Cristiano (MEC) despertaron entre universitarios protestantes el interés por la problemática social latinoamericana. El FUMEC era, por supuesto, de decidida orientación ecuménica.

Dice Marcelo Pérez Rivas: "Hay pocos de los grandes nombres del ecumenismo latinoamericano que no hayan participado, alguna vez en su historia personal, en las actividades de algún MEC".[33] No sería extraño, por lo tanto, que cuando menos algunos de los líderes de ISAL comenzaran en los grupos MEC su reflexión sobre la responsabilidad social cristiana. ISAL tenía estrecha relación con organismos ecuménicos como la Comisión Evangélica Latinoamericana de Educación Cristiana (CELADEC) y el Comité Provisional pro Unidad Evangélica Latinoamericana (UNELAM). Bajo el alero del consejo Mundial de Iglesias se hicieron en 1957 varias reuniones en las que, según Julio de Santa Ana, "puede rastrearse el origen del Movimiento de Iglesia y Sociedad en América Latina".[34]

Como era de esperarse, ISAL se desarrolló como un grupo integrado por protestantes y católicos interesados en reflexionar sobre la problemática de la sociedad latinoamericana. Hugo Assmann, teólogo católico brasileño, llegó a ocupar el cargo de Secretario de Estudios de ISAL.

Entre ISAL y el Consejo Mundial de Iglesias hubo una influencia recíproca. Richard Shaull, a quien se le ha llamado "el padre de ISAL" participó en la preparación de documentos para la Conferencia Mundial de Iglesia y Sociedad, realizada en Ginebra en julio de 1966, con los auspicios del Consejo Mundial de Iglesias.[35] Entre los 42 delegados latinoamericanos en esa conferencia no podían faltar personas involucradas directa o indirectamente en el quehacer teológico de ISAL. Los resultados de lo sucedido en Ginebra en 1966 se dejaron ver en la Cuarta Asamblea del Consejo Mundial de Iglesias, Upsala 1968. Hubo un viraje del movimiento ecuménico hacia un mayor énfasis en la acción directa de la iglesia para el cambio social. En el informe de Upsala tocante a la *Renovación de la Misión*, el Dr. John R. W. Stott "no encuentra. . .ninguna preocupación por el hambre espiritual del hombre: ninguna preocupación que pudiera compararse con la que se ha

---

[33]Marcelo Pérez Rivas, "El Ecumenismo en América Latina", Apéndice II a la obra de Norman Goodall, *El Movimiento Ecuménico* (Bs. Aires: Editorial La Aurora, 1970), p. 221.

[34]Julio de Santa Ana, *Protestantismo, Cultura y Sociedad* (Buenos Aires: Editorial La Aurora, 1970), pp. 125-126.

[35]Adam F. Sosa, "Prefacio" a *Hacia una Revolución Responsable* (Buenos Aires: Editorial La Aurora, 1970), pp. 7-9.

expresado con respecto del hambre física y de la pobreza".[36]

La conferencia de Ginebra, 1966, había dado por sentado que la Iglesia debe involucrarse en los movimientos revolucionarios contemporáneos. El tema de la participación de la Iglesia en la revolución fue discutido libremente y con mucha amplitud. Comentando sobre la conferencia de Ginebra, Robert McAfee Brown, prominente líder ecuménico, dice:

> Por primera vez se le dio atención seria a la posibilidad de la participación cristiana en la revolución violenta, y aunque la conferencia no abogó claramente por la violencia, hizo claro que el uso de la violencia para derrocar regímenes injustos no debería descartarse *a priori*.[37]

En el año de 1970 el Consejo Mundial de Iglesias llevó a cabo en la América Latina una serie de consultas sobre proyectos para la acción ecuménica en este continente. Henryanne de Chaponay, que estuvo a cargo de organizar dichas consultas, deja ver que el impulso vino de teólogos latinoamericanos y de la situación actual de la América Latina. Naturalmente, se reconoció unánimemente en las consultas la necesidad de un cambio profundo, radical, an la sociedad y se subrayó "la necesidad para los cristianos de comprometerse en la lucha contra esta situación actual de injusticia y todas las reflexiones teológicas permitieron apoyar concretamente esto como un deber a través de las estructuras".[38] Este informe es recibido con entusiasmo por los teólogos de ISAL.

En la opinion de Theo Tschuy, la creación de ISAL en 1961 ayudó a mejorar la imagen del Consejo Mundial de Iglesias en la América Latina, porque llevó a nivel eclesiástico el debate sobre las condiciones sociales de este continente. Debido a su sólida vinculación con ISAL el CMI se vió de repente involucrado en la controversia, aunque no participó directamente en ella. Pero de allí en adelante el CMI llegó a ser conocido especialmente por su relación con ISAL. ¿Por qué? Tschuy responde a esta pregunta de la manera siguiente:

> Porque al afirmar que el deber de los cristianos es apoyar la justicia social—que en América Latina no puede significar otra cosa que comprometerse en la revolución—I.S.A.L. puso al

[36]John R. W. Stott, en discusión del informe sobre "Renovación de la Misión", *Upsala 1968* (Salamanca: Ediciones Sígueme, 1969), p. 64.

[37]Robert McAfee Brown, *The Ecumenical Movement* (Garden City, New York: Doubleday & Co., 1967), p. 320. Véase además: *Los Cristianos en las Revoluciones Técnicas y Sociales de Nuestro Tiempo*. Documentos de la Conferencia Mundial sobre Iglesia y Sociedad, Ginebra, 12-26 de julio de 1966 (Santander, España: Editorial Sal Terrae, 1971).

[38]Henryanne de Chaponay, "¿A dónde va la acción ecuménica en América Latina?" *Cristianismo y Sociedad*, Montevideo, 1970, 3a. y 4a. entrega, nros. 24-25.

desnudo *aquella cuestión ecuménica* que es vital para América Latina. Esta cuestión hace a la existencia misma del continente; es por ello, *polémica*. Cada dimensión ecuménica...no puede ser separada ya más de la cuestión básica que es la revolución social.[39]

ISAL y el CMI iban de la mano por el camino de la revolución para cambiar las estructuras de la sociedad latinoamericana. Es más, a través de los años sesenta y a principios de la siguiente década, estaba en su apogeo el diálogo entre católicos y protestantes sobre teología y liberación. La oportunidad era amplia para que ambos grupos se fertilizaran mutuamente en su quehacer teológico. Emilio Castro percibe ISAL como

una comunidad que ha trascendido los límites de las confesiones protestantes, para ser un polo donde confluyen católicos y evangélicos que, en tanto tales, están profundamente interesados en dar un testimonio responsable de su fe frente a los desafíos que le presenta la problemática sociedad latinoamericana.[40]

La interacción en el diálogo católico-protestante fue otro de los elementos que ayudaron a configurar el pensamiento isalino. A la vez, en este diálogo hubo lugar para la contribución protestante al desarrollo de la teología latinoamericana de la liberación.

Como en la historia de todo movimiento, hay en la creación de ISAL algunos nombres que se destacan. Por ejemplo, Richard Shaull—profesor en Princeton y exmisionero en Brasil y Colombia—a quien se le ha llamado "el padre de ISAL", y Luis E. Odell, prominente líder ecuménico uruguayo. Se le ha dedicado a Odell uno de los volúmenes isalinos, en cuyo prólogo el pastor Castro subraya que el homenaje se debe a la vocación ecuménica de Odell y a sus esfuerzos en pro de la creación de ISAL.[41]

A Richard Shaull se le puede considerar como uno de los pioneros de la teología revolucionaria latinoamericana. En su obra *Encounter with Revolution* (traducción literal: Encuentro con la Revolución), publicada en 1955, Shaull llega a la conclusión de que en la América Latina la revolución es ya una posibilidad y una necesidad; que la doctrina social cristiana del pasado no puede interpretar adecuadamente la nueva situación de estos países, y que el mensaje cristiano tiene mucho que ofrecer para orientar en debida forma el proceso revolucionario.[42] Por supuesto, Shaull ha bebido de las fuentes de la

[39]Theo Tschuy, "El Consejo Mundial de Iglesias y América Latina", *De la Iglesia y la Sociedad* (Montevideo: Tierra Nueva, 1971), p. 278.

[40]Emilio Castro, Prólogo al libro *De la Iglesia y la Sociedad* (Montevideo, 1971), p. III.

[41]*Ibid.*, pp. II-III.

[42]Richard Shaull, *Encounter with Revolution* (New York: Haddam House, 1955), p. 115.

neo-ortodoxia, y de la teología de la secularización.

Es posible trazar a grandes rasgos el desarrollo del pensamiento isalino por medio de un vistazo a las asambleas que este movimiento ha celebrado a nivel continental. Haremos en el próximo apartado un esbozo histórico de dichas conferencias, deteniéndonos en las más importantes de ellas para destacar algunos de los elementos predominantes en la teología de ISAL.

Asambleas continentales de ISAL
Primera Consulta Latinoamericana
Huampaní, Perú, julio de 1961

Con la presencia de cuarenta y dos personas de 16 países latinoamericanos, se llevó a cabo la consulta de la cual surgió la Junta Latinoamericana de Iglesia y Sociedad en América Latina, que después llegó a ser Iglesia y Sociedad en América Latina (ISAL). La asamblea fue convocada por organismos ecuménicos de Argentina, Brasil y Uruguay. Entre los asesores figuraban el Dr. W. Stanley Rycrofft, de los Estados Unidos de Norteamérica, y el pastor Paul Albrecht, en aquel tiempo secretario ejecutivo del Departamento de Iglesia y Sociedad del Concilio Mundial de Iglesias. Los organizadores de la consulta en Huampaní le rinden especial agradecimiento a este departamento del CMI por el apoyo que les prestó en todo.

Los propósitos de la consulta eran: reunir e intercambiar información sobre la labor que las diferentes iglesias estaban realizando en el terreno social; descubrir cómo podían los participantes ayudarse mutuamente en el futuro; buscar juntos el significado que desde el punto de vista cristiano tienen los cambios sociales y la responsabilidad común de los cristianos hacia dichos cambios, y concretar una estrategia común de estudio y de acción futura.[43]

El tema general de la consulta fue: La responsabilidad social de la Iglesia Evangélica frente a los rápidos cambios sociales. Este tema se dividió de la siguiente manera: la responsabilidad cristiana ante los rápidos cambios sociales y culturales; la actuación profética del cristiano en la vida política latinoamericana, y la preocupación cristiana por el progreso y el desarrollo económico.

El plan de acción para el futuro incluyó la convocatoria de la II Consulta Evangélica Latinoamericana de Iglesia y Sociedad, la continuación de la publicación del boletín *Iglesia y Sociedad en América Latina* (que había venido circulando desde 1959), y la promoción por todos los medios posibles de los ideales y planes del movimiento.

Según los voceros de ISAL, en Huampaní se reunieron por vez primera evangélicos de todo el continente para reflexionar sobre "el

[43]*Encuentro y Desafío* (Buenos Aires: Editorial La Aurora, 1961), p. 12.

significado de la responsabilidad cristiana frente a una situación de rápida transformación social".[44] Para ellos, los representanates de ISAL, este movimiento era "una nueva concepción del testimonio cristiano a través del servicio y el cumplimiento de las responsabilidades sociales y políticas que el creyente comparte con todo ciudadano".[45] También afirman que "Huampaní significó a la vez una toma de conciencia y la primera aplicación importante de un método de análisis que después sería repetido con variada eficacia en la serie de consultas regionales que siguieron a la de Huampaní".[46]

En la evaluación isalina, el resultado más importante del encuentro en Huampaní fue "la perplejidad, el desconcierto".[47] Allí se descubrió que la transformación radical de la sociedad, o sea la revolución latinoamericana, "pasaba por el propio eje de la vida y organización de la iglesia".[48]

Aquella perplejidad resultó ser creadora. En Huampaní surgieron algunas nociones básicas que en cierto modo marcarían pautas para el desarrollo del pensamiento isalino. Por ejemplo, la noción de *estructura,* que viene del léxico socio-económico de actualidad, para el análisis social; *la noción teológica de historia* como acontecer social donde se manifiesta la acción de Dios, desarrollando la voluntad divina de redención humana, y convirtiendo al hombre tanto en sujeto como objeto de la transformación social. También se escucharon en Huampaní otras nociones que han formado parte de la temática de ISAL: el concepto de *secularización* y de *ideología,* considerada esta última como "el intento de interpretar la realidad histórica y social desde adentro, el ámbito del pensamiento secular en torno al cambio histórico".[49] Continúan diciendo los portavoces de ISAL:

Pero no sólo una interpretación, sino un esquema dinámico para orientar la transformación social hacia objetivos precisos... El diálogo entre la fe cristiana y las ideologías revolucionarias. Por lo tanto, parecía posible y necesario [sic] ...la ideología era el ámbito propio de lo político, de la "praxis", vale decir, el medio para asumir el compromiso y la acción de transformación social

---

[44]*América Hoy,* p. 11.

[45]*Ibid.,* pp. 13-14.

[46]*Ibid.,* p. 13.

[47]*Ibid.,* p. 14.

[48]*Idem.*

[49]*Ibid.,* pp. 15-18.

en el sentido determinado por la interpretación teológica de la historia.[50]

Julio de Santa Ana, quien llegó a ser secretario general de ISAL en 1969, sintetiza la tarea de Huampaní como "un análisis de la realidad social latinoamericana para confrontar los resultados del mismo con la vida de las iglesias".[51] Pero ve que aún persiste en el informe de la consulta la tendencia a separar del mundo a la iglesia, y de la realidad social a la vida eclesiástica. "De ahí que fue surgiendo poco a poco la conciencia de que no sólo había que observar el proceso de cambios sociales en América Latina, sino que además necesariamente se tenía que participar en el mismo".[52] A la vez, de Santa Ana subraya las nociones arriba mencionadas, las cuales habrían de configurar la teología de ISAL.

En la opinión del Dr. José Míguez Bonino, presidente de la mesa directiva que tuvo bajo su responsabilidad general la consulta en Huampaní,[53] en sus primeros tiempos ISAL "era un movimiento importado, impulsado por el interés ecuménico en el problema del desarrollo".[54] Luego, el Dr. Míguez Bonino describe tres etapas en la evolución del pensamiento isalino: (1) En un comienzo, durante los años 1960-1965, ISAL osciló en su análisis de la situación "entre un enfoque desarrollista y otro revolucionario", pero después adoptó la "sociología de la dependencia" y una estrategia revolucionaria "vinculada a una opción socialista".[55] (2) En los años 1966-1968, ISAL transformó su perspectiva teológica, "de una teología predominantemente barthiana a 'una teología de la acción transformadora de Dios en la historia', fuertemente influenciada por la teología de Paul Lehmann y Richard Shaull, hasta que Rubem Alves le dio una expresión creadora en diálogo crítico conm Marcuse por una parte y con Moltmann por otra".[56] A estas alturas, ISAL ya había adoptado un instrumental analítico derivado del marxismo, aunque según Míguez Bonino esto no se hizo en forma acrítica. (3) A partir de 1970 ISAL tuvo un nuevo interés en las iglesias, de las cuales se había visto

---

[50]*Ibid.*, p. 17.

[51]Julio de Santa Ana, *Protestantismo, Cultura y Sociedad*, p. 126.

[52]*Ibid.*, pp. 126-27.

[53]*Encuentro y Desafío*, p. 15.

[54]José Míguez Bonino, *La fe en Busca de Eficacia* (Salamanca: Ediciones Sígueme, 1977), p. 80.

[55]*Ibid.*, pp. 80-81.

[56]*Ibid.*, p. 81.

marginado. También dio más énfasis a los movimientos nacionales que a una acción centralizada.[57]

Este desarrollo en el pensamiento y actitud de los teólogos isalinos se hará evidente en las conferencias que siguieron a la de Huampaní, las cuales son mojones importantes en el camino del liberacionismo latinoamericano.

Segunda Consulta Latinoamericana de Iglesia y Sociedad, El Tabo, Chile, enero de 1966

En la ponencia de Leonardo Franco sobre "La Coyuntura Histórica", se describe el panorama latinoamericano de aquella década. Ve el ponente que la Alianza para el Progreso ha fracasado en su intento de producir el desarrollo económico y social, y que la actitud de los Estados Unidos de Norteamérica hacia la América Latina se ha endurecido para defender el estado de cosas ("status quo") en el continente. "Como contraparte a la actitud intervencionista de los EE.UU. encontramos el surgimiento del militarismo en varios países latinoamericanos".[58] En abril de 1964 se efectuó el golpe de estado en el Brasil, y un año después fuerzas norteamericanas invadieron la República Dominicana.

Franco también lamenta la crisis en la dirección de las izquierdas latinoamericanas, porque los grupos de izquierda emparentados de una manera u otra con la ideología marxista "han sido los primeros en crear conciencia de la necesidad del cambio social en América Latina, y se han hallado siempre a la vanguardia de las transformaciones revolucionarias".[59]

En su conclusión, Franco quiere ser realista, pero suena pesimista, no obstante su confianza en lo irrefrenable del proceso histórico:

> Hemos procurado ser realistas y mostrar que las perspectivas de un cambio social a corto plazo, tal como todos anhelamos, no son muchas... los dolores de parto de la revolución social son mayores de lo que habíamos imaginado años atrás... no podemos hacer otra cosa que examinar la realidad tal cual es; y el hecho es que esa realidad no nos permite ser optimistas.[60]

De suma importancia es la ponencia de Richard Shaull, titulada "Y un Dios que actúa y transforma la historia". En la parte medular, Shaull reflexiona sobre "la contribución y tarea de la teología". La

---

[57]*Idem.*

[58]Leonardo Franco, "La coyuntura histórica", *América Hoy* (Montevideo: ISAL, 1966), p. 28.

[59]*Ibid.*, p. 34.

[60]*Ibid.*, p. 36.

herencia cristiana no nos ofrece hoy "un sistema que encierra toda la verdad, sino determinada perspectiva de la vida humana en la historia, y las posibilidades de que el hombre se realice a sí mismo y dé sentido a su vida en este proceso".[61] En otras palabras es "una manera de entender *nuestra historia* a la luz de una historia específica, la del pueblo de Israel y la de Jesucristo".[62] De lo que se trata es de la humanización del hombre, de la posibilidad que el hombre tiene de alcanzar su "humanidad".

El criterio hermenéutico para relacionar el testimonio bíblico con la situación humana presente lo halla Shaull en la teología de Paul Lehmann: "*El mensaje bíblico describe lo que Dios hace a fin de otorgar y mantener la condición 'humana' del hombre*".[63] Nótese que el criterio hermenéutico no es lo que Dios dice, sino lo que Él hace en la historia. Shaull da la siguiente explicación de la tarea teológica:

> Por eso nuestra tarea no es imponer ciertos valores, sino reconocer y vivir según aquellos que imperan en el mundo; no es dar sentido a la vida, sino descubrir el sentido que la vida tiene en un mundo que participa de la redención; no establecer el orden en el universo, sino participar en el nuevo orden de cosas que está tomando forma a través de las transformaciones sociales.[64]

Concluye Shaull esta sección de su ponencia con unas palabras que proponen, básicamente, el método de la teología de la liberación, o sea el quehacer teológico en la praxis y desde la praxis para el cambio social:

> Por eso creo que lo más importante para nosotros es descubrir cómo estar presente en medio de la lucha contemporánea del hombre, en aquellas fronteras donde esta lucha se lleva a cabo, y allí tratar de mantener un diálogo vivo entre la descripción cristiana de lo humano y de la historia, y nuestra situación tal como la entendemos y la vivimos concretamente. A partir de esta actitud, puede surgir un nuevo modo de pensar teológico, y también nuevas imágenes, conceptos y parábolas que logren describir de manera más adecuada lo que Dios hace en medio de nosotros, en términos absolutamente seculares.[65]

[61]Richard Shaull, "Y un Dios que actúa en la historia", *América Hoy* (Montevido: ISAL, 1966), p. 60.

[62]*Idem.*

[63]*Ibid.*, p. 61.

[64]*Idem.*

[65]*Ibid.*, p. 64.

En El Tabo, los isalinos quieren que la Iglesia pase del diálogo a la participación directa en la lucha revolucionaria. [66] Se había llegado ya a la convicción de que "lo necesario no era una 'respuesta cristiana' a la revolución, sino la integración en el proceso revolucionario que conmueve a nuestros pueblos". [67] Comenta Julio de Santa Ana que en El Tabo "se entiende también que el cristiano está exigido en su acción por el contexto revolucionario". [68] Y en esta participación, el criterio para determinar el significado de los paradigmas bíblicos y detectar la acción de Dios en la historia es la historia misma, el acontecer actual en la realidad latinoamericana. La norma de fe y práctica se halla no en las Escrituras sino fuera de ellas. La interpretación bíblica queda a merced de los cambios históricos y del subjetivismo.

Tercera Asamblea Continental
Piriápolis, Uruguay, Diciembre de 1967

En palabras de René Padilla, a partir del encuentro de El Tabo "quedó superado por completo el intento de que el movimiento proyectara una actitud cristiana 'desposeído de todo contenido político e ideológico' ". [69] La ideología política llegó a ser predominante en la reflexión y planificación de ISAL. En la III Consulta los participantes estaban plenamente convencidos de que la palabra de orden era: "de la comisión al movimiento", y que no había otra salida sino la de una mayor participación en la lucha liberadora.

Un vocero del movimiento relata que cuando terminó la III Asamblea "casi todos los que a ella asistimos éramos conscientes de que el camino de la liberación de América Latina era necesariamente muy largo". [70] Ya había muerto el Ché Guevara, el militarismo imperaba hasta en países que habían dado señales de democratización, el capitalismo parecía incontenible, y las izquierdas latinoamericanas seguían dividiéndose. Desde el punto de vista de ISAL, no era halagüeño el panorama para los que habían soñado con una rápida transformación social. Sin embargo, lo difícil de la empresa les infundió nuevo ánimo para pasar con mayor ahinco de la reflexión a la acción revolucionaria. "Para grupos como ISAL, la salida era la de convertirse en auxiliares de las fuerzas revolucionarias y trabajar principalmente en favor del

[66] *América Hoy*, pp. 117-119.

[67] Julio de Santa Ana, *Protestantismo, Cultura y Sociedad*, p. 168.

[68] *Idem.*

[69] René Padilla, *Fe Cristiana y Latinoamérica Hoy*, pp. 120-121.

[70] Introducción a la colección de documentos de la IV Asamblea Continental de ISAL, *América Latina: Movilización Popular y Fe Cristiana* (Montevideo: ISAL, 1971), p. I.

desarrollo de una toma de conciencia revolucionaria entre los núcleos populares".[71] Después de la III Consulta, ISAL procuró entroncar más directamente su participación con "la acción liberadora" de esos núcleos.

A la vez, debido a su fuerte compromiso ideológico, ISAL seguía marginándose del sector más amplio del protestantismo latinoamericano, puesto que "la iglesia revolucionaria" era un ínfima minoría. Según el análisis isalino, la iglesia de aquellos días (católica o protestante) se dividía en "reaccionaria", "reformista" y "revolucionaria".[72]

Ante un pequeño grupo de líderes evangélicos, cuando se celebraba el Primer Congreso Latinoamericano de Evangelización, en Bogotá, Colombia, 1969, un prominente intelectual evangélico de Sudamérica dijo que en lo teológico "ISAL era un grupo de generales sin ejército y el pueblo evangélico latinoamericano un ejército sin generales". No cabe duda que los componentes de ISAL se daban cuenta del aislamiento en que habían caído. Trataron de cambiar su táctica con respecto a las iglesias en la consulta celebrada cuatro años después de Piriápolis.

Cuarta Asamblea Continental
Ñaña, Perú, julio de 1971

El período entre los años 1967 y 1971, o sea entre la tercera y cuarta conferencias continentales de ISAL, fue consagrado a poner en práctica las decisiones tomadas en Uruguay en 1967. Una de estas decisiones era la de ocupar un puesto y desarrollar una lucha consecuente en las huestes de la "iglesia revolucionaria".[73] La IV Asamblea tenía el propósito de apreciar si la acción de ISAL había estado "a la altura de las exigencias planteadas por el proceso revolucionario", y ofrecer orientación para la acción futura del movimiento.[74]

El contexto social. Se dice también en el documento que venimos citando que había algunas tendencias que marcaban cierta diferencia entre la situación latinoamericana en 1967 y la de 1971. En primer lugar, el sistema capitalista sufría en la mayoría de los países de este continente "una crisis profunda de la que, aún no es posible decirlo, no sabemos si saldrá o no con vida". En segundo término, en muchos países latinoamericanos, si no en todos, "núcleos que defienden los intereses populares YA han juzgado de manera negativa esta salida irracional a la que apela actualmente el sistema capitalista". Había

[71]*Idem.*

[72]*Ibid.*, p. VIII.

[73]*Idem.*

[74]*Ibid.*, pp. VIII-IX.

además, en tercer lugar, "algunos aspectos nuevos" que se manifestaban en el proceso de liberación de América Latina. Por ejemplo, que "el marxismo YA es indudablemente aceptado como el método de análisis incontrovertido para el estudio de la realidad latinoamericana. Es decir, que la confrontación cristianismo-marxismo ya no tiene razón de ser"; que "es posible apreciar una mayor inserción de los cristianos en las fuerzas de vanguardia que luchan en cada situación nacional contra el sistema imperante y por la liberación"; que se estaba superando la polémica entre las izquierdas latinoamericanas; que parece haber "una clara elevación de la conciencia popular", la cual revela a su vez una disposición a la lucha revolucionaria, y que la posición básica del Ché Guevara "se va dando como un presupuesto innegable para enfrentar las exigencias de la lucha por la liberación latinoamericana".[75] El Ché Guevara había propuesto la creación de muchos Vietnam en Latinoamérica.

La teología. Ya hemos mencionado que durante los años 1967 a 1971 ISAL usó el método de Paulo Freire en el entrenamiento de líderes a nivel popular.[76] En cuanto a lo teológico, parece que la voz de Rubem Alves llegó a tener cierta preponderancia en el movimiento isalino en aquel tiempo. También nos hemos referido a la influencia del marxista Herbert Marcuse en el pensamiento de Alves, especialmente en su libro titulado *Religión: ¿Opio o instrumento de liberación?*[77] El influjo freirano se ve también en esta obra.

Comienza Alves su enfoque del tema de la liberación refiriéndose a la búsqueda de un lenguaje que exprese la visión y la pasión por la liberación humana. De allí pasa a describir lo que él llama el *humanismo político,* el cual es en realidad una nueva concepción del hombre, o sea un nuevo enfoque antropológico.

Hay, según Alves, tres elementos en esta manera de conceptuar al hombre: (1) Una nueva conciencia de opresión, de "denominación colonial". Ejemplos de esta conciencia de opresión son los negros y los estudiantes en los Estados Unidos de Norteamérica. (2) Un nuevo lenguaje que expresa esta nueva concepción del hombre. (3) La aparición de una nueva comunidad, la cual es el proletariado mundial, "un fenómeno ecuménico que agrupa a seres del Tercer Mundo con los negros, los estudiantes, y con otros grupos de naciones desarrolladas.

---

[75]*Ibid.,* pp. I-VII.

[76]Orlando E. Costas cita el siguiente trabajo anónimo: *Se vive como se puede: Resultados de una experiencia de aplicación de la pedagogía de Paulo Freire* (Montevideo: Tierra Nueva, 1970), op. cit., p. 200.

[77]Alves escribió el libro *Religión: ¿Opio o Instrumento de Liberación?* basándose en su tesis doctoral para la Universidad de Princeton, y que fue publicada bajo el título: *A Theology of Human Hope* (Washington, D.C.: Corpus Books, 1969).

Esta conciencia no tiene, pues, límites nacionales, económicos, sociales o raciales".[78]

Luego pasa Alves a contrastar el humanismo político con la tecnología y la teología. Siguiendo a Marcuse en la descripción del lenguaje tecnológico, Alves dice que la sociedad moderna se ha convertido más bien en un sistema que engloba, condiciona y determina al hombre.[79] Le convierte en un comprador de mercaderías, dándole a entender que no hay necesidad de un futuro, que es posible ser feliz en el presente por medio de las conquistas de la tecnología.

Alves encuentra puntos de contacto y contraste entre el humanismo político y la teología. Rechaza el existencialismo porque éste reduce la liberación al terreno subjetivo. Coincide con Karl Barth en su crítica radical del presente; pero lamenta que el barthianismo no le dé suficiente importancia al futuro, ni al trabajo y la creatividad del hombre. Para Barth, sugiere Alves, el hombre no es el creador de su propio futuro.[80]

Hay también contraste entre el *humanismo político* y la *Teología de la Esperanza* de Jürgen Moltmann. Alves admira a Moltmann por su énfasis en el futuro, pero no está de acuerdo con su idea de que el movimiento hacia el futuro surge como respuesta a una *promesa* que viene desde afuera y lo hace posible. Es decir, que el movimiento renovador no brota de la realidad presente, de la condición actual del hombre —a través de la inserción de éste en la historia—, sino de una promesa que es trascendente. Alves cree que el futuro es "un horizonte de posibilidad abierto donde se creará la libertad introducida por la acción".[81] El hombre es el creador de un futuro que no se encuentra determinado.

El humanismo político incluye la negación de lo inhumano en el presente, la preocupación por la transformación de este presente por medio de la acción política, la apertura a la esperanza que se basa en la historia misma y no en una promesa que no pasa de ser trascendente.[82]

Alves piensa que la creación de la historia es solamente posible por medio del poder, y pasa a explicar que el uso del poder radica en la política:

> Debido a esto la nueva toma de conciencia cree que el hombre y el futuro renovado deben ser creados a través y dentro de una

[78]*Ibid.*, pp. 5-24.

[79]*Ibid.*, pp. 25-39.

[80]*Ibid.*, pp. 65-82.

[81]*Ibid.*, p. 100.

[82]*Ibid.*, pp. 82-101.

actividad de carácter político. La política sería la práctica de la libertad, la actividad del hombre libre en la creación de un futuro renovado. *La política, dentro de este contexto, no se entiende más como la actividad de unos pocos,* el juego del poder de las élites. Es la vocación del hombre, porque todo hombre es llamado a participar, de una manera o de otra, en la creación del futuro. La política se vuelve, pues, la nueva biblia de esta conciencia, el anuncio de la buena nueva, de que si el hombre emerge de su pasividad y reflexividad como sujeto de la historia un futuro nuevo puede ser creado. Desafía al hombre: "Buscad primero el reino de la política y del poder, y todas estas cosas serán vuestras".[83]

El énfasis de Alves cae en la liberación del hombre por el hombre mismo. Pudiera decirse que deja al oprimido abandonado a sus propios recursos, ante un presente que debe ser negado y un futuro que es siempre relativo, incierto. No hay normas fijas para determinar si el ser humano en su esfuerzo por crear el futuro va en la dirección correcta. Del contenido de su libro, afirma:

Como estas reflexiones son producto de mi situación histórica relativa y provisoria, participan de ese mismo carácter provisorio y relativo. Deben por lo tanto permanecer inacabadas y abiertas. Otro, en una situación histórica diferente, podría tener una interpretación diferente. No puedo decir que mi experiencia histórica sea más verdadera que la suya... El mismo material bíblico desde una perspectiva diferente podría pro ablemente ser interpretado de manera diferente. La exégesis se realiza siempre desde la posición relativa de cada uno en la historia.[84]

Habiéndose alejado de la autoridad de las Escrituras, los isalinos quedan completamente en sujeción al relativismo histórico y al subjetivismo en su teología y en su praxis.

Las bases estratégias. El título del libro que recoge los documentos de la consulta en Ñaña, Perú (1971) es bastante sugestivo: *América Latina: Movilización Popular y Fe Cristiana.*[85] El énfasis no cae en la fe, sino en la acción revolucionaria. Las ponencias se dedican especialmente al tema de la movilización y participación de los cristianos en la lucha por el cambio social.

---

[83]*Ibid.*, p. 23. Alves explica que la paráfrasis de Mt. 6:33 es atribuida a Nkrumah por Bola Ige, representante de Nigeria en la Conferencia Mundial de Iglesia y Sociedad, Ginebra 1966.

[84]*Ibid.*, pp. 1-2.

[85]América Latina: *Movilización Popular y Fe Cristiana* (Montevideo: ISAL, 1971).

En el documento final se ofrece un análisis sociológico de la situación latinoamericana y unas bases para la estrategia y el programa de ISAL. El proceso de liberación se entiende como "la ruptura con el sistema de dependencia económica y de explotación que sufren nuestros pueblos, generadas por la acción del imperialismo aliado con las clases dominantes nacionales".[86] Para superar esta dependencia "es necesario impulsar la organización de los sectores del pueblo que son explotados por las clases dominantes nacionales y por el imperialismo".[87] El propósito de la liberación se expresa en los siguientes términos:

¿Para qué el proceso de liberación de América Latina? Pues para crear una sociedad más justa en la que desaparecerán distinciones odiosas de clase y se instaurará una organización más racional de la producción obedeciendo a necesidades propias de los trabajadores. Será una sociedad en la que el poder debe ser ejercido por las clases populares que hoy sufren la explotación. Para ello será necesario socializar los medios de producción y democratizar el ejercicio del poder. Será una sociedad nueva en la que lo social predominará sobre lo individual.[88]

En el esfuerzo de liberación los cristianos pueden y deben participar, siguiendo el ejemplo del padre Camilo Torres, quien optó por la revolución y el socialismo. Hay, según ISAL, tres aspectos del proceso liberador que se estaba realizando en aquel entonces:

a) El descubrimiento, por parte de los cristianos comprometidos, del instrumental del análisis marxista como el más apropiado para comprender la situación latinoamericana y proyectar una efectiva acción de cambio radical sobre la misma...

b) La orientación hacia el proletariado, planteada como consecuencia del compromiso revolucionario, implica una identificación cada vez mayor con la clase trabajadora, haciendo suyas las luchas que ésta emprende...

c) Se descubre entonces una tarea impostergable de concientización, que puede ser desarrollada en varios frentes de acción. Primero, en las mismas iglesias... Segundo, en el seno del pueblo... Tercero, formando parte de partidos y organizaciones propias de las clases populares.[89]

Nótese que las iglesias eran el primer objetivo de la acción revolucionaria de ISAL. Antes de la consulta en Ñaña, ISAL se hallaba marginado de las iglesias. Ahora quiere volver a ellas, entendiendo que

[86]*Ibid.*, p. 140.

[87]*Ibid.*, p. 143.

[88]*Ibid.*, pp. 143-44.

[89]*Ibid.*, pp. 145-47.

las iglesias son frentes de tarea, tanto como núcleo de apoyo o como medio de promoción y reclutamiento político, y también como lugar de lucha ideológica por la que se intenta el desbloqueo de la conciencia cristiana para que pueda acceder a la opción y a la militancia en favor de las clases populares.[90]

Es claro que se hace imperativo "un cambio de las viejas estructuras eclesiásticas" si las iglesias van a cooperar en la lucha revolucionaria. ISAL ve tres clases de grupos en las iglesias: grupos contestatarios que por su posición ideológica están en conflicto con la jerarquía y que deben ser "alentados, sostenidos y apuntalados en su acción"; grupos que expresan los intereses de las clases dominantes, y que "deben ser denunciados en forma clara y terminante", y grupos mayoritarios que viven múltiples alienaciones, y que deben ser instruidos para que tomen conciencia de su situación.[91] En otras palabras, una de las acciones revolucionarias de ISAL sería la de desestabilizar las iglesias, intensificando los antagonismos que existen en ellas.

Se le da espacio al tema de la libertad intelectual, concluyendo que debe evitarse la falsa interpretación que el contexto burgués le ha dado a la libertad. Hubo acuerdo con la consulta tocante a dos premisas consideradas concluyentes:

a) Reconocer, por un lado, que cuando se hable de *libertad*, se considere en términos de una *sociedad socialista*...en términos de avance del proceso socialista... En tal sentido, habría aquí una primacía de la *función intelectual* sobre las tradicionales concepciones de los *derechos individuales* de los intelectuales.

b) Reconocer que es por estas vías que surgirá la figura del *ser-intelectual* (capacidad crítica y creadora del hombre en sus más amplios aspectos), que terminará por borrar la vieja imagen del "intelectual" creada por la sociedad burguesa.[92]

Estas premisas significan, desde otro punto de vista, la necesidad imperiosa de cometer suicidio intelectual en aras del "proceso socialista". Se trata del hombre-masa, programado, en actitud reflexiva, con estricto apego a las directrices del partido.

Con respecto a la teología, ISAL advierte:

...Por "renovación teológica" auténtica no hay que entender tal cosa como la repetición de teologías formuladas en sociedades opulentas...sino el intento por comprender los símbolos y categorías de la fe en el marco del proceso de liberación apuntalando

---

[90]*Ibid.*, p. 148.

[91]*Ibid.*, pp. 149-50.

[92]*Ibid.*, p. 160.

y no estorbando al mismo... La iglesia, pues, debe estar...atenta a formular una "teología del pueblo", y no una "teología para el pueblo".[93]

Gustavo Gutiérrez dirá también que no tendremos una auténtica teología de la liberación "sino cuando los oprimidos mismos puedan alzar libremente su voz y expresarse directa y creadoramente en la sociedad y en el seno del pueblo de Dios".[94] Será una teología del pueblo, no de la Palabra de Dios; será la voz del hombre, no la del Señor.

Sin lugar a dudas, en la cuarta asamblea, 1971, el movimiento isalino se vuelve furiosamente radical en su compromiso ideológico de izquierda. Después de Ñaña, participa en la organización y realización del encuentro de Cristianos por el Socialismo, en Chile (1972); pero a la caída y muerte de Salvador Allende, ISAL tiene que dispersarse y reorganizarse. El gobierno uruguayo también declaró ilegal al movimiento isalino.[95] Este ya no existe en forma orgánica. Sin embargo, Míguez Bonino dice que estos hechos no invalidan el significado histórico de ISAL, "ni su carácter de manifestaciones significativas de la nueva conciencia que emerge entre cristianos latinoamericanos".[96] Por otra parte, las palabras generosas del Dr. Míguez Bonino no pueden ocultar el hecho de que ISAL no ha logrado, como esperaba, los objetivos que se impuso en su cuarta asamblea. El Dr. Orlando E. Costas ha señalado algunas causas sociológicas y eclesiásticas de lo experimentado por ISAL.[97]. Aquí destacaremos especialmente el enfoque teológico que del movimiento isalino han hecho algunos pensadores evangélicos.

Evaluación evangélica de la teología de ISAL

Mencionaremos en este apartado solamente, como ejemplo, tres autores que se refieren directamente a ISAL. Otras evaluaciones, que tratan de la teología de la liberación, o de las teologías de la liberación, en general quedan para capítulos siguientes.

En la primera consulta continental de la Fraternidad Teológica Latinoamericana, celebrada en Cochabamba, Bolivia, en 1970, el

[93]*Ibid.*, p. 150.

[94]Gustavo Gutiérrez, *Teología de la Liberación* (Salamanca: Ediciones Sígueme, 1972), p. 387.

[95]Orlando E. Costas, *op. cit.*, pp. 210-12.

[96]Míguez Bonino, *La Fe en Busca de Eficacia*, p. 62.

[97]Costas, *op. cit.*, pp. 212-22.

ingeniero Pedro Arana Quiroz presentó una ponencia sobre "La Revelación de Dios y la Teología en Latinoamérica". El último apartado de este documento evalúa a ISAL bajo el acápite "Revelación en la revolución". En el concepto de Arana Quiroz, el pensamiento isalino es un humanismo que, desvinculado de la Sagrada Escritura, busca la revelación de Dios solamente en el hombre y en la historia. "Dios se nos revela en los movimientos y en las personas que luchan por la humanización del hombre. Dios se revela, así, en la revolución y en los revolucionarios".[98] Arana Quiroz termina su ponencia con unas palabras que han sido citadas en más de una ocasión:

En la ideología de ISAL, Dios se traduce como revolución. El pueblo de Dios como huestes revolucionarias. El propósito de Dios como humanización. Y la Palabra de Dios como los escritos revolucionarios. A nadie escapa que todo esto es humanismo marxista.[99]

También en su libro titulado *Providencia y Revolución*, Arana Quiroz se opone al concepto isalino de humanización y aboga por el humanismo bíblico que le da la gloria a Dios.[100]

El Dr. Andrés Kirk, otro de los ponentes en la consulta de Cochabamba, enfocó a ISAL desde el punto de vista hermenéutico. Comienza su crítica puntualizando que no se encuentra en los escritos isalinos "una discusión que parta de una exégesis exacta de un texto dado".[101] ISAL, dice Kirk, usa la Biblia "con el propósito de comprobar una afirmación, o una generalización que se deriva, sospechamos, de otra parte".[102] Arana Quiroz ya había citado al entonces presidente de ISAL, Dr. Julio de Santa Ana, quien admite que no se había trabajado mucho en ISAL sobre el fundamento bíblico de su tarea, y se pregunta cuáles son las bases bíblicas para la acción de ISAL.[103]

---

[98]Pedro Arana Quiroz, "La Revelación de Dios y la Teología en Latinoamérica", *El Debate Contemporáneo Sobre la Biblia*. Ponencias de la Primera Consulta Continental de la Fraternidad Teológica Latinoamericana. Pedro Savage, editor (Barcelona: Ediciones Evangélicas Europeas, 1972), p. 77.

[99]*Ibid.*, p. 78.

[100]Pedro Arana Quiroz, *Providencia y Revolución* (Lima, Perú: El Estandarte de la Verdad, 1970), pp. 71-84.

[101]Andrés Kirk, "La Biblia y su Hermenéutica en Relación con la Teología Protestante en América Latina", *El Debate Contemporáneo sobre la Biblia* (Barcelona: Ediciones Evangélicas Europeas, 1972), p. 172.

[102]*Idem.*

[103]Pedro Arana Quiroz, "La Revelación de Dios y la Teología Latinoamericana", p. 77. El artículo que Arana Quiroz comenta es: "Protestantes en América Latina", Cuadernos en *Marcha*, Num. 29, septiembre 1969.

Le preocupa, además, a Kirk la forma en que ISAL interpreta el éxodo de Israel, como paradigma de revolución para nuestro tiempo, y se opone a la idea de Rubem Alves tocante a que la revelación viene en los acontecimientos históricos, aparte de una revelación "vocalizada" o verbal. Según Alves, en el acontecimiento del Exodo Israel no poseía una idea de Dios a *priori*. Por el contrario, "el lenguaje renovador emerge de la realidad histórica de los acontecimientos liberadores".[104]

Estas palabras de Alves ilustran el concepto isalino de revelación de Dios en el acontecer histórico, lo que conduce a creer que Él está revelándose hoy en el proceso revolucionario de la América Latina. El mayor problema con esta idea es que ISAL pasa por alto el carácter normativo de las Sagradas Escrituras. La revelación no está en la Biblia sino en el acontecimiento, viene del acontecimiento, y el intérprete queda en libertad de decidir dónde y cómo está actuando Dios en la historia. Si se decide que es del Señor determinado movimiento político, entonces no queda al cristiano y a la iglesia otra opción que apoyarlo y abrazarlo.

Kirk refuta a Alves indicando que la narración del Exodo demuestra que el pueblo de Israel estaba desde hacía siglos en la alianza con Yaveh, quien se les revela como el Dios de Abraham, Isaac y Jacob independientemente del acto liberador que está por realizarse.[105]

En cuanto a la búsqueda de "un nuevo lenguaje de fe", Alves pone de relieve que es la historia la que crea el lenguaje y no viceversa. La proposición de que "para la Biblia los hechos vienen primero que las palabras", es, según Kirk, muy fácil de refutar con la Biblia misma.[106] En el Exodo la revelación de lo que Dios se propone hacer vino antes del acontecimiento mismo. "En realidad, la Biblia siempre da preeminencia a la palabra sobre la historia, en el sentido de que la historia queda callada sin la interpretación reveladora, y ésta depende de la iniciativa de Dios".[107] Tampoco podía escapársele a Kirk la posición histórica radicalmente relativista de ISAL.

Kirk concluye su breve comentario sobre un artículo de Julio de Santa Ana diciendo que ISAL "ha rechazado la teología revelacional", y que el problema para este movimiento es ahora "¿cómo evitar que se quede en una simple historia muda?"[108] La razón de esta pregunta es

---

[104]Kirk, *op. cit.*, p. 173.

[105]*Ibid.*, p. 174.

[106]*Ibid.*, p. 179.

[107]*Ibid.*, p. 180.

[108]*Ibid.*, pp. 185-86. Kirk está citando el artículo de Julio de Santa Ana titulado "ISAL, un movimiento en marcha", Cuadernos en *Marcha*, Núm. 29, septiembre 1969.

la imposibilidad de "deducir una teología de una mera descripción historiográfica".[109]

Teniendo en cuenta que el sistema hermenéutico de ISAl no permite la autocrítica de sus bases ideológicas, Kirk ve que lo inevitable para los isalinos es ir cayendo más y más "en un formalismo y un conformismo ideológico lamentables".[110] El tiempo demostró que Kirk no andaba equivocado.

El tercer autor que deseamos incluir en esta evaluación evangélica de la teología de ISAL es el Dr. C. René Padilla, quien antes de la consulta de Cochabamba, en la cual también fue él uno de los ponentes, ya había publicado en la revista *Certeza* de Buenos Aires un serio estudio sobre "Mensaje Bíblico y Revolución".[111]

En la última parte de su valioso trabajo, Padilla enfoca valientemente "el evangelio de la revolución", el cual no es otro que el proclamado por Richard Shaull y sus seguidores, y que tuvo por plataforma la conferencia de "Iglesia y Sociedad" celebrada en Ginebra en 1966. Padilla cita la ponencia que Shaull presentó en la segunda asamblea de ISAL, en el Tabo, Chile, 1966.[112] Se refiere a ISAL sin nombrarlo, pero su crítica a la "teología de la revolución" es tajante:

> Todos sus errores se desprenden del hecho de que toma como punto de partida la situación revolucionaria e interpreta las Escrituras en base a presupuestos derivados de ideologías izquierdistas. En vez de mostrar la pertinencia de la Revelación a la Revolución, hace de la Revolución su fuente de Revelación. El resultado es un Evangelio secularizado cuyas notas dominantes coinciden con notas de tono marxista.[113]

Califica Padilla a la teología de la revolución como "otro evangelio" que reduce el propósito de Dios en la historia a una humanización y pierde de vista que la causa última de la injusticia se halla en el hombre mismo.[114] La visión que tiene del hombre este "otro evangelio" "coincide con la del marxismo, no con la del cristianismo, pese a que es a éste que pretende dar expresión".[115]

---

[109]*Ibid.*, p. 186.

[110]*Ibid.*, p. 188.

[111]C. René Padilla, "Mensaje Bíblico y Revolución, *Certeza*, No. 39, enero-marzo, 1970, pp. 196-201.

[112]*Ibid.*, p. 200.

[113]*Idem.*

[114]*Ibid.*, p. 201.

[115]*Ibid.*, p. 200.

La "teología de la revolución" idealiza al hombre y en consecuencia convierte al Evangelio en una ideología utópica que hace uso de una terminología teológica pero que guarda poca relación con el mensaje escatológico de la Biblia. [116]

También arguye el Dr. René Padilla que si la revolución debe entenderse como la expresión del propósito redentor de Dios en la historia, no hay razón para que el conservador no pueda defender el *status quo* diciendo que en éste se revela dicho propósito. Tanto el revolucionario como el conservador pueden identificar el propósito de Dios con la situación histórica: "En el uno hay un compromiso con el *status quo*: en el otro un conformismo con la revolución". [117] En otro trabajo, Padilla agrega: "Ambos dioses son igualmente alienantes, y de uno y otro los hombres necesitan ser liberados por el Dios vivo y verdadero que se reveló en Jesucristo una vez para siempre". [118]

Aunque ISAL no existe ya como un organismo continental, provocó cierta conmoción en círculos teológicos protestantes de la América Latina, y sus ideas fundamentales resuenan aún en la teología de la liberación.

Ciertamente, el movimiento isalino ha sido un desafío para el cristianismo evangélico latinoamericano. Es de admirar el interés de ISAL por conocer a fondo nuestra realidad social y su intento de formular dentro de este contexto una teología pertinente a las necesidades insoslayables de nuestro pueblo. ISAL vino a subrayar en el protestantismo de América Latina que el ser humano es también cuerpo, no solamente alma, y que todos nosotros vivimos y actuamos dentro de una situación social de la cual somos parte. Directa o indirectamente, ISAL nos ha estimulado a leer de nuevo las Escrituras para buscar lo que el Señor tenga que decirnos en cuanto a nuestra problemática social. Bien ha dicho René Padilla que el mayor desafío de ISAL radica "en su llamada a reflexionar en el contexto de un compromiso concreto y hacer de la teología un instrumento de transformación". [119]

Hemos de reconocer, además, que no pocas de las críticas de ISAL a la Iglesia eran válidas, y siguen siéndolo en grandes sectores del pueblo evangélico latinoamericano. Nos toca responder a esas críticas con valentía para hacer los cambios que sean imperativos en el cumplimiento de nuestra misión.

[116]*Ibid.*, p. 201.

[117]*Idem.*

[118]C. René Padilla, "Iglesia y Sociedad en América Latina", *Fe Cristiana y Latinoamérica Hoy*, p. 141.

[119]*Ibid.*, p. 147.

Al mismo tiempo, hemos visto que ISAL adolece de serios problemas en su teología y en su praxis. El movimiento isalino es para todos nosotros, evangélicos latinoamericanos, una grave advertencia en cuanto al peligro de dejarse obsesionar por los problemas políticos y pretender edificar todo un sistema teológico no a partir de las Escrituras, sino del contexto y del acontecer sociales, bajo el imperio de una ideología. Si se rechaza la norma bíblica para el quehacer teológico, no hay manera de detenerse en el camino resbaloso que conduce al humanismo que se esfuerza por establecer aquí y ahora el reino sin Dios.

El problema hermenéutico de ISAL es agudo, porque su criterio de interpretación lo halla no en la Palabra de Dios sino en la reflexión humana y en el acontecer histórico. La palabra de revelación no viene al hombre, sino del hombre, en la lucha de éste por cambiar la historia. Dios actúa donde la ideología quiere que Él actúe. La revolución no ocurre solamente dentro del marco de la providencia divina; es la única forma que Dios está usando por humanizar al hombre. Se sugiere que la humanización propuesta por el marxismo es la misma que ofrece la fe cristiana. Por lo tanto, en el plano político solamente la opción marxista es válida para el cristiano, y el marxismo llega a ser el criterio para la interpretación de las Escrituras. Por no tomar en serio el carácter normativo de la revelación escrita de Dios, la teología isalina "pierde su especificidad cristiana".[120] Los seguidores de esta teología pueden perder también su libertad de pensar y actuar.

Las premisas de ISAL, expresadas en Ñaña, Perú, en 1971, tocante a la libertad intelectual, suenan alarmantes. La libertad de pensar parece ser uno de los últimos reductos que nos van quedando en una civilización que pretende, en una forma u otra, en el Este o en el Oeste, "programarnos" al servicio de una ideología, cualquiera que ésta sea. Fue en la libertad interior, individual, personal, que Viktor E. Frankl halló el significado profundo para su vida, mientras sufría los tormentos del campo nazi de concentración. Habían podido esclavizar su cuerpo, pero no quitarle la libertad de pensar y de mantener íntimamente su propia dignidad humana.[121]

---

[120]*Ibid.*, p. 141.

[121]Viktor E. Frankl, *Man's Search for Meaning* (New York: Pocket Books, 1963).

Capítulo IV

El nuevo catolicismo y la teología de la liberación

Brota la teología católica de la liberación en el terreno abonado por el nuevo catolicismo, el cual tiene su origen inmediato en el pontificado de Juan XXIII y sus raíces más profundas en la nueva teología que había venido desarrollándose desde varias décadas atrás. En lo que respecta a la teología de la liberación consideraremos en este capítulo especialmente lo que puede llamarse el nuevo catolicismo *oficial* que se expresa en los documentos del Concilio Vaticano II, de las conferencias episcopales latinoamericanas de Medellín (1968) y Puebla (1979), y en encíclicas de Juan XXIII y Pablo VI, pontífices reinantes en la época cuando se gestó la teología católica de la liberación.

El Concilio Vaticano II

La llegada de Angelo Giuseppe Roncalli al trono papal en 1958 significó el inicio de una nueva era para la Iglesia Católica Romana. Juan XXIII, a quien se le llamó "el Papa bueno", era ya un anciano de setenta y siete años cuando fue electo sucesor de Pío XII; pero había suficiente juventud en su espíritu para percibir que la Iglesia Católica se hallaba rezagada en el proceso de cambio social que se había acelerado a partir de la Segunda Guerra Mundial.

Era imperativo un *aggiornamento*, un ponerse al día, si la iglesia quería hablar en forma pertinente al mundo moderno. Juan XXIII aceptó este desafío y puso manos a la obra renovadora. Una de sus decisiones trascendentales fue la de convocar un concilio ecuménico, es decir, una reunión para los obispos y otros representantes católicos de todo el mundo.

No había habido una reunión semejante desde 1870, cuando se declaró el dogma de la infalibilidad papal. Había quienes pensaran que este dogma hacía innecesario otro concilio ecuménico, puesto que el

Papa podía hablar por sí mismo en forma final sobre todo asunto de fe y práctica. Era como si el conflicto de siglos entre el papado y el conciliarismo se hubiera resuelto de manera terminante e inapelable a favor del pontífice romano.

Juan XXIII demostró que aún había lugar para un concilio convocado y dirigido desde "la cátedra de Pedro". Creía el Papa que era necesario que los pastores de la grey católica buscaran juntos, bajo la autoridad del Vaticano y en obediencia al "depósito de fe", la forma más efectiva de responder a los interrogantes de una sociedad que se hallaba en estado de rápida transformación.

Nos interesa mencionar aquí, siquiera de paso, algunos de los elementos del Vaticano II que le dieron aliento, directa o indirectamente, a la teología católica de la liberación. Pueden destacarse, para nuestro propósito, las disposiciones conciliares en cuanto a la naturaleza y misión de la Iglesia, y el ecumenismo.

La naturaleza de la Iglesia

Mucho antes de los tiempos de Juan XXIII había ya en algunos teólogos católicos el deseo de formular una eclesiología que fuera más bíblica y patrística. En el aula conciliar este intento de renovar la doctrina eclesiológica estuvo representado por el grupo de obispos y teólogos progresistas, quienes preferían ver a la Iglesia como el pueblo de Dios, y no tanto como una institución jurídica, jerárquica, que habla y actúa con espíritu triunfalista. Veían ellos a la Iglesia como "la manada pequeña", el pueblo peregrino que no ha llegado todavía a su meta final y gloriosa. Estas ideas se incorporaron en la *Constitución Dogmática sobre la Iglesia (Lumen gentium)* y en otros documentos conciliares, sin negar que la organización y su autoridad jerárquica le son necesarias a la Iglesia.

En relación con la naturaleza de la Iglesia el Concilio afirma que ella es "en Cristo como un sacramento, o sea signo e instrumento de la unión íntima con Dios y de la unidad de todo el género humano",[1] "sacramento universal de salvación".[2] Este es uno de los conceptos que le sirven de base a Gustavo Gutiérrez para su doctrina de la salvación, como veremos en un próximo capítulo. La idea de que la Iglesia es sacramento universal de salvación no era nueva para los participantes en el Vaticano II. Por ejemplo, Jean Daniélou, en su comentario sobre la eclesiología del Concilio, cita un texto de San Cipriano, en el cual se le llama a la Iglesia "unitatis sacramentum".[3]

---

[1] *Constitución Dopgmática sobre la Iglesia (Lumen gentium)*, Vaticano II, nov. 1964, (Madrid: Biblioteca de Autores Cristianos, 1967), art. 1.

[2] *Ibid.*, art. 48.

[3] Jean Daniélou, "El Misterio de la Iglesia", *La Iglesia del Concilio*, varios autores (Bilbao: El Mensajero del Corazón de Jesús, 1966), p. 49.

Aloys Grillmeier dice que desde la antigüedad se le atribuye a la Iglesia la función sacramental como símbolo de unidad e instrumento eficaz "en la totalidad de la divina economía de salvación para toda la humanidad y su historia".[4] Según Karl Rahner, la Iglesia es "el símbolo históricamente tangible y audible para el mundo de la gracia redentora en Cristo".[5] En 1961, Hans Küng había dicho que la Iglesia "como el sacramento de la salvación del mundo es la promesa de gracia al mundo".[6]

De gran importancia es también la enseñanza del Vaticano II tocante a la Iglesia como el Cuerpo de Cristo. En el uso de este símbolo el Concilio se acerca momentáneamente al concepto neotestamentario de la Iglesia. Pero como era de esperarse, se busca en los documentos conciliares el equilibrio de la encíclica *Mystici corporis* de Pío XII (1943), y se afirma que Cristo establece el Cuerpo en la Tierra "como una estructura visible", y que por lo tanto hay necesidad de una organización jerárquica. Karl Adam, uno de los precursores de la nueva eclesiología, había afirmado que siendo la Iglesia el Cuerpo de Cristo tiene que ser un organismo visible.[7] Y Gustave Weigel dice que no hay nada que sea más visible que un cuerpo.[8] Pero surge la pregunta en cuanto a cuál es la iglesia, o estructura visible, que expresa la unidad del Cuerpo de Cristo. Tradicionalmente, la respuesta del catolicismo a esta pregunta ha sido que esa iglesia es la Católica Romana. Pero el Vaticano II usa un eufemismo cuando dice: "Esta Iglesia, establecida y organizada en este mundo como una sociedad, subsiste en la Iglesia católica, gobernada por el sucesor de Pedro y por los Obispos en comunión con él".[9]

Se ha dicho que el uso de "subsiste" en lugar de "es" representa uno de los cambios más significativos en la eclesiología del catolicismo, puesto que deja "espacio teológico" para otras comunidades eclesia-

---

[4]Aloys Grillmeier, "The Mystery of the Church", traduce Kevin Smith, Vol. I: *Commentary on the Documents of Vatican II,* ed. Herbert Vorgimler (New York: Herder and Herder, 1977), p. 140.

[5]S. Paul Schilling, *Contemporary Continental Theologians* (New York: Abingdon Press, 1966), pp. 215-16.

[6]Hans Küng, *The Council, Reform and Reunion* (New York: Sheed and Ward, 1961), p. 13.

[7]Karl Adam, *The Spirit of Catholicism* (Garden City: New York: Doubleday & Company, Inc., 1954), p. 31.

[8]Gustave Weigel, *Catholic Theology in Dialogue* (New York: Harper & Row, Publishers, 1965), p. 23.

[9]*Constitución sobre la Iglesia,* art. 8.

les. [10] El texto conciliar añade que hay la posibilidad de que fuera de la estructura de la Iglesia Católica se encuentren "muchos elementos de santidad y verdad que, como bienes propios de la Iglesia de Cristo, impelen hacia la unidad católica". [11] En otras palabras, todo lo bueno y verdadero que existe fuera del catolicismo pertenece a la Iglesia, cuya expresión plena se da solamente en la comunidad católica romana. No enseña el Concilio que otras iglesias se hallan al mismo nivel con la Iglesia Católica Romana. En el *Decreto sobre el Ecumenismo* se dice:

> Porque únicamente por medio de la Iglesia católica de Cristo, que es el auxilio general de salvación, puede alcanzarse la total plenitud de los medios de salvación. Creemos que el Señor encomendó todos los bienes de la Nueva Alianza a un único Colegio apostólico, al que Pedro preside, para constituir el único Cuerpo de Cristo en la tierra, al cual es necesario que se incorporen plenamente todos los que de algún modo pertenecen ya al Pueblo de Dios. [12]

Sin embargo, el Vaticano II abre la puerta para un ecumenismo que abarca mucho más allá de los grupos que profesan ser cristianos.

En la Constitución *Lumen gentium* se describen las relaciones del único pueblo de Dios en forma de círculos concéntricos que van desde los fieles católicos que están plenamente incorporados a la Iglesia, hasta los no cristianos, incluyendo a los judíos, los musulmanes, los que "buscan en sombras e imágenes al Dios desconocido", y los que "sin culpa no han llegado todavía a un conocimiento expreso de Dios y se esfuerzan en llevar una vida recta, no sin la gracia de Dios". [13] Sigue diciendo la *Constitución* que "cuanto hay de bueno y verdadero entre ellos, la Iglesia lo juzga como una preparación del Evangelio y otorgado por quien ilumina a todos los hombres para que al fin tengan la vida". [14] Grillmeier interpreta estas palabras en el sentido de que tales personas "profesan no tener religión pero en realidad buscan y afirman la justicia y la paz absolutas, esto es valores absolutos". [15]

---

[10] Arthur A. Vogel, "The Second Vatican Council on the Nature of the Church and Ecumenism", *Anglican Theological Review*, XLIX (Julio, 1967), 245. Vogel está citando al teólogo católico Gregory Baum en su concepto de "espacio teológico" para otras comunidades eclesiales.

[11] *Constitución sobre la Iglesia*, art. 8.

[12] *Decreto sobre el Ecumenismo*, Vaticano II, nov. 1964 (Madrid: Biblioteca de Autores Cristianos, 1967), art. 3.

[13] *Constitución sobre la Iglesia*, art. 16.

[14] *Idem.*

[15] Aloys Grillmeier, "The People of God", traduce Kevin Smith, Vol. I: *Commentary on the Documents of Vatican II*, ed. Herbert Vorgrimler (New York: Herder and Herder, 1967), p. 182.

El Concilio parece evitar el peligro del universalismo diciendo que los que rehúsan entrar o permanecer en la Iglesia Católica no pueden salvarse;[16] pero las declaraciones arriba apuntadas tocante a los que practican otras religiones, o que no pertenecen a ninguna de ellas, pueden dar lugar a una interpretación universalista. Es muy fácil concluir que de alguna manera todos pertenecen al pueblo de Dios.

Teólogos católicos de vanguardia como Edward Schillebeeckx y Karl Rahner han dado énfasis a conceptos como el de una gracia presacramental manifestada en el deseo de salvación de aquellos que no han sido evangelizados. No hacen diferencia estos teólogos entre gracia común y gracia eficaz, al estilo de la teología reformada, y dan la idea de que existe la gracia eficaz salvadora en las religiones no cristianas y fuera de ellas.[17] Se ha hablado también de la Iglesia como "la extensión de la encarnación" en todo el mundo, y de "cristianos anónimos" en otras religiones.[18] Volveremos a este tema en relación con las enseñanzas de Gustavo Gutiérrez en su teología de la liberación.

Es digno de notarse que en contraste con la actitud tradicional de la Iglesia Católica Romana hacia el ateísmo, el Vaticano II trata de comprender a los ateos y dialogar con ellos. Reprueba al ateísmo, sin anatematizarlo.[19] En los tiempos del Concilio se había iniciado ya el diálogo entre alemanes occidentales católicos y europeos intelectuales marxistas. El grupo católico partidario del diálogo con el marxismo llegó a tener en 1967 más de seiscientos intelectuales de diecisiete países. No debe ser causa de extrañeza, por consiguiente, la influencia marxista en la teología católica posconciliar en América Latina.

La misión de la Iglesia

Se declara en la Constitución Dogmática sobre la Iglesia que la misión cristiana consiste en "comunicar los frutos de la salvación a los hombres" y esforzarse por remediar las necesidades de los pobres y los que sufren, en quienes la Iglesia reconoce "la imagen de su Fundador pobre y paciente".[20] El objetivo de la misión cristiana es espiritual y

[16]*Constitución sobre la Iglesia*, art. 14.

[17]Eugene Hillman, *The Church as Mission* (New York: Herder and Herder, 1965), p. 187. Hillman está citando a E. Schillebeeckx, *Christ, the Sacrament of the Encounter with God* (New York: Sheed & Ward, 1963), p. 179.

[18]Karl Rahner, "El Cristianismo y las Religiones no Cristianas", *Escritos de Teología* (Madrid: Taurus Ediciones, 1964), vol. V, 135-56.

[19]*Constitución Pastoral sobre la Iglesia en el Mundo Actual*, Vaticano II, diciembre, 1965 (Madrid: Biblioteca de Autores Cristianos, 1967), art. 21.

[20]*Constitución Dogmática sobre la Iglesia*, art. 8.

cultural, o social. El *Decreto sobre la Actividad Misionera de la Iglesia* (*Ad gentes*), exhorta:

> Trabajen los cristianos y colaboren con todos los demás en la recta ordenación de los asuntos económicos y sociales... Tomen parte, además, los cristianos en los esfuerzos de aquellos pueblos que, luchando con el hambre, la ignorancia y las enfermedades, se esfuerzan por conseguir mejores condiciones de vida y en afirmar la paz en al mundo...los seglares, con su actuación civil y apostólica, se esfuerzan por establecer en la sociedad política el orden de la caridad y de la justicia.[21]

Este énfasis no es nuevo en el catolicismo. El Concilio sigue sencillamente la pauta trazada por el magisterio eclesiástico y por los teólogos católicos en cuanto a la responsabilidad cristiana de permear con el espíritu del evangelio el orden temporal. León XIII ya había enfocado en su encíclica *Reum novarum* asuntos sociales de gran importancia y exhortado a los fieles católicos a promover el bienestar de la sociedad. Lo que el Vaticano II expone lo ha "extraído del tesoro doctrinal de la Iglesia".[22] En la *Constitución Pastoral sobre la Iglesia en el Mundo Actual* (*Gaudium et spes*), donde se dan más pormenores sobre la responsabilidad social cristiana, hay una síntesis de las declaraciones que los Papas —desde León XIII a Pablo VI— han hecho sobre los asuntos sociales. Por supuesto, la influencia dominante es la de Juan XXIII, por medio de sus famosas encíclicas *Mater et Magistra* y *Pacem in Terris*.

Hablando concretamente sobre la misión de la Iglesia, la *Gaudium et spes* aclara que esta misión "no es de orden político, económico o social". El fin que le asignó Cristo "es de orden religioso".[23] Pero precisamente de esta misión religiosa "derivan funciones, luces y energías que pueden servir para establecer y conmsolidar la comunidad humana según la ley divina".[24]

La Iglesia puede ayudarle al hombre a descubrir el sentido de su propia existencia, de su dignidad, y de su muerte. La Iglesia rechaza todas las esclavitudes, cuya raíz se halla en el pecado; advierte que todo talento humano debe estar al servicio de Dios y el bien de la humanidad; proclama los derechos humanos, al mismo tiempo que se opone a una falsa autonomía del hombre con respecto a las normas divinas; promueve la unidad entre los individuos y entre las naciones;

---

[21]*Decreto Sobre la Actividad Misionera de la Iglesia*, Vaticano II (Madrid: Biblioteca de Autores Cristianos, 1967), arts. 12 y 19.

[22]*Constitución Dogmática sobre la Iglesia*, art. 8.

[23]*Ibid.*, art. 42.

[24]*Idem.*

reconoce cuanto de bueno hay en el actual dinamismo social;[25]defiende la dignidad del trabajo y los derechos de los trabajadores, y denuncia las injusticias en el orden social:

> Mientras muchedumbres inmensas carecen de lo estrictamente necesario, algunos, aun en los países menos desarrollados, viven en la opulencia o malgastan sin consideración. El lujo pulula junto a la miseria... Por ello son necesarias muchas reformas en la vida económico-social y un cambio de mentalidad y de costumbres en todos.[26]

Según la *Gaudium et spes*, "Dios ha destinado la tierra y cuanto ella contiene para uso de todos los hombres y pueblos".[27] Consecuentemente, la propiedad privada "tiene también, por su misma naturaleza, una índole social cuyo fundamento reside en el destino común de los bienes".[28]

En vista de su gran responsabilidad social, nada le es ajeno a la Iglesia en el orden económico, político, familiar, social, e internacional, y en todas estas esferas debe cumplir su misión. El texto de este importante documento del Vaticano II se enmarca en el así llamado desarrollismo, pero puede abrir la puerta para una transformación más profunda en el orden social.

En su respuesta a la *Gaudium et spes*, el líder ecuménico protestante Robert McAfee Brown señala, entre otras cosas, que este documento asume una actitud positiva ante el mundo, deseando aprender del mundo; que hay algunas señales de que "los padres conciliares han escuchado tanto el evangelio de Marx como el evangelio de Marcos", y que en lugar de condenar el comunismo, promueve el diálogo entre personas de diferentes convicciones.[29]

Sin lugar a dudas, el Vaticano II marcó el principio de una nueva era para la Iglesia Católica Romana. Sin llegar a cambios dogmáticos fundamentales, el Concilio puso en movimiento corrientes renovadoras, a pesar de que los participantes se hallaban divididos en conservadores y progresistas. Aquellos miraban principalmente al pasado, mientras que éstos miraban con gran preocupación las señales de los tiempos y pedían cambios profundos para su iglesia. Un resultado de este conflicto de intereses es la ambivalencia de los documentos finales

[25]*Ibid.*, arts. a41-42.

[26]*Ibid.*, art. 63.

[27]*Ibid.*, art. 69.

[28]*Ibid.*, art. 71.

[29]Robert McAfee Brown, "A Response", *The Documents of Vatican II*, Walter M. Abbott, S. J., general editor (New Yrk: Guild Press, 1966), pp. 309-316.

del Concilio. Esta ambivalencia explica hasta cierto punto la diversidad de opiniones existentes sobre algunas enseñanzas conciliares. El Vaticano II fue un "concilio abierto", y sigue abierto a la interpretación de sus enseñanzas.

En lo concerniente a la transformación social, la brisa fresca que Juan XXIII dejó entrar en el aula conciliar se ha convertido para la América Latina en un viento teológico tan fuerte que la misma Iglesia Católica no ha logrado contener. Los teólogos de la liberación se han amparado en el Vaticano II para lanzar sus ideas revolucionarias a la palestra. También han buscado apoyo en las encíclicas sociales de los dos pontífices que gobernaban la Iglesia Católica en tiempos del Concilio.

La doctrina social de Juan XXIII y Pablo VI

Que los Papas modernos hablen sobre asuntos sociales no es nada extraordinario para la grey católica, especialmente desde los días de la *Rerum novarum*, de León XIII, en 1891. Pero sí llama la atención el viraje que los Papas del Vaticano II dan hacia la izquierda en lo social y político, en contraste con la actitud de sus predecesores frente a las doctrinas socialistas.

Juan XXIII

En su encíclica *Mater et magistra* (1961), "el Papa bueno" repite y lleva adelante algunas de las enseñanzas sociales de Pontífices anteriores. Por ejemplo, subraya la dignidad del ser humano, indicando que la Iglesia se preocupa del bien temporal de los pueblos. La economía es obra ante todo de la iniciativa privada, pero es necesario que la intervención del poder público sea hoy más amplia que antes.[30] En cuanto a los trabajadores, el pontífice considera que una manera de cumplir el deber de justicia es que ellos "puedan llegar a participar poco a poco en la propiedad de la empresa donde trabajan",[31] aunque en todo debe tenerse en cuenta el bien común. Este debe ser el criterio también en el caso de la expansión económica a nivel internacional.[32]

Pide Juan XXIII que el desarrollo económico y el progreso social vayan juntos, en tal forma que "las discrepancias que existen entre las clases sociales por la desigualdad de la riqueza no aumenten, sino que, por el contrario, se atenúen lo más posible".[33] Defiende la propiedad

---

[30]Juan XXIII, "Mater et Magistra", *Ocho Grandes Mensajes* (Madrid: Biblioteca de Autores Cristianos, 1973), arts. 51-55.

[31]*Ibid.*, art. 77.

[32]*Ibid.*, arts. 78-81.

[33]*Ibid.*, art. 73.

privada con base en el derecho natural.[34] Al mismo tiempo reitera la enseñanza de León XIII tocante a la función social de la propiedad privada.[35]

Le parece a Juan XXIII que "el problema tal vez mayor de nuestros días es el que atañe a las relaciones que deben darse entre las naciones económicamente desarrolladas y los países que están aún en vías de desarrollo económico".[36] La respuesta a este agudo problema, según el Papa, se halla no solamente en la asistencia económica a los pueblos necesitados de parte de las naciones que tienen sobreabundancia de bienes de consumo. Es necesaria también la cooperación científica, técnica y financiera. Pero debe evitarse un nuevo colonialismo,[37] y procurarse que las riquezas producidas se repartan entre todos los ciudadanos del país.[38] Este es un tema que los teólogos de la liberación discutirán bajo el signo de dependencia y subdesarrollo.

El Papa denuncia las ideologías que "no consideran la total integridad del hombre y no comprenden la parte más importante de éste".[39] Aboga por el establecimiento de un orden social que se apoye en Dios.

El 11 de abril de 1963, cincuenta y tres días antes de su muerte, Juan XXIII había dirigido su encíclica *Pacem in terris* no solamente a los obispos y fieles católicos, sino "a todos los hombres de buena voluntad". Era el tiempo entre la primera y la segunda sesión del Vaticano II. Se dice que "nunca documento papal tuvo tanto eco" en el mundo, especialmente en organismos internacionales como la Conferencia de Ginebra sobre el desarme, la Liga de los Derechos del Hombre, el Consejo de Europa y las Naciones Unidas.[40]

La *Pacem in terris* exalta el nombre de Dios, la dignidad humana, el derecho natural, el bien común. Explica los derechos y deberes del hombre, y las bases de la convivencia humana. Las relaciones entre los poderes públicos y el ciudadano deben fundamentarse en el orden establecido por Dios y en el bien común. Las relaciones entre los estados deben tener como norma la verdad, la justicia, la solidaridad común, la libertad.

Tocante al desarme, Juan XXIII afirma:

[34]*Ibid.,* art. 109.

[35]*Ibid.,* art. 119.

[36]*Ibid.,* art. 157.

[37]*Ibid.,* art. 171.

[38]*Ibid.,* art. 168.

[39]*Ibid.,* arts. 212-217.

[40]*Introducción a la Pacem in terris, Ocho Grandes Mensajes* (Madrid: Biblioteca de Autores Cristianos, 1973), p. 203.

Por lo cual la justicia, la recta razón y el sentido de la dignidad humana exigen urgentemente que cese ya la carrera de armamentos; que, de un lado y de otro, las naciones que los poseen los reduzcan simultáneamente; que se prohíban las armas atómicas; que, por último, todos los pueblos, en virtud de un acuerdo, lleguen a un desarme simultáneo, controlado por mutuas y eficaces garantías.[41]

Una vez más aboga el Papa por las naciones que son débiles en lo económico y social, y pide a los países ricos un trato justo, equitativo y respetuoso para con los pueblos más necesitados.[42] Sugiere, además, el pontífice que la única manera de lograr el bien común universal es que por acuerdo general de las naciones se establezca una autoridad mundial.[43]

De especial interés para el movimiento ecuménico es la libertad que Juan XXIII da a los fieles católicos para que dialoguen y colaboren con los hermanos separados y también con los no católicos en "aquellas obras que sean por naturaleza buenas o al menos puedan conducir al bien".[44]

En cuanto a esta relación con los no católicos deben hacerse dos distinciones:

Importa distinguir siempre entre el error y el hombre que lo profesa, aunque se trate de personas que desconocen por entero la verdad o la conocen sólo a medias en el orden religioso o en el orden de la moral práctica... En segundo lugar, es también completamente necesario distinguir entre las teorías filosóficas falsas sobre la naturaleza, el origen, el fin del mundo y del hombre y las corrientes de carácter económico y social, cultural o político, aunque tales corrientes tengan su origen e impulso en tales teorías filosóficas.[45]

Evidentemente, estos principios allanan el camino para la cooperación aun con los que sustentan el materialismo o el ateísmo. Antes del Concilio Vaticano II, Juan XXXIII creó el Secretariado para la Unidad Cristiana; pero durante el Concilio se establecieron el Secretariado para las Religiones no Cristianas, y el Secretariado para el diálogo con los no cristianos. En esta forma se abrieron las puertas del ecumenismo católico romano para toda la humanidad. Los resultados de esta

[41]Juan XXIII, "Pacem in terris", *Ocho Grandes Mensajes* (Madrid: Biblioteca de Autores Cristianos, 1973), art. 112.

[42]*Ibid.*, arts. 120-25.

[43]*Ibid.*, arts. 132-41.

[44]*Ibid.*, art. 157.

[45]*Ibid.*, arts. 158-59.

apertura universal no se dejaron esperar mucho tiempo, como puede verse en la teología latinoamericana de la liberación. En la Introducción a la *Pacem in terris*, edición de la Biblioteca de Autores Cristianos, Madrid, se dice que Juan XXIII ofrece "un pasadizo, prudente y bien iluminado, hasta la puerta todavía cerrada del comunismo".[46]

Al mismo tiempo, siguiendo las huellas de Pío XII, Juan XXIII no opta por la revolución sino por la evolución:

> ...en el campo de las instituciones humanas no puede lograrse mejora alguna si no es partiendo paso a paso desde el interior de las instituciones. Es éste precisamente el aviso que da nuestro predecesor, de feliz memoria, Pío XII, con las siguientes palabras: *No en la revolución, sino en una evolución concorde están la salvación y la justicia. La violencia jamás ha hecho otra cosa que destruir, no edificar...*[47]

Sin embargo, puede decirse que en cierto modo la *Pacem in terris* llevaba en sí el germen revolucionario para los pueblos que no habían encontrado la solución para sus problemas económicos y sociales en la tesis del desarrollo.

Pablo VI

El 21 de junio de 1963 fue electo para suceder a Juan XXIII en la silla pontificia el cardenal Giovanni Battista Montini, quien tomó el nombre del Pablo VI. Su primer encíclica oficial, firmada el 6 de agosto de 1964, tiene como tema la Iglesia, y le da gran espacio al diálogo. Este debe efectuarse dentro de la Iglesia Católica y fuera de ella, con todos los hombres. Hay tres círculos concéntricos de los destinatarios del diálogo fuera de la Iglesia. El círculo más cercano al catolicismo es el "del mundo que se llama cristiano", o sea el llamado diálogo ecuménico.[48] Luego sigue el de los que creen en Dios, incluyendo al pueblo hebreo, los musulmanes, y los seguidores de "las grandes religiones afroasiáticas".[49] El primer círculo, es decir el de más lejos representa a "todo lo que es humano".[50] Pablo VI reconoce que en este círculo inmenso son muchísimos los que no profesan religión alguna, y que "muchos incluso, en formas diversísimas, se profesan ateos".[51]

---

[46]*Introducción* a la *Pacem in terris*, op. cit., p. 204.

[47]Juan XXIII, *Pacem in terris*, art. 162.

[48]Pablo VI, "Ecclesiam suam", *Ocho Grandes Mensajes* (Madrid: Biblioteca de Autores Cristianos, 1973), art. 102.

[49]*Ibid.*, art. 100.

[50]*Ibid.*, art. 91.

[51]*Ibid.*, art. 92.

También afirma Pablo VI que "la teoría sobre la que se funda la negación de Dios es fundamentalmente errónea"[52] y condena "los sistemas ideológicos que niegan a Dios y oprimen a la Iglesia; sistemas frecuentemente identificados con regímenes económicos, sociales y políticos, y entre ellos especialmente el comunismo ateo".[53] Pero de inmediato su discurso se vuelve condescendiente cuando dice que esa condenación "no proviene de nuestra parte", y agrega: "Nuestro reproche es, en realidad, lamento de víctimas más que sentencia de jueces".[54] El pontífice quiere mantener las puertas del diálogo abiertas.

El 26 de marzo de 1967, a casi año y medio de haber llegado a su término el Concilio Vaticano II, publicó Pablo VI su famosa encíclica social *Populorum progressio*. Como lo indica este título, el Papa enfoca la necesidad de promover el desarrollo de los pueblos. Es un llamamiento en pro del desarrollo integral del hombre y del desarrollo solidario de la humanidad.

En la primera parte se trata de las necesidades y aspiraciones del individuo, y de los problemas y perspectivas del desarrollo. Pablo VI reconoce los errores del colonialismo; pero no generaliza y dice que los colonizadores realizaron también una obra positiva a favor de los países que estuvieron bajo su dominio.[55] Pero hay un desequilibrio creciente en la economía moderna: "los pueblos ricos gozan de un rápido crecimiento, mientras que los pobres se desarrollan lentamente", y los conflictos sociales han tomado una dimensión mundial.[56] Hay "disparidades hirientes" en el goce de los bienes y en el ejercicio del poder.[57] A todo esto se agrega el choque entre las civilizaciones tradicionales y las novedades de la civilización industrial, y el conflicto de las generaciones.[58]

Según Pablo VI, el desarrollo "no se reduce al simple crecimiento económico. Para ser auténtico debe ser integral, es decir, promover a todos los hombres y a todo el hombre".[59] Se requiere el desarrollo

[52]*Ibid.*, art. 93.

[53]*Ibid.*, art. 93.

[54]*Idem.*

[55]Pablo VI, "Populorum progressio", *Ocho Grandes Mensajes* (Madrid: Biblioteca de Autores Cristianos, 1973), art. 7.

[56]*Ibid.*, art. 8.

[57]*Ibid.*, art. 9.

[58]*Ibid.*, art. 10.

[59]*Ibid.*, art. 14.

pleno, un "humanismo trascendental". La descripción que esta encíclica ofrece del desarrollo se ha hecho famosa: "Es el paso, para cada uno y para todos, de condiciones de vida menos humanas, a condiciones más humanas".[60]

Por "menos humanas" se entienden las carencias materiales y morales, las estructuras opresoras que provienen de la injusticia social. "Más humanas" son el liberarse de la miseria y poseer lo necesario; ampliar los conocimientos, adquirir cultura; crecer en la consideración de los demás; cooperar en el bien común; querer la paz; reconocer los valores supremos, los cuales tienen su fuente y fin en Dios; y, especialmente, tener fe en Él para la unidad de todos los seres humanos en el amor de Cristo.[61]

A fin de lograr ese desarrollo, es necesario, dice el pontífice, tomar algunas medidas insoslayables y urgentes en el orden económico. Por ejemplo, debe admitirse que "la propiedad privada no constituye para nadie un derecho incondicional y absoluto". No debe ejercitarse este derecho "con detrimento de la utilidad común".[62] Algunas veces, el bien común exige asimismo la expropiación:

> si, por el hecho de su extensión, de su explotación deficiente o nula, de la miseria que de ello resulta a la población, del daño considerable producido a los intereses del país, algunas posesiones sirven de obstáculo a la prosperidad colectiva.[63]

Se hace también en la *Populorum progressio* una denuncia vigorosa del sistema que considera "el lucro como motor esencial del progreso económico; la concurrencia, como ley suprema de la economía; la propiedad privada de los medios de producción, como un derecho absoluto, sin límites ni obligaciones sociales correspondientes".[64] El liberalismo económico, sin freno, conduce a la dictadura, y es generador del "imperialismo internacional del dinero".[65] Por lo tanto, la economía debe estar siempre al servicio del hombre.

Otro de los párrafos más conocidos de esta encíclica es el que habla de la revolución:

> Es cierto que hay situaciones cuya injusticia clama al cielo. Cuando poblaciones enteras, faltas de lo necesario, viven en una total dependencia que les impide toda iniciativa y responsabili-

---

[60]*Ibid.*, art. 20.

[61]*Ibid.*, art. 21.

[62]*Ibid.*, art. 23.

[63]*Ibid.*, art. 24.

[64]*Ibid.*, art. 26.

[65]*Idem.*

dad, lo mismo que toda posibilidad de promoción cultural y de participación en la vida social y política, es grande la tentación de rechazar con la violencia tan graves injurias contra la dignidad humana.

Sin embargo, como es sabido, la insurrección revolucionaria —salvo en el caso de tiranía evidente y prolongada que atentase gravemente a los derechos fundamentales de la persona y dañase peligrosamente el bien común del país— engendra nuevas injusticias, introduce nuevos desequilibrios y provoca nuevas ruinas. No se puede combatir un mal real al precio de un mal mayor.[66] La revolución violenta no es rechazada de manera absoluta. En determinadas circunstancias puede ser necesaria.

Para Pablo VI el desarrollo es preocuparse tanto por el progreso social como por el crecimiento económico. Todos los programas de reforma han de estar al servicio de la persona, y el hombre debe constituirse a sí mismo como "autor de su progreso", en uso de la facultades que el Creador le ha dado.[67]

En la segunda parte de la *Populorum progressio*, el Papa se identifica con los pueblos subdesarrollados de todo el mundo para exigir equidad en las relaciones comerciales entre los países ricos y los países pobres. "Los pueblos pobres permanecen siempre pobres, y los ricos se hacen cada vez más ricos".[68] ¿Por qué? Porque las naciones desarrolladas siguen aplicando la regla del libre cambio en las relaciones comerciales internacionales, sin tener en cuenta que están en ventaja, debido a la desigualdad en las condiciones económicas de país a país.[69] Consecuentemente, Pablo VI declara que el libre cambio no puede ser equitativo a menos que se someta a las exigencias de la justicia social.[70]

Para lograr la justicia y la paz en las relaciones internacionales, Pablo VI propone, al igual que Juan XXIII, que se establezca "un orden jurídico universalmente reconocido" que pueda actuar eficazmente tanto en el terreno jurídico como en el de la política.[71]

Finalmente, hay un llamamiento a los católicos, a otros cristianos y creyentes, y a todos los hombres de buena voluntad a trabajar por una

[66]*Ibid.*, arts. 30-31

[67]*Ibid.*, art. 34.

[68]*Ibid.*, art. 57.

[69]*Ibid.*, art. 58.

[70]*Ibid.*, art. 59.

[71]*Ibid.*, art. 78.

vida más humana para todos los pueblos, y procurar la paz y solidaridad mundiales.[72]

Después de leer la *Populorum progressio* no sorprende que haya sido aclamada en muchas partes del mundo como un documento de grandes proyecciones benéficas para la humanidad, especialmente en lo que toca a los pueblos deficientemente desarrollados. Por otra parte, tampoco es causa de sorpresa que un órgano de las poderosas finanzas neoyorquinas tuviera este mensaje papal por "marxismo recocido".[73] Dice el autor de la Introducción a la *Populorum progressio*, en la edición castellana de la Biblioteca de Autores Cristianos, que la interpelación de los pueblos hambrientos a los que viven en la opulencia es "ineficaz si es pacífica; suicida si es revolucionaria. Pablo VI se atreve a intentar que sea enérgica y concreta..."[74]

Salta a la vista el lenguaje "desarrollista" de la encíclica; pero tiene elementos, como los arriba apuntados, que podían dar pautas y aliento a los teólogos de la liberación. Puede decirse que la doctrina social de los dos Papas del Vaticano II propició el desarrollo del liberacionismo teológico en tierras latinoamericanas.

Segunda Conferencia Episcopal Latinoamericana Medellín, Colombia 1968

Nació el Consejo Episcopal Latinoamericano (CELAM) con ocasión de la Primera Conferencia General del Episcopado Latinoamericano, convocada por Pío XII y realizada en Río de Janeiro, Brasil, del 25 de julio al 4 de agosto de 1955. Los temas que allí se trataron pusieron de relieve lo que era el campo de mayor interés para los obispos católicos latinoamericanos en aquella época preconciliar: el clero, los religiosos y las religiosas, los seminarios, la masonería, el desarrollo del protestantismo en la América Latina, diversas formas de laicismo, la superstición, el espiritismo, el comunismo, el problema de los inmigrantes. El énfasis cae en la defensa de la fe católica y en los problemas clericales.

Se creó el CELAM para estudiar los asuntos que interesan a la Iglesia en la América Latina, coordinar las actividades pastorales, y preparar nuevas Conferencias del Episcopado Latinoamericano, convocadas por la Santa Sede.[75]

[72]*Ibid.*, arts. 81-86.

[73]Introducción a la Populorum progressio", *Ocho Grandes Mensajes* (Madrid: Biblioteca de Autores Cristianos, 1973), p. 320.

[74]*Ibid.*, p. 319.

[75]*La Evangelización en el Presente y en el Futuro de América Latina*. Documento de Consulta a las Conferencias Episcopales, en preparación para la Conferencia Episcopal Latinoamericana de Puebla, México (México: CELAM, 1978), p. 21.

De acuerdo a monseñor Aloisio Lorscheider, presidente del CELAM, este organismo ha tenido entre otros resultados los siguientes: Ha favorecido el desarrollo de un pensamiento teólogico pastoral autóctono... Ha llamado la atención respecto a la necesidad de una sociedad más justa en un continente cristiano, para la eficacia de la evangelización. Ha cooperado en la renovación equilibrada de la Iglesia en América Latina dentro del espíritu del Vaticano II... Ha ayudado a descubrir cada vez más claramente la fisonomía propia de la Iglesia en América Latina, una Iglesia *pobre* con acentuada función *liberadora*.[76]

Cuando se celebró en 1968 la II Conferencia del Episcopado Latinoamericano, en Medellín, Colombia, la Iglesia Católica experimentaba ya en todo el mundo el efecto de las fuerzas renovadoras que el Vaticano II había puesto en acción. Definitivamente, Medellín es una secuela del Concilio. José Míguez Bonino llama a la conferencia de Medellín "el Vaticano II de América Latina".[77] Monseñor Alfonso López Trujillo, Secretario del CELAM, dice que "Medellín hubiera sido imposible sin el Concilio".[78] Se esfuerza la II Conferencia Episcopal Latinoamericana por aplicar a nuestro continente la renovación iniciada por el Concilio. Así lo demuestra el tema de Medellín: "La Iglesia en la Actual Transformación de América Latina a la luz del Concilio".[79]

¿Qué es Medellín? Monseñor López Trujillo responde que es el espíritu de renovación de la Iglesia; fruto temprano de la renovación conciliar; eco del magisterio pontificio, especialmente con base en la *Populorum progressio*; respuesta pastoral por el discernimiento de los "signos de los tiempos"; intención evangelizadora integral, que incluye el anuncio evangélico y el compromiso de la acción por la justicia y la auténtica liberación humana. Medellín es un hecho eclesial; "no es un manifiesto político, sino una presencia profética de Iglesia. Como tal debe interpretarse".[80]

De particular interés son las grandes opciones de Medellín: opción por el hombre, por nuestros pueblos —integralmente concebidos—,

---

[76]Aloisio Lorscheider, "¿Qué es el CELAM?" *Medellín. Reflexiones en el CELEM* (Madrid: Biblioteca de Autores Cristianos, 1977), pp. 8-10.

[77]José Míguez Bonino, "El nuevo catolicismo", *Fe Cristiana y Latinoamérica Hoy*,C. René Padilla, editor (Buenos Aires: Ediciones Certeza, 1974), p. 91.

[78]Alfonso López Trujillo, "Medellín: Una Mirada Global", *Medellín. Reflexiones en el CELAM* (Madrid. Biblioteca de Autores Cristianos, 1977), p. 12.

[79]*La Iglesia en la Actual Transformación de América Latina a la luz del Concilio* (Bogotá: CELAM, 1969), 2 tomos.

[80]López Trujillo, *op. cit.*, pp. 12-16.

por los pobres, por la liberación integral, esto es, liberación como desarrollo integral, a la manera prescrita por la *Populorum progressio*.[81]

Monseñor López Trujillo escribe sus observaciones varios años después de Medellín, y se detiene a considerar el concepto de liberación según la manera en que él entiende la Conferencia y sus documentos:

La liberación es concebida como parte integrante de la teología de la redención... Es liberación histórica y transhistórica...requiere un compromiso para nuestros pueblos y para la Iglesia... El compromiso de respuesta se hace de acuerdo con la misión esencial de la Iglesia... La liberación se ubica en el proceso *injusticia* y *pecado* (como situación), *conversión* y *reconciliación* (como meta)... Muchas de las circunstancias de subdesarrollo y miseria son consecuencia de la injusticia... La liberación tiende a la conversión profunda, personal y social que conduce a los cambios de estructuras... Medellín supone, más bien, una acción simultánea sobre la persona y las estructuras en las que el polo de lo *personal*, tan característico de la fe cristiana, ocupa el lugar principal... La conversión profunda es encuentro con Dios y con los hermanos y compromiso de lucha por la justicia y de reformas estructurales audaces. La opción pastoral liberadora exige un ánimo de verdadera *reconciliación*... No se niegan o desconocen los conflictos sociales... No se identifica con una actitud de *pacifismo* a ultranza... Ha de estar presente en la lucha por la justicia... Se opone a una *forma de lucha de clases*, propia del análisis marxista... No se niegan las incidencias de una *conciencia de clase*... Hay formas de lucha de clases en las cuales el cristiano puede, y en ocasiones debe, participar...sin enemistades y odios mutuos...fundada en el amor a la justicia...[82]

Aun esta evaluación moderada del significado de Medellín puede abrirle paso al liberacionismo teológico latinoamericano. Enrique Dussel, historiador y teólogo católico, dice que ''el CELAM desarrollará a la teología de la liberación como su propia teología''.[83] Y en cuanto a la conferencia en Medellín comenta:

De todas maneras Medellín abre las puertas a un compromiso claro de clase, y permite tomar posiciones en las que se asumen los intereses obreros, campesinos y marginados. En cuanto acto de represión se vea involucrado un cristiano en los años posteriores, siempre justificará su acción desde los documentos de

[81]*Ibid.*, pp. 16-17.

[82]*Ibid.*, pp. 17-22.

[83]Enrique D. Dussel, ''Un Análisis contextual de la Iglesia Católica en América Latina'', *Pastoralia*, año 2, No. 3, septiembre 1979, San José, Costa Rica, p. 38.

Medellín. Por ello, tanto para un Rockefeller, para los servicios de inteligencia, hasta para los militares y policías, Medellín se convirtió en la justificación de una praxis de liberación.[84]

En opinión del escritor católico Roberto Oliveros Maqueo, el aporte fundamental de Medellín es "pensar la fe desde la situación de miseria e injusticia que padecen grandes grupos humanos latinoamericanos.[85]

Vale la pena tener presente que Gustavo Gutiérrez, sin duda el más conocido de los teólogos de la liberación, era uno de los peritos en teología para el CELAM, y en Medellín formó parte de una de las más importantes comisiones de trabajo, como es la de la Paz.[86] Hugo Assmann menciona que el documento de Medellín sobre "Educación liberadora" se inspiró fundamentalmente en las ideas de Paulo Freire.[87] Dussel ve que con referencia a la justicia, en el documento sobre "Promoción humana", Medellín supera con la teología de la liberación, que "tiene mejor fundamentación bíblica y aun política", a la teología del desarrollo, y a la teología de la revolución, "lanzada en las Iglesias protestantes por Shaull".[88]

Puede decirse que Medellín abrió oficialmente las puertas a la teología de la liberación; pero no han faltado quejas porque el mensaje de la II Conferencia del CELAM no se ha llevado en todo tiempo y lugar a sus últimas consecuencias.

Fermento revolucionario en el nuevo catolicismo latinoamericano

En el tiempo del Concilio Vaticano II se reunieron en Roma diecisiete obispos de Asia, Africa y América Latina para firmar un documento que según Dussel "expresa una de la mayores enseñanzas del Concilio".[89] El primero en firmarlo fue el obispo de Olinda y Recife (Brasil), Dom Helder Cámara. Informa Dussel que el documento apareció por primera vez en *Témoignage Chrétien*, París, el 31 de julio

[84]*Ibid.*, p. 39.

[85]Roberto Oliveros Maqueo, *Liberación y Teología* (México: Centro de Reflexión Teológica, 1977), p. 120.

[86]Dussel, *op. cit.*, p. 38.

[87]Hugo Assmann, Apéndice bibliográfico a la *Pedagogía del Oprimido* de Pablo Freire (Montevideo: Tierra Nueva, 1970), p. 247.

[88]Enrique D. Dussel, *Historia de la Iglesia en América Latina* (Barcelona: Editorial Nova Terra, 1972), p. 180.

[89]*Ibid.*, p. 173.

de 1966, o sea al siguiente año de haber llegado el Concilio al final de sus labores. "En este documento se declara que, por principio, la Iglesia no condena la revolución; que la acepta cuando sirve a la justicia; que son frecuentemente los ricos y no los pobres los que comienzan las luchas de clases, la violencia".[90] Esta manera de interpretar la doctrina del Concilio no podía menos que alentar a los católicos que deseaban involucrarse de una manera u otra en la lucha por el cambio de las estructuras sociales en la América Latina.

Ernesto Cardenal

El fermento revolucionario católico se ha manifestado de diferentes maneras. Hasta tiene su expresión poética en los versos de protesta del poeta y monje nicaragüense Ernesto Cardenal, quien comenzó su batalla literaria varios años antes de que se celebrara el Vaticano II. Nació Cardenal en Granada, Nicaragua, en 1925. Estudió filosofía y letras en la Universidad Autónoma de México y luego realizó estudios para posgraduados en la Universidad de Columbia. Tomó parte en la rebelión de abril de 1954 contra el presidente Anastasio Somoza G. En aquel tiempo escribió cuatro poemas revolucionarios bajo el sugestivo título de *Hora O*, en homenaje a César Augusto Sandino. En 1957, después de la muerte de Somoza (septiembre de 1956), Cardenal ingresó en el monasterio trapense de Our Lady of Getsemaní, en Kentucky, Estados Unidos de Norteamérica, donde fue novicio de Thomas Merton, conocido escritor trapense que se destacó además por sus amplios intereses ecuménicos. No siéndole propicio el clima de Kentucky se trasladó al monasterio benedictino de Santa María de la Resurrección, en Cuernavaca, México, y luego fue a Colombia para coronar sus estudios de teología. Regresó a Nicaragua en 1965 y fue ordenado sacerdote en la Catedral de Managua.

En la isla de Solentiname, del Gran Lago de Nicaragua, Cardenal formó una comunidad de reflexión y servicio. Ayudó a los isleños por medio de una escuela y un policlínico. En el libro *El Evangelio de Solentiname*[91] Cardenal ha recopilado ideas expresadas por sus hermanos en respuesta a la lectura de los Evangelios.

En entrevista televisada por Canal Once de Guatemala, el 25 de septiembre de 1978, Cardenal admitió ser miembro del Frente Sandinista de Liberación Nacional de Nicaragua y afirmó que no veía dicotomía entre el evangelio y la política, porque el evangelio es político. Aclaró que no había participado en la lucha armada, por impedírselo su edad, pero que su lucha la llevaba a cabo "con la poesía y en la predicación". Ya en ese entonces los medios de comunicación

---

[90]*Idem.*

[91]Ernesto Cardenal, *El Evangelio de Solentiname*, Salamanca: Ediciones Sígueme, 1975.

internacionales llamaban a Cardenal "el ideólogo del movimiento sandinista en Nicaragua". Actualmente Cardenal es miembro del gabinete revolucionario de su país. Está al frente del ministerio de cultura, desde el triunfo de la revolución que derrocó al presidente Somoza. En septiembre de 1979 declaró a la prensa:

> Esta revolución es cristiana. El pueblo de Nicaragua es, en su gran mayoría, cristiano, y es por eso que el pueblo hizo la revolución... La iglesia jamás condenó el recurso a las armas, por una causa justa. El Papa Paulo VI dijo que la lucha armada y la violencia eran legítimamente morales en el caso de una dictadura evidente y prolongada —y la nuestra fue en verdad prolongada.[92]

Según el periodista José Ramón Enríquez, "no se puede decir que Cardenal sea en primer lugar poeta o en primer lugar cristiano, o revolucionario...es poeta, sacerdote católico y revolucionario al mismo tiempo y por razones idénticas".[93] En entrevista con José Steinsleger y respondiendo a la pregunta "¿qué es el cristianismo para Ernesto Cardenal?", el poeta sacerdote afirma:

> Para mí el cristianismo es el cristianismo de los evangelios, un cristianismo desfigurado a través de los siglos, pero que en esencia es auténticamente revolucionario. En América Latina somos ahora varios los sacerdotes, religiosos y teólogos que hemos comprendido que el cristianismo y el marxismo no son incompatibles sino que, al contrario, tienen una meta común: el Reino de Dios en la tierra, como lo denomina el evangelio y la sociedad comunista perfecta, según el marxismo.[94]

Tocante a la experiencia en Solentiname, Cardenal explica: "Esa vida contemplativa o semicontemplativa que allí vivimos nos ha llevado también a la revolución, a la solidaridad revolucionaria. Nuestro camino ha sido de la contemplación a la Revolución y del evangelio al marxismo".[95] Cardenal no concibe a Dios sino como el que interviene en defensa de los oprimidos y en juicio contra los opresores. Ni hay para él otra iglesia verdadera que la que se identifica con la causa de los desposeídos de este mundo.[96]

---

[92]*Prensa Libre*, Guatemala, 14 de septiembre de 1979.

[93]José Ramón Enríquez, "Ernesto Cardenal: Nuestro delito es anunciar el paraíso", *La Hora Dominical*, 23 de mayo de 1976.

[94]José Steinsleger, "La meta común del cristianismo y el marxismo", *La Hora Dominica*, Guatemala, 7 de marzo de 1976.

[95]*Idem.*

[96]*Idem.*

Camilo Torres

Del púlpito, o de la cátedra, es posible pasar a las demostraciones callejeras, a la plaza pública donde las así llamadas "fuerzas vivas del país" se concentran para protestar contra el orden establecido, y aun a la trinchera donde el tabletear de las ametralladoras es mucho más fuerte que la voz de la razón y de los sentimientos. Tal fue en cierto modo el peregrinaje del padre colombiano Camilo Torres, quien ha llegado a ser el símbolo de los católicos latinoamericanos que están dispuestos a llevar su compromiso revolucionario hasta las últimas consecuencias.

Nació Camilo Torres en un hogar de clase urbana alta, en Bogotá, el 3 de febrero de 1929. Después de finalizar sus estudios en el Seminario fue a Lovaina para estudiar sociología. A su regreso al país fue nombrado capellán de la Universidad Nacional donde se ganó el cariño de todos los estudiantes. También se involucró en varias obras de asistencia y desarrollo social. Cuenta su señora madre que desde pequeño Camilo manifestó su solidaridad con los marginados por la sociedad. Siendo casi niño se llevaba las muestras médicas del papá, que era médico, y las regalaba a los necesitados. Hasta el dinero que se le daba para el cine lo repartía a los niños de los barrios pobres. "Ese inmenso amor por los humildes lo llevó a considerar que sólo con la toma del poder por la clase popular se cambiaría eficazmente la situación".[97]

Hay quienes opinan que Camilo optó por retirarse a la montaña "no porque él creyera en la guerrilla, ni en su eficacia, ni en sus métodos", sino solamente porque allá "se sentía seguro".[98] También se dice que no murió con el fusil en la mano, ni lo tuvo nunca, y, por lo tanto, no oprimió el gatillo para matar a nadie. Se admite, eso sí, que estuvo en la guerrilla y en el combate con el ejército (lo cual no puede negarse), pero al mismo tiempo se afirma que "nunca disparó contra nadie, ni nunca mató a nadie".[99]

Lo cierto es que Camilo se sintió urgido a seguir el camino de las guerrillas, que es el camino de la acción violenta en la praxis revolucionaria. Era su opinión que en los países pobres el cristiano no solamente puede sino que debe comprometerse en el cambio de estructuras a favor de las mayorías.[100] Finalmente llegó a la convicción profunda de que "la vía armada" es la única que queda para "todo

---

[97]Germán Guzmán Campos, *El Padre Camilo Torres* (México: Siglo Veintiuno, 1969), pp. 1-3.

[98]Camilo Torres: Sacerdote o Guerrillero?", *Protesta*, Caracas: EPLA, No. 20.

[99]*Ibid.*,

[100]Camilo Torres, *Cristianismo y Revolución* (México: Ediciones Era, S.A., 1972), p. 341.

revolucionario sincero".[101] Su proclama a los colombianos el 7 de enero de 1966 la termina con las palabras "¡Liberación o Muerte!"[102] Y la muerte encontró, el 15 de febrero de 1966, "de cara al cielo, a Colombia, a esta América india y mulata. Frente a frente a la conciencia de los hombres libres", según el decir de uno de sus biógrafos.[103]

La justificación teológica de su compromiso revolucionario la hallaba Camilo en la naturaleza del amor al prójimo. Después de haber solicitado su reducción al estado laical, hizo una declaración pública, en la cual aparecen las siguientes palabras:

> Yo opté por el cristianismo por considerar que en él se encontraba la forma más pura de servir a mi prójimo. Fui elegido por Cristo para ser sacerdote eternamente, motivado por el deseo de entregarme de tiempo completo al amor de mis semejantes. Como sociólogo, he querido que ese amor se vuelva eficaz, mediante la técnica y la ciencia; al analizar la sociedad colombiana me he dado cuenta de la necesidad de una revolución para poder dar de comer al hambriento, de beber al sediento, vestir al desnudo y realizar el bienestar de las mayorías de nuestro pueblo. Estimo que la lucha revolucionaria es una lucha cristiana y sacerdotal. Solamente por ella, en las circunstancias concretas de nuestra patria podemos realizar el amor que los hombres deben tener a sus prójimos.[104]

En su mensaje a los cristianos, el 26 de agosto de 1965, dice:

> Lo principal en el catolicismo es el amor al prójimo. "El que ama a su prójimo cumple con la ley" (San Pablo, Ro. xiii,8). Este amor para que sea verdadero tiene que buscar la eficacia... Es necesario, entonces, quitarles el poder a las minorías privilegiadas para dárselo a las mayorías pobres...la Revolución no solamente es permitida, sino obligatoria para los cristianos que vean en ella la única manera eficaz y amplia de realizar el amor para todos... Creo que me he entregado a la Revolución por amor al prójimo.[105]

Este lenguaje tenía que sonar subversivo a oídos de los poderosos, y no ha faltado quien identifique a Camilo con el comunismo. Pero en su Mensaje a los Comunistas, el 2 de septiembre de 1965, él declara que ni como colombiano, ni como sociólogo, ni como cristiano, ni

---

[101]*Ibid.*, p. 571.

[102]*Idem.*

[103]Guzmán Campos, *op. cit.*, p. 263.

[104]Camilo Torres, *Cristianismo y Revolución*, p. 376.

[105]*Ibid.*, pp. 525-26.

como sacerdote, es ni será comunista, pero que tampoco es anticomunista y que está dispuesto a luchar al lado de los comunistas, sin ser del partido de ellos, "por objetivos comunes: contra la oligarquía y el dominio de los Estados Unidos, para la toma del poder por parte de la clase popular".[106] Su esperanza era "construir el socialismo sin destruir lo esencial que hay en el cristianismo".[107] Soñaba con hacer una revolución socialista pero de carácter nacionalista, "sin caer totalmente dentro del bloque socialista". Su ideal era mantener un neutralismo frente a la competencia de los grandes poderes mundiales.[108] Aunque la Iglesia no aprobó su acción radicalmente revolucionaria, Camilo no renegó su fe católica.

Helder Cámara

En contraste con la respuesta desesperada y violenta de Camilo Torres a la problemática latinoamericana, surge en el seno del catolicismo de nuestro continente la voz firme, pero al mismo tiempo apacible, de Helder Cámara, a quien se le ha llamado "el arzobispo rojo de Brasil" y "Lenín en sotana", debido a su lucha tesonera a favor de los pobres. Su afán es hablar en nombre de los que no pueden hacerlo por sí mismos.[109] Quiere él ser voz de los que no tienen voz.

Helder Cámara nació en Fortaleza, Brasil, el 7 de febrero de 1909. Recibió la ordenación sacerdotal en 1931, y su primer trabajo lo desarrolló entre universitarios de su ciudad natal. Fue en ese tiempo que se dejó cautivar por el fascismo. En 1936 fue nombrado asistente técnico de la secretaría de educación de la capital de Brasil. Fue miembro del Consejo superior de enseñanza, permaneciendo en este cargo hasta 1964, cuando se trasladó de Río de Janeiro a Recife.

Como ya hemos dicho, en 1955 se realizó en Río la primera conferencia del CELAM. El cardenal Barros Cámara, arzobispo de aquella ciudad, le encomendó a Dom Helder la organización del congreso eucarístico internacional de Río, celebrado en conjunción con la I CELAM. Dom Helder demostró sus excelentes dotes de organizador. Se cuenta que en esa ocasión el cardenal Gerlier de Lyon le dijo a Helder: "¿Cree usted decente desplegar semejante fasto religioso en una ciudad rodeada de 'favelas'? ¿Por qué no pone su capacidad al servicio de la solución de este problmea?"[110] Estas preguntas parecen

---

[106]*Ibid.*, p. 527.

[107]*Ibid.*, p. 528.

[108]*Ibid.*, p. 429.

[109]Feliciano Blázques, *Hélder Cámara: El Grito del Pobre* (Salamanca: Ediciones Sígueme, 1977), pp. 9-12.

[110]*Ibid.*, p. 35.

haber contribuido a que se efectuase un gran cambio en la vida de Helder Cámara. Una de las primeras evidencias de este cambio fue la campaña que Helder llevó a cabo a favor de los habitantes de las favelas, "ya que las condiciones inhumanas en que viven son un pecado colectivo", del que todos deben sentirse culpables.[111]

Políticamente Cámara llegó a la siguiente conclusión:

> Para los países subdesarrollados no descubro ninguna solución ni en el capitalismo ni en el neocapitalismo. Tampoco en el actual socialismo, ni de Cuba, ni de Rusia, ni de China... Si usted quiere, puede decir socialismo; pero de un socialismo que respete efectivamente —no sólo teóricamente— la persona humana, y que no caiga en una dictadura. Ni dictadura de gobierno ni dictadura de partido.[112]

En otras palabras, Dom Helder propone que la solución debe buscarse en una forma de socialización, o un "socialismo personalista". En marzo de 1968, en una conferencia en el Instituto Católico de Recife, indica

> que el cristiano nada tiene que temer al hecho de que el mundo marche hacia el socialismo, ya que "puede ofrecer una mística de fraternidad universal y de esperanza incomparablemente más amplia que la mística estrecha de un materialismo histórico... Los marxistas sienten la necesidad de revisar, por otra parte, su concepto de religión".[113]

A la vez, Cámara sigue la pauta marcada por los grandes pacifistas Mahatma Gandhi y Martin Luther King y rechaza la idea de que la violencia sea el remedio para los males que nos aquejan.

> El no cree en la fuerza de las armas, odia la guerra, se siente peregrino de la paz, confía en la eficacia de la no-violencia, y no espera ninguna solución de los gobiernos, que suelen ser, casi siempre, instrumentos dóciles y bien dirigidos al servicio de las grandes potencias.[114]

Sostiene Dom Helder que la violencia engendra violencia sin solucionar el problema de las masas oprimidas. Habla de *tres clases de violencia.* La primera de ellas es la que sufren los débiles bajo la férula de los poderosos. La injusticia "es la primera de todas las violencias, la violencia número uno".[115] Como reacción a esta violencia se levanta la

---

[111]*Idem.*

[112]*Ibid.*, pp. 38-39.

[113]Dussel, *Historia de la Iglesia en América Latina*, p. 203.

[114]Blázquez, *op. cit.*, p. 120.

[115]Hélder Cámara, *Espiral de Violencia* (Salamanca: Ediciones Sígueme, 1970), p. 18.

revolución de los oprimidos, "o de la juventud decidida a luchar por un mundo más justo y más humano".[116] Entonces viene la represión de parte de las autoridades para salvar el orden público, o restablecerlo. Esta es la violencia número tres. "La conclusión es evidente", dice Cámara: "hay una amenaza real de que el mundo entre en una escalada de violencia, de que caiga en una espiral de violencia".[117]

Pero si Cámara no cree en la fuerza de las armas, ¿cuál es entonces la solución para el problema que confronta a los pueblos oprimidos? En una conferencia dictada en Roma el 1 de diciembre de 1965, Dom Helder dijo:

> Tengo la confianza fraternal de sugerir que dentro de cada país de América Latina, la jerarquía, sin olvidar en modo alguno su trabajo directamente pastoral, preste su apoyo moral, si el caso lo exige, a un movimiento de acción no violenta capaz de estimular la debilidad de los patronos que se encuentran todavía en la edad media.[118]

Esta acción, que según Cámara será de "justicia y paz", ejercerá una presión moral liberadora que ayudará de una manera pacífica, pero efectiva, a cambiar las estructuras económico-sociales y político-culturales de los países subdesarrollados y a inducir a los países desarrollados a cambiar radicalmente su política de comercio exterior con los países subdesarrollados.[119]

El llamamiento del "obispo de los pobres" a la acción "justicia y paz" es de carácter ecuménico. Se dirige a todos los hombres, muy por encima de toda barrera racial, social, idiomática, geográfica y religiosa, para que se unan en la tarea de exigir en forma pacífica "la justicia como condición previa para la paz".[120]

Cámara hace una llamada especial a los jóvenes para que se incorporen a las "minorías abrahámicas", o sea al movimiento de hombres y mujeres de buena voluntad que esperan contra toda esperanza y confían en el triunfo de la paz por la vía de la justicia.[121] Esperando ganar su adhesión, Dom Helder no condena a los jóvenes; al contrario, se esfuerza por comprenderlos, y aun los halaga. Usa con ellos la persuasión moral, les invita al diálogo constructivo y a la discusión amplia y sincera de la propuesta que él les hace de ejercer la presión

---

[116]*Ibid.*, p. 19.

[117]*Ibid.*, p. 30.

[118]Blázquez, *op. cit.*, p. 121.

[119]Cámara, *op. cit.*, p. 59.

[120]*Ibid.*, p. 55.

[121]*Ibid.*, pp. 65-75.

moral liberadora para lograr un mundo más justo y más humano.[122]

No es ciego Hélder Cámara a los grandes obstáculos que hay en el camino de la no-violencia; pero confía que "el tiempo juega a favor de Gandhi" y el movimiento pacifista por él iniciado. "Antes de que pase mucho tiempo", afirma Dom Helder, "Gandhi será reconocido como un profeta".[123] Una razón para abrigar tan alentadora esperanza es que el hombre llegará a convencerse de lo absurdo de la guerra. Además existen minorías que en contraposición a las fuerzas del odio y la violencia, saben muy bien que ésta es inútil al fin y al cabo para la conquista de la paz entre los seres humanos y que "la única respuesta verdadera a la violencia es tener el valor de hacer frente a las injusticias que constituyen la violencia número uno".[124]

Por supuesto, hay quienes cuestionan la enseñanza y actitud del obispo Cámara diciendo que él aboga por la violencia de la no-violencia, ya que ésta también trastorna el orden establecido. Otros preguntan si las palabras bien intencionadas de Dom Hélder pueden hallar eco en corazones que no poseen la paz con Dios y no pueden, por lo tanto, tenerla con el prójimo. Lo innegable es que a los catorce años de haberse publicado el original en francés del ya famoso libro de Cámara, *Espiral de Violencia*, sigue humedeciéndose la generosa tierra de nuestra América con la sangre derramada por los culpables de cualesquiera de las violencias que "el obispo de los pobres" condena.

Políticamente, Cámara no se hallaba solo frente a sus colegas en el sacerdocio. Su opción por un socialismo de manufactura especial para la América Latina era y es la de otros clérigos católicorromanos. Ya hemos mencionado la reunión de Cristianos por el Socialismo, y el caso del padre Camilo Torres. Podría añadirse el testimonio del obispo Méndez Arceo, de Cuernavaca, México, y del arzobispo Jorge Enrique, de La Paz, Bolivia, quienes también optaron por un sistema socialista que fuese compaginable con el cristianismo.[125] La actitud de estos prelados reflejaba en cierto modo el espíritu del Vaticano II y de los papas Juan XXIII y Pablo VI, quienes llevaron a la Iglesia Católica del anatema al diálogo en su trato con el socialismo. Hélder Cámara, Camilo Torres, Méndez Arceo, y muchos otros católicos en diferentes partes del mundo, son evidencia del fenómeno que el escritor francés Jacques Duquesne llama "la izquierda de Cristo".[126]

---

[122]*Ibid.*, pp. 75-8.

[123]*Ibid.*, p. 47.

[124]*Ibid.*, pp. 47-48.

[125]Blázquez, *op. cit.*, pp. 47-48.

[126]Jacques Duquesne, *La Izquierda de Cristo*, traducción del francés por Manuel Vasquez, Barcelona: Plaza y Janes, S. A., 1973.

Definitivamente, los teólogos católicos de la liberación siguen esta línea.

Pablo VI procuró ser elemento de equilibrio entre las fuerzas ideológicas que estaban en pugna dentro de la Iglesia Católica. Por ejemplo, cuando visitó Colombia, en ocasión de la II Conferencia Episcopal Latinoamericana, 1969, dijo a los campesinos de aquel país:

"No sólo de pan vive el hombre"... Vuestras condiciones de gente humilde son más propicias para alcanzar el reino de los cielos... Permitid finalmente que os exhortemos a no poner vuestra confianza en la violencia ni en la revolución; tal actitud es contraria al espíritu cristiano y puede retardar y no favorecer la elevación social a la cual aspiráis legítimamente.[127]

Siete años después, en su encíclica sobre "La Evangelización del Mundo Contemporáneo" (*Evangelii nuntiandi*), Pablo VI escribió:

La Iglesia asocia, pero no identifica nunca, liberación humana y salvación en Jesucristo, porque sabe por revelación, por experiencia histórica y por reflexión de fe, que no toda noción de liberación es necesariamente coherente y compatible con una visión evangélica del hombre, de las cosas y de los acontecimientos; que no es suficiente instaurar la liberación, crear el bienestar y el desarrollo para que llegue el reino de Dios.

Es más, la Iglesia está plenamente convencida de que toda liberación temporal, toda liberación política...por más que pretenda ser la teología de hoy lleva dentro de sí misma el germen de su propia negación y decae del ideal que ella misma se propone...

La Iglesia no puede aceptar la violencia, sobre todo la fuerza de las armas —incontrolable cuando se desata— ni la muerte de quienquiera que sea, como camino de liberación, porque sabe que la violencia engendra inexorablemente nuevas formas de opresión y de esclavitud, a veces más graves que aquellas de las que pretender liberar.[128]

Sin embargo, ya había habido un despertar de la conciencia revolucionaria dentro de la Iglesia Católica, y parecía imposible que ésta pudiera del todo dar marcha atrás en su propia historia.

---

[127]Pablo VI, "Mensaje a los campesinos colombianos", Bogotá, 23 de agosto de 1968, *La Iglesia en Actual Transformación de América Latina a la luz del Concilio* (Bogotá: CELAM, 1969), I, 252-53.

[128]Pablo VI, *La Evangelización del Mundo Contemporáneo*, Diócesis de Quezaltenango, Guatemala, sin fecha, arts. 35-37.

Tercera Conferencia del CELAM
Puebla, México, 1979

Como puede verse por la fecha arriba apuntada, cuando se celebró la Tercera Conferencia del Episcopado Latinoamericano la teología católica de la liberación había alcanzado ya su apogeo. Era natural, por consiguiente, preguntarse si los obispos llevarían adelante o frenarían el proceso renovador, o si se quiere revolucionario, auspiciado por el Vaticano II, por la Conferencia de Medellín, 1968, y por la doctrina social de Juan XXIII y Pablo VI. Otra causa de gran expectación era la actitud que asumiría el nuevo Papa, Juan Pablo II, frente a la teología de la liberación y sus consecuencias en el terreno eclesiástico, político y social. Conforme se acercaba la fecha del evento de Puebla, crecía la expectativa, se multiplicaban las preguntas y los comentarios, y aumentaban los temores y esperanzas. Lo que sucediese en Puebla tendría mucha repercusión en la Iglesia Universal, y muy especialmente en el así llamado Tercer Mundo.

Lo evidente es que tanto los discursos de Juan Pablo II en Puebla, como el Documento Final de la Conferencia, pueden prestarse a más de una interpretación, como sucede con otras declaraciones oficiales del catolicismo contemporáneo. Para no pocos observadores el Papa dio en México la impresión de estar rechazando por completo la teología de la liberación y condenando todo activismo político de los sacerdotes.[129] Pero a su regreso a Roma, Juan Pablo II declaró que esa teología es necesaria no sólo para la América Latina, sino para todo el mundo.[130] Enrique Dussel cree que los medios de comunicación tergiversaron el pensamiento del Papa, "y sobre todo la derecha, fuera y dentro de la iglesia",[131] cuando informaron de los discursos pronunciados por el pontífice en la república mexicana.

Sea como fuere, salta a la vista que Juan Pablo II adoptó una actitud bastante conservadora y dio nuevo aliento a la religiosidad popular, incluyendo los excesos en la veneración de María. La imagen que el Papa proyectó al mundo fue la de ser en extremo mariófilo. También es posible decir que el Pontífice y la Conferencia misma fueron elementos moderadores en el campo ideológico, y si no le dieron un gran impulso al liberacionismo, tampoco lo condenaron. Los teólogos de la liberación no fueron invitados a participar oficial y directamente en la Conferencia, pero hicieron sentir su presencia en Puebla como asesores de varios obispos. El Documento Final no aprueba el capita-

[129]Revista *Time*, Nueva York, 12 de febrero de 1979.

[130]*La Prensa*, Managua, Nicaragua, 4 de mayo de 1979.

[131]Enrique D. Dussel, "Un análisis contextual de la Iglesia Católica en América Latina", *Pastoralia*, septiembre de 1979, p. 72.

lismo ni el marxismo, y ofrece una apertura amplia para otras alternativas históricas a favor de los pobres.

Dussel comenta que los que se oponen a los movimientos populares dentro de la Iglesia fueron derrotados en la Conferencia; pero en cuanto al ministerio de denuncia encomendado a la Iglesia lograron sus fines, porque en Puebla se dijo muy poco y con poca fuerza sobre este particular; "se llegó a un texto, en gran parte, de 'compromiso', a coincidencias mínimas y unánimes".[132] Con todo, Dussel concluye que Medellín fue punto de partida e inspiración para la III Conferencia y que Puebla está en la tradición de Medellín: "Las puertas han quedado abiertas para que los cristianos puedan seguir optando por los intereses populares, de los pobres y oprimidos".[133]

Por su parte, el sacerdote católico Francisco Interdonato, quien adversa a la teología de la liberación, dice que "Puebla no ha querido señalar directamente los errores positivos de la teología (o de las teologías) de la liberación, sino las imperfecciones negativas, es decir, lo que tiene de incompleta, con el fin de perfeccionar o completar el concepto de *liberación*, no a fuer de teólogo, sino de Magisterio Episcopal".[134] No cree Interdonato que el objetivo de Puebla haya sido de ningún modo el de frenar en el Documento Final "el empeño liberador en el [sic] socio-económico-político, ni espiritualizarlo haciéndolo inocuo. ¡No! Lo conserva en su propio ser, pero lo vincula esencialmente en la misión directa del Cristianismo".[135] Según Interdonato, Puebla no condena ni canoniza la teología de la liberación; lo que hace es completarla, integrándola a la Tradición viva de la Iglesia, a su Magisterio, como "liberación integral".[136] Hablaremos más adelante de la respuesta del conservadurismo católico romano a la teología de la liberación.

Por ahora, lo que nos ha interesado en este capítulo es tan sólo describir a grandes rasgos el nuevo catolicismo que a la vista del gran público tuvo como punto de partida el Vaticano II, y que durante los años sesenta y setenta propició en la América Latina el desarrollo de la teología de la liberación.

---

[132]*Ibid.*, pp. 66.

[133]*Ibid.*, p. 67.

[134]Francisco Interdonato, *Teología Latinoamericana: ¿Teología de la Liberación?* (Bogotá, Colombia: Ediciones Paulinas, 1979), pp. 154-55.

[135]*Ibid.*, pp. 156-57.

[136]*Ibid.*, pp. 154-55.

Capítulo V

El origen inmediato de la teología de la liberación

Las corrientes de pensamiento mencionadas en los capítulos anteriores desembocan de una manera u otra en la teología de la liberación. Ahora es necesario intentar una descripción del desarrollo mismo de la teología católica de la liberación en el contexto latinoamericano.

Hay más de una manera de trazar el origen de dicha teología. Por ejemplo, J. Andrew Kirk enfoca este tema refiriéndose a varios de los asuntos que hemos tratado en las páginas precedentes, como la teología europea contemporánea, los documentos del Vaticano II y Medellín, y la doctrina social de Juan XXIII y Pablo VI.[1]

Alfredo Garland, escritor católico, en su análisis del catolicismo peruano posconciliar, comienza por asociar con el fenómeno contestatario lo que él considera "la crisis" de la Iglesia Católica. Este fenómeno tiene su arquetipo en el ya célebre "movimiento de mayo" de 1968 en París, cuando miles de estudiantes le hicieron frente a la fuerza pública, en rebelión abierta contra el orden establecido. Garland dice que después del Vaticano II los grupos contestatarios dentro de la Iglesia quisieron imitar "el mayo francés", interpretando a su antojo las enseñanzas del Concilio bajo la bandera del radicalismo.[2]

Los editores de los documentos del encuentro en El Escorial, España (julio de 1972), donde participaron varios teólogos latinoamericanos, aseguran que hay un parecer unánime de que es sobre todo después en Medellín (1968) cuando la teología de la liberación comienza a hacerse explícita.[3]

---

[1] J. Andrew Kirk, *Liberation Theology. An Evangelical View from the Third World* (Atlanta: John Knox Press, 1979), pp. 23-28.

[2] Alfredo Garland, *Como Lobos Rapaces* (Lima: SAPEI, 1978), p. 27.

[3] *Fe Cristiana y Cambio Social en América Latina.* Instituto Fe y Secularidad. Documentos del encuentro de El Escorial, 1972 (Salamanca: Ediciones Sígueme, 1973), p. 394.

Enrique D. Dussel describe tres etapas en la gestación de la teología latinoamericana de los últimos tiempos. En la primera de ellas, profesores latinoamericanos de seminarios y facultades de teología van a estudiar en Europa. En la segunda etapa se realizan cursos para conocer a fondo la realidad latinoamericana. El énfasis no era entonces tanto teológico como sociológico. Fue un paso de una teología abstracta a lo concreto, a lo latinoamericano. "La tercera etapa, o el 'nacimiento' de la teología no 'en' América Latina ni 'sobre' temas sociográficos latinoamericanos, sino teología 'latinoamericana', sólo adviene cuando se advierte...la relación política".[4]

Dussel aclara que antes que viniera la teología fue necesario que abrieran el camino "los profetas", como aquellos que se opusieron al militarismo en el Brasil en 1964, o los que defendieron el movimiento socialista, o que pasaron de condenar totalmente la violencia a procurar comprenderla y hacerle justicia. La teología de la liberación vino después, cuando se llegó a entender la dialéctica dominador-oprimido. La Iglesia ha venido pasando así del conservadurismo al liberalismo, luego al desarrollismo, "para abrirse por último a la postura de la liberación".[5] Según Dussel una de las grandes diferencias entre la teología política europea y la teología latinoamericana de la liberación se halla en que ésta percibe la dialéctica opresor-oprimido en el nivel *internacional*. "Latinoamérica está en la posición del Tercer Mundo: dominada, oprimida. La supresión dialéctica de dicha oposición es la puesta en movimiento de la liberación".[6]

Para Dussel, el tema de la liberación es propiamente bíblico y se encuentra en toda la tradición cristiana. Era objeto de discusión, por ejemplo, en la Escuela de Tubinga, mucho antes del II Concilio Vaticano. Sin embargo, Dussel mismo nos da a entender que en la América Latina la idea de liberación adquiere una fuerte connotación política:

En América Latina se comienza a usar la noción desde 1964, pero sin tomar conciencia de su pleno sentido político. Pablo Freire y el MEB [Movimiento de Educación de Base] lo utilizan como fundamento del método: la concientización es correlativa de la liberación; pedagógicamente es una "educación liberadora" o "educación como práctica de la libertad". Cuando el "Mensaje de los obispos del Tercer Mundo" (1966) y Medellín (1968) usan la noción y el término en su sentido político (liberación de la estructura de dominio neocolonial) la cuestión queda

---

[4]Enrique D. Dussel, *Historia de la Iglesia en América Latin* (Barcelona: Editorial Nova Terra, 1972), pp. 284-85.

[5]*Ibid.*, p. 286.

[6]*Idem.*

definitivamente planteada. Poco después lo usa ya en sus documentos el episcopado chileno y se generaliza.[7]

Las tres etapas que Dussel señala en la historia del movimiento teológico contemporáneo en la América Latina, y su explicación de la génesis política de la teología de la liberación, son muy útiles para entender lo que hemos llamado el origen inmediato del liberacionismo teológico latinoamericano.

Primeros pasos

Con respecto a la primera etapa mencionada por Dussel, o sea la de estudios realizados en Europa por profesores de teología latinoamericanos, vale la pena tener presente que uno de estos teólogos era el sacerdote peruano Gustavo Gutiérrez Merino, un militante entusiasta de la Acción Católica del Perú, y quien años después sería mundialmente conocido como el autor de la *Teología de la Liberación*. Garland informa que el Padre Gerardo Alarco, Profesor Principal de la Universidad Católica, descubrió que Gutiérrez poseía gran inteligencia y le animó a seguir estudios en Chile, Lovaina, y Lyon. Alarco había recibido la influencia de ''la Nueva Teología'' católica durante sus estudios en Europa, y llegó a ser conocido en Lima como un ''rebelde renovador''.[8]

En aquellos tiempos había en Europa gran preocupación por el estado de pobreza de la América Latina y por la amenaza del comunismo. Se proveyeron becas para estudiantes latinoamericanos, con la esperanza de contrarrestar esa amenaza, desplazando la pobreza y esbleciendo ''un orden justo y cristiano''.[9] Lovaina había sido un reducto de la Democracia Cristiana, bajo la inspiración de Maritain; pero en las aulas universitarias no se recibían ya con el mismo entusiasmo de antes las ideas políticas de este pensador católico.

La Universidad de Lovaina, centro de intensos estudios sociológicos, acogió a varios estudianes de América Latina; entre ellos a Gutiérrez Merino y al sacerdote colombiano Camilo Torres Restrepo. Parece que ambos se hicieron amigos en Lovaina. Después convergieron en encuentros o jornadas de estudio en Sudamérica; pero Gutiérrez no creyó acertada la decisión de Camilo de unirse a la guerrilla.[10]

Gutiérrez se dedicó a enseñar en la Universidad Católica de Lima, y a trabajar en los círculos de la Acción Católica, especialmente con la

---

[7]*Ibid.*, p. 286.

[8]Garland, *op. cit.*, pp. 55-56.

[9]*Ibid.*, p. 57.

[10]*Ibid.*, pp. 58-59.

Juventud Católica Universitaria. En 1960 el movimiento estudiantil católico había optado por la Democracia Cristiana y su ideología de la Nueva Cristiandad; pero por el año 1963 ya había cambiado su énfasis de lo religioso a lo político, bajo la influencia de Gutiérrez Merino. El rompimiento de la Unión Nacional de Estudiantes Católicos (UNEC) con la Democracia Cristiana se inicia durante los años 1964 y 1965. Garland señala que en ese tiempo se extremó la posisión doctrinaria de la UNEC, en provecho del análisis marxista de la realidad, con la asesoría de Gustavo Gutiérrez M., quien por ese entonces ya estaría bosquejando su teología de la liberación. [11]

Aquellos eran los tiempos del Vaticano II. Los vientos de renovación habían comenzado a sentirse en el catolicismo de nuestro continente. Había gran expectación por los resultados del Concilio. Los observadores más optimistas esperaban cambios profundos en la actitud de la Iglesia ante los graves problemas económicos, sociales y políticos del mundo moderno. Mientras tanto, los teólogos católicos latinoamericanos de vanguardia seguían reflexionando sobre la realidad social de la cual ellos eran parte.

En la segunda etapa de la gestación de la teología latinoamericana, se organizaron cursos en diversos lugares del continente. Dussel menciona algunos de los organismos que auspiciaron encuentros para estudiar la realidad latinoamericana. Por ejemplo, el Instituto Pastoral de América Latina (IPLA), que en 1964 celebró reuniones en Puerto Rico, Uruguay, y Ecuador. [12] Garland dice que el sacerdote y pastoralista chileno Segundo Galilea habría sido, junto con monseñor Leonidas Proaño, de Riobamba, Ecuador, uno de los fundadores del IPLA, "que desde la ciudad de Quito comenzara a dictar las normas para la Pastoral de la 'Iglesia Joven', convirtiéndola en una especie de iglesia paralela". [13] Además de Proaño y Galilea, participaron como maestros en los encuentros sacerdotales de esa época, José Comblin, Lucio Gera, Juan Luis Segundo, Iván Illich, Gustavo Gutiérrez, y otros.

Del énfasis sociológico de aquellos encuentros se pasaría a la tercera etapa en el desarrollo de la teología latinoamericana, hasta llegar a lo que ahora conocemos como teología católica de la liberación. El fermento revolucionario teológico alentado por el Vaticano II y por la doctrina social de los Papas conciliares, iba creciendo en el sacerdocio de varios países latinoamericanos.

Bien conocido es, por ejemplo, el caso de los cincuenta sacerdotes colombianos que se reunieron en Julio de 1968 en la finca Golconda, del municipio de Viotá, Cundinamarca, Colombia, para estudiar la

[11]*Ibid.*, pp. 66-67.

[12]Dussel, *op. cit.*, p. 284.

[13]Garland, *op. cit.*, p. 74.

encíclica *Populorum Progressio* de Pablo VI. A fines del mismo año celebraron otra reunión en Buenaventura y produjeron un documento que se inspiró principalmente en la Constitución *Gaudium et Spes*, del Vaticano II, y en las conclusiones de Medellín. Se hace en este documento un análisis de la situación colombiana, y se culpa a los centros de poder nacionales y extranjeros por el subdesarrollo y la dependencia que afligen al pueblo. Se afirma, además, la necesidad de incluir lo temporal en el proceso salvífico, y la responsabilidad que tienen los sacerdotes de comprometerse en el proceso de cambio social. Hay una fuerte denuncia contra el capitalismo y la burguesía nacional. Como era de esperarse, los sacerdotes del grupo de Golconda sufrieron persecución.[14] Algunos le llamaron al movimiento de Golconda "la revolución de las sotanas".

En el Perú nació el grupo ONIS (Oficina Nacional de Investigación Social) en 1968, como una expresión del interés sacerdotal en la solución de los problemas sociales. Míguez Bonino indica que "cerca de doscientos cincuenta sacerdotes (dos de cada siete sacerdotes del Perú) se adhirieron al movimiento",[15] y ejercieron cierta presión en el episcopado a favor de la renovación de la Iglesia y de transformaciones sociales inmediatas en el país. Gustavo Gutiérrez M. era uno de los miembros más prominentes de ONIS.

En la Argentina, un pequeño grupo de sacerdotes y obispos organizaron en 1965 el movimiento de "Sacerdotes para el Tercer Mundo", en solidaridad profunda con su pueblo. El movimiento creció y llegó a optar por un socialismo nacionalista, popular, latinoamericano, humanista y crítico.

Monseñor Iván Illich lanzó desde el Centro de Documentación de Cuernavaca, México (CIDOC), varias ideas que fueron la causa de un decreto de la Santa Sede contra el CIDOC en enero de 1969. Illich tenía el respaldo del obispo contestatario de aquella ciudad mexicana, monseñor Sergio Méndez Arceo. Después de una carta pastoral de este prelado, el Vaticano levantó las restricciones indicadas en el susodicho decreto. Méndez Arceo se hizo famoso no solo por las reformas litúrgicas en la catedral de Cuernavaca, sino especialmente por su opción socialista. Después de su visita a Cuba, dijo en una homilía dominical que era necesario reconciliar el reinado de Dios y el pensamiento de Marx. Sus palabras fueron desautorizadas por el Consejo de la Presidencia de la Conferencia Episcopal Mexicana. En México surgieron también los movimientos "Iglesia Solidaria" y "sacerdotes para el pueblo".[16]

---

[14] Dussel, *op. cit.*, pp. 253-55.

[15] José Míguez Bonino, *La Fe en Busca de Eficacia* (Salamanca: Ediciones Sígueme, 1977), p. 78.

[16] Garland, *op. cit.*, pp. 86-87, 103. Dussel, *op. cit.*, págs. 258-259.

En Puerto Rico, el cura S. Freixedo dejó oir su grito de dolor, nacido, según él, de su amor a la Iglesia: "Es un grito de angustia al ver que mi Madre la Iglesia duerme cuando el mundo más la necesita".[17]

Los ejemplos de sacerdotes inquietos por la problemática latinoamericana podrían multiplicarse. Una nueva conciencia se había apoderado de ellos al enterarse de la doctrina social de la Iglesia conciliar y de las ideas de sus colegas latinoamericanos que estaban forjando la teología de la liberación. Conspicuo entre estos teólogos era Gustavo Gutiérrez Merino, a quien Roberto Oliveros Maqueo considera como "el más representativo de la teología de la liberación",[18] y "como el que supera los cauces de la teología del desarrollo, para entrar por los de la liberación, con su apertura al dato y lenguaje marxista".[19] Revelan estas palabras dos ingredientes esenciales de la teología de la liberación: su fuerte oposición a la tesis del desarrollo y su apertura al marxismo.

De acuerdo a la teoría del desarrollo, lo que se necesita es el avance tecnológico para suplir las necesidades de todos los miembros de una sociedad determinada. El modelo de desarrollo propuesto por los técnicos es el de los países del nordatlántico; o sea que los países desarrollados son los que dan la pauta del progreso económico, social y político a los subdesarrollados. Estos países deben, por lo tanto, acumular capital, introducir el planeamiento, aumentar la tecnología y favorecer la inversión de capital extranjero, para alcanzar el nivel de desarrollo de las naciones del Atlántico Norte. El subdesarrollo es, dicen, un retraso cronológico. La Alianza para el Progreso intentó acelerar el desarrollo aquí descrito.

Ya hemos mencionado en este libro que la Iglesia Católica del Vaticano II adopta el concepto de *desarrollo integral*, que subordina lo técnico a lo moral. Opina Oliveros Maqueo que el teólogo católico europeo Joseph Comblin, quien fue profesor de teología en Chile, Brasil y Ecuador, y uno de los pioneros de la nueva teología latinoamericana, representa "un eco de la teología del desarrollo de Europa",[20] sin tener en cuenta la situación de dependencia de nuestros países, como la causa determinante de nuestro subdesarrollo. Comblin aboga por el desarrollo integral, en contraposición al que no pasa de ser meramente tecnológico.[21]

[17]S. Freixedo. *Mi Iglesia Duerme* (Río Piedras, Puerto Rico: Editorial Isla, 1969), pp. 19.

[18]Roberto Oliveros Maqueo, *Liberación y Teología* (México: Centro de Reflexión Teológica, 1977), p. 104.

[19]*Ibid.*, p. 102.

[20]José Comblin, *Cristianismo y Desarrollo*, Quito, IPLA, 1970.

[21] Oliveros Maqueo, *op. cit.*, p. 142.

No debe olvidarse que las ideas de subdesarrollo y dependencia son fundamentales en el análisis sociológico que le da impulso a la teología de la liberación. Una crítica que se le hace en esta teología al desarrollismo es que las naciones nordatlánticas dependieron de las colonias para desarrollarse, y que no existiendo hoy esta situación el proceso no puede repetirse.[22] La teoría del desarrollo no capta "la imposibilidad de seguir el camino de Estados Unidos, dado que la grandeza de esta nación se sustenta en la riqueza succionada a las naciones dependientes".[23] Como nos ha dicho Dussel, la teología de la liberación surge cuando ésta percibe "la dialéctica opresor-oprimido en el nivel internacional".[24] Por supuesto, los teólogos de la liberación lanzan también sus dardos contra las oligarquías nacionales que colaboran con los poderes económicos extranjeros.

Gustavo Gutiérrez no opone a la tesis del desarrollo la *teología de la revolución*, la cual Shaull representa, según algunos escritores católicos.[25] Esta teología no viene del contexto de subdesarrollo y dependencia, sino de la realidad opulenta de Europa; su meta es el reformismo del sistema occidental. Gutiérrez contrapone al desarrollismo la *teología de la liberación*, la cual reflexiona a la luz de la fe sobre la situación revolucionaria de América Latina, "apoyada en un análisis social que le ayuda a ser menos ingenua".[26]

Encuentro en Petrópolis, Brasil, marzo de 1964.

En esta reunión de teólogos latinoamericanos se destaca la aportación de los teólogos católicos Juan Luis Segundo, uruguayo, Lucio Gera, de la Argentina, y Gustavo Gutiérrez M., peruano. Segundo enfoca el tema de la evangelización, tomando como punto de partida el cambio social en la América Latina. Gera considera la responsabilidad del teólogo latinoamericano, propone un cambio profundo en los seminarios teológicos, y exhorta a los teólogos a comprometerse con la vida del pueblo, para que comuniquen eficazmente el mensaje cristiano.

En su ponencia, Gutiérrez se pregunta cómo establecer el diálogo salvador con el hombre latinoamericano. Hace una crítica de las

---

[22]Míguez Bonino, *op. cit.* El autor señala tres graves errores de la teoría del desarrollo, siendo uno de ellos que "la teoría dio por sentado que los países desarrollados debían ser el 'modelo' normal de los subdesarrollados...", p. 50.

[23] Oliveros Maqueo, *op. cit.*, p. 141.

[24]Dussel, *op. cit.*, p. 287.

[25]Oliveros Maqueo, *op. cit.*, p. 191; Dussel, *op. cit.*, p. 180.

[26]Oliveros Maqueo, *op. cit.*, p. 192.

opciones pastorales en la América Latina, y propone un nuevo enfoque pastoral que responda a las necesidades del pueblo. Ya le preocupan a Gutiérrez temas como los de la reivindicación social, la lucha revolucionaria y la violencia. En este trabajo se hallan en embrión algunas de las ideas que Gutiérrez desarrollaría después en su teología de la liberación.[27]

Caridad y Amor Humano, 1966

Apunta Oliveros Maqueo que la primera publicación de Gustavo Gutiérrez fue la obra titulada *Caridad y Amor Cristianos* (Lima, 1966).[28] En ella se intenta superar la dicotomía entre el amor a Dios y el amor al prójimo. El amor humano entraña el amor a Dios, porque se halla presente en el hombre, quien es templo de Dios. Este llegaría a ser uno de los temas en el famoso libro de Gutiérrez, *Teología de la Liberación*.

Montreal, 1967

En esta ciudad canadiense Gustavo Gutiérrez dictó un curso bajo el título de "La Iglesia y la Pobreza". Este es otro de los temas que habrían de ocupar lugar prominente en la *Teología de la Liberación* publicada por Gutiérrez cuatro años más tarde. En Montreal, el teólogo peruano declara que la pobreza se opone a la justicia evangélica y no debe ser atribuida a la voluntad de Dios. Los cristianos tienen que luchar para que se suprima ese escándolo, que es fruto del pecado social. La Iglesia es llamada a comprometerse con los pobres, asumiendo la pobreza, dejando de ser una iglesia rica en medio de la miseria.[29]

La Pastoral de la Iglesia en América Latina, 1967

Así se titula un libro que Gutiérrez publicó después de la Conferencia de Medellín, pero cuyo tema lo desarrolló para un encuentro realizado en febrero de 1967. Gutiérrez muestra haber ahondado en su crítica de los diferentes tipos de pastoral de la Iglesia, y en su enfoque de la pastoral que él llama "profética".[30] También había seguido

---

[27]Oliveros Maqueo, *op. cit.*, pp. 60-63. Informa Oliveros Maqueo que los documentos de la reunión de Petrópolis se encuentran en forma mimeografiada en el archivo del Centro de Estudios Bartolomé de las Casas, asentado en Lima, Perú.

[28]*Ibid.*, p. 108.

[29]Las notas del curso de Gutiérrez sobre "La Iglesia y la Pobreza" se hallan también en el archivo del Centro de Estudios Bartolomé de las Casas, Lima, Perú.

[30]Gustavo Gutiérrez, *La Pastoral de la Iglesia en América Latina*, Montevideo: Centro de Documentación, 1968. Oliveros Maqueo, *op. cit.*, pp. 106, 110-11.

profundizando en cuanto a la integración de creación y salvación en un solo proceso histórico, en el cual el hombre es no solo espectador sino protagonista y transformador de la historia. Sobresale en este concepto la influencia de Marx.

Chimbote, Perú, julio de 1968

Se llevó a cabo el encuentro en Chimbote poco antes de la conferencia del CELAM en Medellín. Gutiérrez titula su conferencia: "Hacia una teología de la liberación".[31] Aquí se perfilan con mayor claridad que antes los temas de su liberacionismo teológico. Rechaza de manera contundente la teología del desarrollo, y propugna la búsqueda de un nuevo proyecto histórico que tenga como punto de partida la situación de los pobres en la América Latina. La fe tiene una dimensión política. La historia es una; el hombre es en ella protagonista y puede cambiarla. Dice Oliveros Maqueo que la conferencia de Chimbote "marca la aparición de la liberación en el ámbito teológico, en el sentido técnico de la fe como compromiso con el pobre en la búsqueda de un nuevo proyecto histórico".[32]

En Chimbote, Gutiérrez se refiere también al método teológico, al nuevo modo de hacer teología. Sin lugar a dudas este es uno de los puntos dominantes de la conferencia. Aquí se sugiere que la teología es una inteligencia progresiva y en cierto modo variable; es una reflexión, un acto segundo que viene después de la acción. El compromiso antecede a la teología, el compromiso es acción. La caridad es central, y tener caridad es comprometerse en la acción. La teología viene después.

Cartigny, Suiza, noviembre de 1969

El encuentro en la ciudad de Cartigny tenía por objeto profundizar en la teología del desarrollo. Gutiérrez presentó "Notas para una Teología de la Liberación". Estas notas son como un anticipo, en forma bosquejada, del libro *Teología de la Liberación*.[33] Gutiérrez indica que "una de las funciones de la teología es la de ser una reflexión crítica de la acción pastoral de la Iglesia"; se opone a la teoría del desarrollo, contrastándola con la liberación; señala la dependencia como elemento clave en la interpretación de la realidad latinoamericana, y la necesidad de cambiar radicalmente esa situación.

[31]Gustavo Gutiérrez, *Hacia Una Teología de la Liberación*, Montevideo, 1969. Bogotá: Indo-American Press Service, 1971. Oliveros Maqueo, *op. cit.*, p. 112.

[32]Oliveros Maqueo, *op. cit.*, p. 113.

[33]Gustavo Gutiérrez, "Apuntes para una Teología para la Liberación", *Cristianismo y Sociedad*, Montevideo, ISAL, números 24 y 25, 1970, 6-22. Este resumen de la conferencia de Gutiérrez en Catigny, Suiza, apareció también en inglés: "Notes for a Theology of Liberation", *Theological Studies*, No. 22, 1970, 243-61.

En cuanto al importantísimo tema de la relación entre salvación y liberación, Gutiérrez busca tender un puente entre ambas por medio del concepto de la unidad de la historia (no hay dos historias, una sagrada y la otra profana, sino solamente una). Además, Gutiérrez ve que hay unidad entre la creación y la salvación (la creación es el primer acto salvífico). Las promesas escatológicas le dan también unidad a la historia, porque la supresión de la miseria y la explotación es un signo de la venida del Reino. La esperanza cristiana es creadora al entrar en contacto con las realidades sociales del mundo de hoy. Pero ¿cuál es la relación entre escatología y política? Gutiérrez no tiene respuesta definitiva para este interrogante. Ve que es difícil establecer por anticipado las normas precisas que deben regir la conducta de la Iglesia, y afirma que será necesario actuar según las exigencias del momento, con las luces que ya están disponibles, y con la voluntad de ser fieles al Evangelio. Este es uno de los capítulos de la teología que se escribirán después.

Definitivamente, para Gutiérrez la misión de la Iglesia se define frente a la revolución social. No hay otra alternativa.

Sólo rechazando la pobreza y haciéndose pobre para protestar contra ella, podrá la Iglesia predicar la "pobreza espiritual", es decir, la abertura del hombre y de la historia al futuro prometido por Dios. Sólo así podrá cumplir honestamente y con posibilidades de ser escuchada, la función crítico-social que le asigna la teología política. Para la Iglesia de hoy, éste es un "test" de autenticidad de su misión.[34]

Simposio de Bogotá, marzo de 1970

Gutiérrez no asistió al encuentro de Bogotá, pero envió una exposición con el tema de "Esbozo para una teología de la liberación". En este trabajo, él afirma que su punto de partida es la América Latina dependiente. Aboga por una teología que surja de la comunidad cristiana latinoamericana, y pide que ésta reflexione en forma crítica sobre su fe, sin marginarse de la realidad social. Vuelve a insistir sobre la unidad de la historia. Se opone a establecer una división entre el mundo de la salvación y el de la historia, entre la historia sagrada y la profana. Desde el punto de vista de Dios, dice Gutiérrez, hay una sola historia. El crea a los seres humanos para que sean sus hijos. La creación presupone la salvación; ambas van juntas en el concepto de liberación.[35]

---

[34] Ibid., p. 22.

[35] *I Simposio Sobre Teología de la Liberación*, Bogotá, Colombia: Ed. Presencia, 1970.

De la Sociedad a la Teología

Fue también en 1970 que bajo este título publicó Juan Luis Segundo su recopilación de artículos que enfocan temas de la naciente teología de la liberación. Acepta Segundo la tesis de que la dependencia en el plano internacional es la causa del subdesarrollo en la América Latina y de la gran prosperidad de los países del Atlántico Norte, particularmente de los Estados Unidos de Norteamérica. Nuestros países son, de acuerdo a Segundo, los proletarios, los explotados, no los socios, en el comercio internacional. De hecho el concepto de lucha de clases se impone. Tocante a la misión de la Iglesia, Segundo concluye que la salvación tiene que estar relacionada con el acontecer histórico; la moral cristiana es social, la fe tiene una dimensión política. Por consiguiente, el cristiano debe comprometerse en el esfuerzo por el cambio social.

Con base en el evangelio, que condena la codicia, Segundo dice que es un deber cristiano rechazar el capitalismo que hace del lucro su objetivo supremo. Como el evangelio no ofrece un modelo social y político, el cristiano no tiene que defender ningún esquema y puede adoptar una actitud crítica ante cualquier sistema político para defender la dignidad del ser humano.

Segundo espera que se suprima también en la América Latina la dependencia en lo teológico; que ya no se limiten los latinoamericanos a repetir la teología europea. Es necesario traducir el mensaje cristiano para la realidad de nuestro continente. La América Latina debe oír no a Europa, sino a la Palabra de Dios.[36]

No está por demás recordar que fue en aquel mismo año, 1970, que Rubem Alves publicó en Uruguay su libro *Religión: ¿Opio o Instrumento de Liberación?* La edición inglesa había aparecido en los Estados Unidos de Norteamérica en 1969, con introducción de Harvey Cox. Ya nos hemos referido en el capítulo III a la relación del pensamiento de Alves con la teología católica de la liberación. Oliveros Maqueo, escritor católico, le dedica varias páginas al pensamiento de Alves, reconociendo que este teólogo protestante suramericano ha hecho aportaciones significativas a la teología de la liberación.[37]

Un punto de llegada

Puede decirse que en 1970 la teología católica de la liberación ya se halla sistematizada, especialmente en el pensamiento de Gustavo Gutiérrez Merino, quien hacia fines de la década anterior había llegado a formular los conceptos esenciales de su sistema teológico. En rela-

[36]Juan Luis Segundo, *De la Sociedad a la Teología*, Buenos Aires: Ed. Carlos Lohlé, 1970. Véase Oliveros Maqueo, *op. cit.*, pp. 143-55.

[37]Oliveros Maqueo, *op. cit.*, pp. 155-75.

ción con el encuentro de El Escorial, España (julio de 1972), en el que
Gutiérrez participó, Alfonso Alvarez Bolado se refiere al ahora famoso
teólogo peruano, diciendo:

> El no es simplemente un autor característico de la teología de la
> liberación. En cierto sentido es el plasmador, el formulador en
> lenguaje sencillo, expresivo y sobrio de las intuiciones funda-
> mentales de esta teología. Una teología que él no inventa, sino
> que recoge de su inmersión pastoral en los movimientos cristia-
> nos, una reflexión que ausculta la aspiración de un continente
> mayoritariamente cristiano, que toma conciencia de que la libe-
> ración de Dios no es una "hazaña palideciente" en el pasado,
> sino interpelación actual, Paso histórico del Señor (Pascua),
> llamado hacia una nueva forma de humanidad que no puede
> serlo más que tomando la responsabilidad de la transformación
> de su mundo natural e histórico. . .[38]

En contraste con otras teologías que han intentado responder a su
manera a la problemática social del hombre contemporáneo —por
ejemplo la teología existencial, la teología política, o las teologías de la
secularización y de la revolución—, Gutiérrez posee con sus compañeros de reflexión la certeza de que el punto de partida para la teología
latinoamericana tiene que ser la situación de pobreza de este continente. Asume que el análisis marxista es el más adecuado para entender esta situación; que el subdesarrollo es producto de la dependencia
económica a nivel internacional, y que el capitalismo es el culpable de
tan triste estado de cosas en la América Latina. Es indispensable, por
lo tanto, abrirle paso a un socialismo latinoamericano para los latinoamericanos, con miras a la formación de un nuevo hombre y una
nueva sociedad sin clases.

Es también convicción de Gutiérrez que hay una sola historia en la
cual Dios actúa, esperando que el hombre colabore con El para
transformarla. La salvación no está separada del proceso de transformación social. La fe tiene una dimensión política, y la Escritura apoya
que la Iglesia se involucre en el proceso de cambio social. Esta participación significa el hecho de comprometerse con los pobres en su lucha
liberadora. Frente a este compromiso se pone a prueba si la Iglesia es
en verdad auténtica.

Estas convicciones, y otras semejantes, exigen una nueva manera de
hacer teología. Ante el escándalo de la pobreza y sus causas internacionales y nacionales, se impone la necesidad de reflexionar, a la luz de la
fe, sobre la praxis, en la praxis, y desde la praxis, para escribir en el
camino del compromiso revolucionario, como un "acto segundo", los

---

[38]Alfonso Alvarez Bolado, "Introducción" a los documentos del encuentro de
El Escorial, *Fe Cristiana y Cambio Social en América Latina* (Salamanca: Ediciones
Sigueme. 1973), p. 23.

capítulos que apuntarán hacia la auténtica teología latinoamericana.

Por ser "teología del camino", hemos de decir que las obras de Gutiérrez y Hugo Assmann, ambas publicadas por vez primera en 1971, son apenas *un punto de llegada* en el peregrinaje emprendido por los teólogos católicos de la liberación. Siempre habrá en esta teología capítulos que se escribirán después, conforme los teólogos y la comunidad de fe se involucren en la praxis liberadora del pueblo latinoamericano. Gutiérrez dice:

> Pero, en última instancia, no tendremos una auténtica teología de la liberación sino cuando los oprimidos mismos puedan alzar libremente su voz y expresarse directa y creadoramente en la sociedad. Cuando ellos mismos "den cuenta de la esperanza" de que son portadores. Cuando ellos sean los gestores de su propia liberación. Por ahora será necesario limitarse a esfuerzos que deben contribuir a que ese proceso apenas iniciado se ahonde y afiance.[39]

No deja de ser significativo que Gutiérrez escriba estas palabras al final de su bien conocido libro sobre la teología de la liberación. Evidentemente, esta teología, iniciada y desarrollada bajo las influencias teológicas y sociológicas que hemos mencionado en los capítulos precedentes, no ha arribado a su meta final, y no puede hacerlo en tanto la liberación de los pobres en la América Latina sea un proceso inacabado. Todo avance en ese proceso será a la vez un nuevo punto de partida hacia la liberación total. En consecuencia, la teología de la liberación que ahora conocemos, trece años después de haber publicado Gutiérrez su famoso libro, no es definitiva, pero marca un hito importante en el camino de la teología católica latinoamericana.

---

[39]Gustavo Gutiérrez, *Teología de la Liberación* (Salamanca: Ediciones Sígueme, 1972), p. 387.

Tercera Parte

El método de la teología de la liberación

Capítulo VI

Una nueva manera de hacer teología

Ya hemos sugerido que en su reflexión los teólogos de la liberación pasan de la sociología a la política, y de ésta a la teología. ¿Cómo se efectúa este tránsito? O ¿cómo llegan a entroncar con las fuentes de la fe ("la fe objetiva de la Iglesia") los elementos provistos por el análisis sociológico de la realidad latinoamericana? O formulando la pregunta de manera más sencilla, ¿cómo se establece la relación entre este análisis sociológico y la teología? ¿Por qué los teólogos de la liberación le llaman *teología* y no *sociología* a su obra? Para responder a estas preguntas, y otras similares, es indispensable recordar que estamos ante una nueva metodología teológica, con su punto de partida, su relación especial con la teología de la Iglesia, su norma hermenéutica, y, por supuesto, su andamiaje filosófico.

El punto de partida

Hay diferencias entre los teólogos de la liberación en cuanto al enfoque que le dan a determinados temas; pero también convergen en varios puntos fundamentales, haciendo posible una evaluación general de su sistema teológico. Hay consenso, por ejemplo, en que el punto de partida es la situación latinoamericana, y la praxis histórica que tiene por objeto cambiar radicalmente esta situación. Así lo enseñan Gutiérrez, Assmann y otros teólogos de la liberación.

El "texto" es nuestra situación

Hugo Assmann dice:

> El mérito mayor de la "teología de la liberación" quizá esté en su insistencia en el punto de partida histórico de su reflexión: la situación de "América [latina] dominada"... Hay casi unanimidad en los textos hasta ahora divulgados: el punto de partida contextual de una "teología de la liberación" es la situación

125

histórica de dependencia y dominación, en que se encuentran los pueblos del tercer mundo...[1]

Para Segundo Galilea, teólogo católico chileno, lo distintivo de la teología de la liberación consiste, entre otras cosas, en que ella emerge de un contexto de subdesarrollo, en contraste con las teologías escritas a partir de sociedades superdesarrolladas. "La teología latinoamericana de la liberación se elabora en un contexto cristiano de pobreza, de dependencia, de subdesarrollo".[2]

Assmann aclara que no se pretende limitar la noción de liberación al contexto latinoamericano. Se usa este contexto como "primera referencia", pero sin olvidar que dos tercios de la humanidad se hallan básicamente en el mismo problema:

Si la situación de dependencia y dominación de dos tercios de la humanidad, con sus 30 millones anuales de muertos de hambre y desnutrición, no se convierte en el punto de partida de cualquier teología cristiana hoy, aun en los países ricos y dominadores, la teología no podrá situar y concretizar históricamente sus temas fundamentales. Pasarán al lado del hombre real.[3]

Una vez que se acepta la tesis de que el subdesarrollo no es un simple atraso económico, o primitivismo, sino una forma de dependencia, y que el desarrollismo es un fracaso, todos los cristianos, ya sea en los países subdesarrollados o en los superdesarrollados, deben adoptar una postura nueva en su reflexión teológica. De allí que aun los teólogos de los países ricos sean exhortados a tomar como punto de partida para su quehacer teológico la situación de pobreza del tercer mundo. Todos deben teologizar a favor de los países pobres, porque el subdesarrollo de estos países es fruto de la dependencia económica a nivel internacional.

Sin embargo, es necesario reconocer que para los teólogos de los países ricos el único problema no es el de la dependencia y el subdesarrollo del tercer mundo. Ellos tienen que contextualizar su teología respondiendo también a otros problemas de su propio medio social. Por ejemplo, el ateísmo contemporáneo, teórico y práctico, de la sociedad nordatlántica. Segundo Galilea percibe que el interlocutor de la teología europea es en primer lugar "el no-creyente".[4] Además hay situaciones éticas propias de una sociedad llamada "poscristiana" y

---

[1]Hugo Assmann, *Teología desde la Praxis de la Liberación* (Salamanca: Ediciones Sígueme, 1973), pp. 24,40.

[2]Segundo Galilea, *Teología de la Liberación. Ensayo de Síntesis* (Bogotá, Colombia: Indo-American Press Service, 1976), p. 17.

[3]Assmann, *op. cit.*, p. 40.

[4]Galilea, *op. cit.*, p. 17.

que no tienen relación directa con el estado de pobreza del tercer mundo, a menos que sean atribuidas a la opulencia resultante de la dependencia que sufren los países subdesarrollados. Pero no es correcto darle una explicación puramente económica a determinados problemas éticos, ya sean personales o sociales. Hay también pecados que son comunes a ricos y pobres, a opresores y oprimidos, a pueblos superdesarrollados y pueblos subdesarrollados. Por supuesto, estas consideraciones no exoneran a los teólogos del Atlántico Norte de enfocar con valentía la responsabilidad que tengan sus propios países por el subdesarrollo en el tercer mundo.

Vale la pena anotar que en una colección de sermones publicada en alemán en 1982, y en inglés en 1983, Jurgen Moltmann dice:

> Cuando el Tercer Mundo se perfila en el horizonte de nuestro conocimiento, reconocemos con mayor claridad que las frecuentemente llamadas naciones subdesarrolladas han llegado a ser las víctimas de la expansión política y económica de Europa. Y vemos también cómo ha sucedido esto. Llega también a ser más claro que nuestras naciones están viviendo a costa de los pueblos del Tercer Mundo. Y vemos *cómo* esto es así. En los cinturones de pobreza de los gigantecos centros urbanos del Tercer Mundo se está desarrollando una tragedia semejante a la de un Arichipiélago Gulag occidental. Cuando comenzamos a mirar estos hechos cara a cara, todo lo que nos queda es la conversión personal y pública, y la búsqueda de los caminos hacia una comunidad mundial más justa, o cerrar los ojos tan rápidamente como podamos, y volver el rostro a otro lado. La liberación de los oprimidos depende de nuestra conversión; y la paz mundial depende de la liberación del Tercer Mundo.[5]

También aclara Assmann que el hecho de tomar la situación histórica, concreta, como punto de partida para la reflexión sobre la fe cristiana, "no significa limitar el concepto de 'liberación' al plano económico, aunque en él estén radicadas las prioridades".[6] Lo que se busca, según Assmann y Gutiérrez, es "la creación continua de una nueva manera de ser hombre, una revolución cultural permanente".[7]

De todas maneras, el punto de partida no es el texto bíblico, sino el contexto social. Por eso dice Assmann: "El 'texto' es nuestra situación".[8]

[5]Jürgen Moltmann, *The Power of the Powerless* (San Francisco: Harper & Row, 1983), pp. 165-66.

[6]Assmann, *op. cit.*, p. 41.

[7]*Idem*. Assmann cita de Gustavo Gutiérrez, "Apuntes para una teología de la liberación", edición mimeografiada de Lima, 1970 (más completa), 17.

[8]Assmann, *op. cit.*, p. 102.

La teología como reflexión crítica

Los teólogos de la liberación toman como punto de partida para su reflexión la realidad latinoamericana, pero no sin analizarla con base en las ciencias sociales, bajo la influencia directa del pensamiento marxista.

En el primer capítulo de su *Teología de la Liberación*, Gustavo Gutiérrez examina críticamente lo que él entiende por *teología*, en contraste con las maneras clásicas de teologizar. Comienza por indicar que en todo creyente hay un esbozo de teología, un esfuerzo por entender lo que es la fe. La reflexión teológica no es, por lo tanto, un privilegio exclusivo de unos cuantos pensadores cristianos, sino la tarea de "todos aquellos que han acogido el don de la palabra de Dios". Es sobre esta base de reflexión del creyente en comunidad, "y sólo gracias a ella", que puede levantarse el edificio de la teología, "en el sentido preciso y técnico del término".[9]

La comunidad cristiana en actividad reflexiva es para Gutiérrez un punto de partida, y mucho más que esto: "es el suelo en el que la reflexión teológica hunde tenaz y permanentemente sus raíces y extrae su vigor".[10] La teología queda así desprivatizada. Se vuelve un asunto de la comunidad. Deja de ser la prerrogativa de una élite eclesiástica. Pero aquí, en la portada misma de la teología de Gutiérrez, el evangélico conservador experimenta serias inquietudes al darse cuenta de que el punto de partida y fundamento para el quehacer teológico no es la Sagrada Escritura, sino la reflexión teológica de la comunidad cristiana.

Leyendo cuidadosamente a Gutiérrez descubrimos que no es la reflexión teológica tradicional la que él espera de los cristianos, sino una teología que venga de una vida de fe que busque "ser auténtica y plena".[11] Más tarde nos dará a entender que el cristiano es auténtico y pleno cuando opta por los pobres y se compromete en la lucha por liberarlos. Además, para Gutiérrez la teología debe ser reflexión *crítica* de sí misma, de sus propias bases, y de los condicionamientos económicos y socioculturales de la vida y reflexión de la comunidad cristiana. Debe ser una crítica de la sociedad y de la Iglesia.[12] Se trata de una crítica de orden económico, social y político, como función de la teología. Solamente así puede ésta tener un punto de partida y un

---

[9]Gustavo Gutiérrez, *Teología de la Liberación. Perspectivas* (Salamanca: Ediciones Sígueme, 1972), p. 21.

[10]*Idem.*

[11]*Idem.*

[12]*Ibid.*, p. 34.

fundamento que le dan validez ante la realidad de la América Latina y del tercer mundo.

El contenido analítico de nuestra sociedad incluye, según Assmann, "la denuncia de la dominación, percepción de los mecanismos de dependencia, crítica al desarrollismo, oposición al sistema económico capitalista, ruptura con el 'injusto desorden establecido' ".[13] La teología europea, aun la de naturaleza política, no tuvo en cuenta este análisis social. Su objetivo no era responder específicamente a la problemática latinoamericana. Es una teología elaborada en la opulencia del Atlántico Norte. Se sugiere también que los teólogos de sociedades superdesarrolladas no parecían haberse hecho cargo de la reponsabilidad de sus propios países por el fenómeno del subdesarrollo en el tercer mundo.[14] Son los teólogos latinoamericanos de la liberación los que integran a su pensamiento la relación entre dependencia y subdesarrollo. Segundo Galilea dice que a diferencia de otras escuelas de teología, que se elaboran en Europa o en América del Norte, el interlocutor de la teología de la liberación "no es primariamente el no-creyente...sino el 'no-hombre', aquel que la marginación y la miseria lo mantienen en una situación sub-humana".[15]

Profundizando en el tema se descubre que la teología tradicional del Atlántico Norte se halla generalmente bajo la influencia de una filosofía que le da la precedencia a la reflexión, al elemento cognoscitivo, no a la acción. Esta teología, preocupada más con lo ortodoxia que con la ortopraxis, interesada más en la teoría que en la acción, no responde adecuadamente —piensan los teólogos de la liberación— a la problemática angustiosa del pueblo latinoamericano. Lo que urge es cambiar el mundo, no explicarlo. Es más importante el hacer que el simple hecho de conocer.

Inevitablemente, una nueva manera de hacer teología se impone, ante las exigencias de la situación en el tercer mundo y ante las limitaciones de la teología tradicional. Detrás de la nueva manera de hacer teología hay una nueva manera de filosofar, cuyo origen inmediato es evidente. Karl Marx dijo: "Los filósofos se han limitado a interpretar el mundo de distintos modos; pero de lo que se trata es de transformarlo".[16]

---

[13]Assmann, *op. cit.*, p. 42.

[14]*Ibid.*, p. 44. Pero véase también arriba la citación del libro de Moltmann, nota No. 5.

[15]Galilea, *op. cit.*, p. 17.

[16]Karl Marx, "Tesis sobre Feuerbach (1845)", *Sobre la Religión*, edición preparada por Hugo Assmann y Reyes Mate (Salamanca: Ediciones Sígueme, 1974), p. 161.

Reflexión crítica sobre la praxis
y desde la praxis liberadora

Si en el apartado anterior subrayamos el vocablo crítica, le corresponde ahora el turno a la tan llevada y traída palabra *praxis*. Por supuesto, *praxis* es de origen griego. Viene de *prasso*, obrar, ejecutar. Es de uso muy antiguo. Comentando sobre el título del libro de los Hechos, Richard J. Dillon y Joseph A. Fitzmeyer dicen que este vocablo se hallaba relacionado en la antigüedad con "un género literario helenístico que tenía por objeto narrar las hazañas de hombres eminentes (como Alejandro Magno, Aníbal, Apolonio de Tiana)".[17] En cuanto al uso de *praxis* en la teología de la liberación, salta a la vista su significado socio-político y su fuerte tonalidad marxista. Xosé Miguélez comenta: "Aunque el término praxis es una herencia griega (en castellano se ha traducido normalmente por 'práctica'), su uso técnico, no traducido, tiene una historia muy ligada en la filosofía moderna al nacimiento y desarrollo del pensamiento marxista".[18] Sin embargo, no cree Miguélez que la asimilación de esta palabra en la teología de la liberación "suponga una apropiación indiscriminada e inconsciente de la visión global marxista sobre la historia, el hombre y Dios".[19] Pero concluye su extenso estudio sobre *praxis* en Gutiérrez y Assmann diciendo que "hay un uso marxista del término, pero consciente y crítico".[20]

Gutiérrez se refiere a "las tareas clásicas de la teología": la teología como "sabiduría", de naturaleza bíblica, espiritual, pero también alejada del mundo, platónica y neoplatónica; y la teología como "saber racional", es decir la teología como una disciplina intelectual, fruto del encuentro de la fe y la razón. Ambas tareas clásicas de la teología tienen, en opinión de Gutiérrez, un valor permanente, no obstante las deformaciones que han sufrido en el correr de los siglos. La tarea teológica propuesta por Gutiérrez, o sea "la reflexión crítica de la praxis histórica a la luz de la Palabra", no reemplaza a las otras funciones de la teología; al contrario, necesita de ellas, pero las redefine, motivándolas a que tengan "más explícitamente como punto de partida y como contexto, la praxis histórica".[21]

Gutiérrez explica que la teología de la liberación "propone, tal vez

---

[17]Richard J. Dillon y Joseph A. Fitzmyer, "Hechos de los Apóstoles", *Comentario Bíblico "San Jerónimo"* (Madrid: Ediciones Cristiandad, 1972), III, 423.

[18]Xosé Miguélez, *La Teología de la Liberación y su Método* (Barcelona: Editorial Herder, 1976), p. 39.

[19]*Idem.*

[20]*Ibid.*, p. 49.

[21]Gutiérrez, *Teología de la Liberación*, pp. 22-41.

no tanto un nuevo tema para la reflexión, como *una nueva manera* de hacer teología".[22] Previamente ha dicho que hay antecedentes en los primeros siglos de la Iglesia para este tipo de reflexión. Da como ejemplo *La Ciudad de Dios*, de San Agustín. En esta obra, dice Gutiérrez, "se hace un verdadero análisis de los signos de los tiempos y de las exigencias que ellos plantean a la comunidad cristiana".[23]

De la misma manera piensa Segundo Galilea cuando afirma que la teología de la liberación no es "una nueva manera absoluta" de hacer teología, pues se inserta en la mejor tradición; pertenece a "una de las formas más tradicionales de hacer teología católica". Tiene antecedentes latinoamericanos en la obra de Francisco de Vitoria, de Bartolomé de las Casas, y de otros defensores de los amerindios en el siglo XVI.[24]

Con todo, las aclaraciones de Gutiérrez y Galilea no parecen llegar al fondo de la nueva manera de hacer teología. Con sobrada razón se ha dicho que este método es una "revolución copernicana" en el campo teológico.[25] Como ya lo hemos dicho, los teólogos de la liberación siguen la filosofía que le da el primado a la praxis. Esta recibe el calificativo de "histórica" porque se da en el plano de las realidades terrenas, en el acontecer humano.

Gutiérrez enumera varios factores que han contribuido a que se entienda la fe cristiana como un compromiso para la praxis liberadora: (1) El fecundo descubrimiento de la *caridad* como centro de la vida cristiana; (2) la evolución significativa de *la espiritualidad cristiana* hacia una síntesis fructífera entre contemplación y acción; (3) la mayor sensibilidad a los *aspectos antropológicos* de la revelación: ahora se ve al hombre como protagonista en la transformación de la historia; (4) *el nuevo énfasis* filosófico en la acción humana como punto de partida de toda reflexión, y (5) el redescubrimiento de la *dimensión escatológica* en la teología, lo cual ha destacado el papel central de la praxis histórica. Construyendo la historia, como tarea política, "el hombre se orienta y se abre al don que da sentido último a la historia: el encuentro definitivo y pleno con el Señor y con los demás hombres".[26]

En cuanto a lo filosófico, Gutiérrez reconoce que su concepto de praxis se halla bajo "la influencia del *pensamiento marxista* centrado en

[22]*Ibid.*, p. 40.

[23]*Ibid.*, p. 26.

[24]Galilea, *op. cit.*, pp. 16-17.

[25]El teólogo yugoslavo Miroslav Volf desarrolla este tema en "Doing and interpreting: an examination of the relationship between theory and practice in Latin American theology", *Themelios*, England, April 1983, Vol. 8, No. 3.

[26]Gutiérrez, *op. cit.*, pp. 27-34.

la praxis, dirigido a la transformación del mundo".[27] Más adelante, Gutiérrez dirá que en Marx se da una "ruptura epistemológica", según la cual el conocer se halla "indisolublemente ligado a la transformación del mundo por medio del trabajo".[28] Gutiérrez parece estar de acuerdo con Sartre en cuanto a que "el marxismo, como marco formal de todo pensamiento filosófico de hoy, no es superable".[29] Ve que estimulado por el marxismo el pensamiento teológico "se orienta hacia una reflexión sobre el sentido de la transformación de este mundo y sobre la acción del hombre en la historia".[30]

Segundo Galilea dice que hay tres tendencias en la teología de la liberación. La primera de ellas parte de la idea bíblica de liberación. Las otras dos tendencias tienen un método más interdisciplinar. Dentro de este método, la primera tendencia "da más importancia al alma cultural del pueblo latinoamericano, a su proceso histórico (desde la conquista) de opresión-liberación; a la religiosidad popular como factor importante de la liberación". En la tercera tendencia "se dan coincidencias con algunos elementos del análisis marxista, a juicio de ellos legítimamente, pues son aquellos elementos que están aceptados por la sociología y la economía contemporánea como aportes válidos".[31] Hay una cuarta tendencia que por su sujeción al marxismo se acerca más a una "ideología de la liberación" que a una teología. Dice Galilea que lo que "algunos críticos presentan como la teología de la liberación predominante en la América Latina, es precisamente esta corriente que no tiene crédito teológico".[32] Llamarle marxistas a los teólogos de la tercera tendencia es para Galilea señal de ignorancia. Pero él no parece llegar en su análisis a la influencia filosófica marxista en esta tendencia dentro de la teología de la liberación.

El resultado evidente de dicha influencia filosófica es que para Gutiérrez *el punto de partida* de la reflexión teológica no es solamente la sociedad latinoamericana analizada por las ciencias sociales, ni tan sólo la reflexión teológica que busca responder teóricamente a los interrogantes del hombre latinoamericano, sino la praxis misma, el esfuerzo por transformar las estructuras sociales. De esta manera, la teología de la liberación es más una reflexión *desde* la praxis revolucionaria que una reflexión *sobre* esta praxis. Bien hizo Assmann en titular la edición salmantina de su libro, *Teología desde la Praxis de la Liberación*.

[27]*Ibid.*, pp. 31-32.

[28]*Ibid.*, p. 57.

[29]*Ibid.*, p. 32.

[30]*Idem.*

[31]Galilea, *op. cit.*, p. 27.

[32]*Ibid.*, p. 28.

Gutiérrez dice con claridad meridiana:

Reflexionar a partir de la praxis histórica liberadora, es reflexionar con vistas a una acción transformadora del presente. Pero es hacerlo no a partir de un gabinete sino echando raíces, allí donde late, en este momento, el pulso de la historia, o iluminando con la palabra del Señor de la historia que se comprometió irreversiblemente con el hoy del devenir de la humanidad, para llevarlo a su pleno cumplimiento.[33]

En el pensamiento de Gutiérrez, el punto de partida de una reflexión teológica es "la presencia y el actuar de la iglesia en el mundo".[34] La teología es producto de la pastoral. Lo que viene primero es el compromiso de amor en el servicio. "La teología viene *después*, es acto segundo".[35] La praxis precede a la reflexión. Valiéndose del concepto hegeliano de la filosofía, Gutiérrez piensa que también de la teología puede decirse que "sólo se levanta al crepúsculo",[36] al final del día dedicado a la acción. La teología tiene que surgir de la praxis histórica liberadora. Esta es en definitiva el punto de partida del quehacer teológico. El teólogo tiene que estar inmerso en la lucha transformadora, y pronunciar desde allí su mensaje. Muy lejos están los teólogos de la liberación de tomar las Sagradas Escrituras como punto de partida para su quehacer teológico.

¿Sociología o teología?

La teología de la liberación no consiste solamente en un análisis crítico, sociológico, de la situación latinoamericana. Incluye mucho más que una descripción de nuestra realidad económica, social y política. Como hemos apuntado arriba, aun en el plano filosófico el énfasis cae en la acción, en la praxis, no en el saber mismo. Es una filosofía de la acción transformadora de la sociedad. Se trata de cambiar la situación de pobreza y subdesarrollo. Es más, los teólogos de la liberación no se detienen en lo meramente filosófico y sociológico. De haberlo hecho así su obra tendría como título filosofía o sociología, no *teología*, de la liberación. Pero ellos procuran teologizar, teniendo como punto de partida la situación latinoamericana, analizada por las ciencias sociales, y respondiendo a esta situación con una nueva manera de hacer teología.

De hecho, la palabra *teología* significa, etimológicamente, "el dis-

[33]Gutiérrez, *op. cit.*, p. 40.

[34]*Ibid.*, p. 30.

[35]*Ibid.*, p. 35.

[36]*Idem.*

curso tocante a Dios''. En círculos académicos se reconoce que hay una variedad de teologías en la cristiandad. También se sobreentiende que desde el punto de vista del evangélico conservador, hay teología bíblica y teologías abíblicas, o antibíblicas. Pero es llamativo que a todas ellas —falsas o verdaderas— se les llama teologías. Recibe este nombre aun la "*teología liberal*", la cual ha sido el enemigo número uno del evangelicalismo conservador. De manera que puede hablarse de un consenso entre nosotros con respecto al uso de la palabra *teología*. A la luz de estas consideraciones no hay razón para decir que la teología de la liberación es solamente sociología, y no teología, como tampoco la hay para afirmar que al pensamiento liberal no debemos llamarle *teología*, sino filosofía. Por supuesto, queda todavía por determinarse si la teología católica de la liberación, aquí bajo estudio, se ajusta o no a las enseñanzas de las Escrituras.

Hugo Assmann responde a la objeción de "sociologización de la teología" diciendo que es un sueño imposible eso de forjar una teología que no tome en cuenta el análisis de la realidad a través de las ciencias humanas como punto de partida. Y añade:

> Este sueño del purismo teológico, se quiebra al contacto con la propia Biblia, porque tampoco la exégesis se puede dispensar del recurso a las ciencias humanas para interrogar el texto bíblico. Y cuando lo hace sin suficiente recurso a las ciencias humanas se le escapan no sólo los verdaderos desafíos contenidos en la Biblia, sino lo que es más grave, no sabe hacer hablar el texto bíblico al problematizado hombre de hoy.[37]

Sin embargo, Assmann se pregunta también si la reflexión crítica sobre la praxis histórica es teología. Admite que en este terreno hay muchas cosas que "precisan ser todavía ulteriormente aclaradas", pero concluye:

> Una reflexión crítica sobre la praxis histórica de los hombres será teológica en la medida en que ausculte en esta praxis la presencia de la fe cristiana. Esto es lo que distingue la teología de las demás posibilidades de reflexionar críticamente sobre la misma praxis. Cuando esta referencia a la pregunta sobre el sentido de fe de esta praxis estuviere enteramente descartada, no hay teología. En este sentido el "a la luz de la fe", "a la luz de la revelación". . .es la nota distintiva de la reflexión teológica.[38]

Por su parte, Gustavo Gutiérrez declara que la reflexión a la luz de la fe debe acompañar constantemente al actuar pastoral de la iglesia. Esto por dos razones fundamentales. La teología relativiza las realizaciones históricas. Por ejemplo, no le da carácter absoluto a una revolución,

---

[37]Assmann, *op. cit.*, p. 51.

[38]*Ibid.*, pp. 49-50.

por muy popular que ésta sea. Al relativizar una realización histórica, la teología "contribuye a que la sociedad y la iglesia no se instalen en lo que no es sino provisorio".[39] Siempre hay más terreno que conquistar; ningún logro en la actualidad es completo, permanente y absoluto. Por lo tanto, la teología se halla en contraste con "la ideología racionalizadora y justificadora de un determinado orden social y eclesial".[40]

En segundo lugar, el hecho de recordar las fuentes de la revelación coadyuva a orientar la acción pastoral, poniéndola en un contexto más amplio, y dándole su aporte para que no caiga en el activismo y en el inmediatismo. La teología cumple así una función liberadora, evitando todo fetichismo e idolatría.[41]

El esquema de Gutiérrez puede parecer atrayente para una relación fructífera entre la teología y las ciencias sociales, y para una praxis revolucionaria en la que la Iglesia mantenga su reserva crítica con base en la revelación. Pero, como dice el bien conocido refrán, "del dicho al hecho hay un gran trecho". En el encuentro teológico celebrado en El Escorial (julio de 1972), donde estuvieron presentes varios teólogos latinoamericanos de la liberación, José Míguez Bonino se refirió al radicalismo de ISAL, que acabó por exigir el sometimiento de la fe a la ideología, y de la praxis eclesial a la política. Míguez Bonino ve el gran peligro de que al descender la fe cristiana al plano de lo estratégico y táctico pierda su contenido teológico y caiga en el sectarismo de una ideología.[42] Este problema es real e ineludible.

Pero volviendo a nuestra evaluación de la nueva manera de hacer teología, y en relación con el aporte de la teología a la praxis revolucionaria, tenemos que preguntar qué significan para los teólogos católicos de la liberación expresiones como "la palabra de Dios", "el evangelio", "a la luz de la fe", "las fuentes de la revelación", y otras semejantes. Ante todo es necesario recordar que el concepto católico de revelación es mucho más amplio que el del protestantismo. En la enseñanza católica, la revelación normativa para la Iglesia incluye la Tradición, no solamente el texto de las Sagradas Escrituras, las cuales según el catolicismo tienen más de sesenta y seis libros. Esta idea de revelación ya es en sí un serio problema para el diálogo entre el teólogo católico de la liberación y el evangélico conservador.

Además, es necesario preguntarse qué concepto tienen de las Escri-

---

[39]Gutiérrez, *op. cit.*, p. 36.

[40]*Idem.*

[41]*Idem.*

[42]José Míguez Bonino, "Visión del cambio social y sus tareas desde las iglesias cristianas no-católicas", *Fe Cristiana y Cambio Social en América Latina*, Encuentro de El Escorial, 1972 (Salamanca: Ediciones Sígueme, 1973), pp. 201-202.

turas mismas los teólogos católicos de la liberación; qué piensan ellos de la inspiración y autoridad bíblicas. Es de sobra conocido que, por ejemplo, el concepto de inspiración bíblica del Vaticano II no es tan elevado como el de los evangélicos conservadores. Los teólogos católicos de vanguardia parecen estar más dispuestos a someterse a los dictados de la crítica racionalista que a la autoridad de la Biblia. Después de todo, las Escrituras van perdiendo más y más su carácter absoluto ante la mirada de no pocos teólogos contemporáneos. Dennis P. McCann, teólogo católico, comenta que para los teólogos de la liberación la lectura que la Iglesia hace de la Biblia está sujeta a las vicisitudes de la historia. El significado bíblico es siempre relativo, depende del contexto social.[43]

En cuanto a la manera en que los teólogos de la liberación usan la Biblia, comentaremos más adelante. Es un hecho que ellos han procurado relacionar su reflexión filosófica y sociológica con el contenido de su fe. Ya hemos visto, en el apartado anterior, que Gutiérrez cree hallar en la teología de la Iglesia y en el texto mismo de las Escrituras elementos que, según él, han contribuido a formar la idea de una praxis histórica liberadora. Son varios los factores bíblicos de los cuales echan mano los teólogos de la liberación para justificar su reflexión crítica sobre la praxis histórica. Este uso de las Escrituras es parte de la nueva manera de hacer teología.

Como ejemplos de elementos bíblicos incorporados en la teología de la liberación pueden citarse la creación, el éxodo, la denuncia profética, las implicaciones políticas del ministerio de Jesús, y las promesas escatológicas. Estos elementos de la revelación bíblica sirven, interpretados a la manera ''liberacionista'', como un puente de unión entre la teología y la reflexión crítica que dice basarse en las ciencias humanas. Ya hemos hablado del lugar que en esta síntesis ocupa el marxismo, con su análisis de la sociedad, y, fundamentalmente, con su filosofía de la praxis para el cambio social.

La crítica exegética del uso que los teólogos de la liberación hacen de las Escrituras es tema aparte. Por el momento sólo hemos querido mostrar cómo intentan ellos hacer una síntesis de ideología y teología en el nuevo método para el quehacer teológico. Como resultado de este método, la teología queda supeditada a la sociología y a la praxis liberadora.

El criterio hermenéutico

Llegamos ahora a lo que desde el punto de vista hermenéutico podemos llamar el meollo de la teología de la liberación. Hemos

---

[43]Dennis McCann, *Christian Realism and Liberation Theology. Practical Theologies in Creative Conflict* (Maryknoll, New York: Orbis, 1981), p. 159.

establecido, con base en declaraciones de representantes de esta teología, que para ellos el punto de partida de su reflexión es el contexto latinoamericano, y, más que todo, la praxis para el cambio social. También hemos visto que la reflexión de los teólogos de la liberación sobre la Iglesia y la sociedad, y sobre la praxis histórica liberadora, es *crítica*, porque se basa en las ciencias sociales, y especialmente en el análisis sociológico que viene de Marx. Pero la reflexión se lleva a cabo también a la luz de la fe, o sea a la luz de las Escrituras y de las enseñanzas de la Iglesia Católica Romana. Tales son básicamente los elementos que entran en la nueva manera de hacer teología: la situación social, el análisis crítico, "científico", de esta situación, la praxis para el cambio social, y el aporte de la teología católica romana.

Surgen ahora varias preguntas críticas. Por ejemplo: ¿cuál es el criterio que determina si la teología es correcta, o si la praxis va por el camino que debe seguir, o si la lucha social está sirviendo en verdad los intereses de la justicia, en favor de los oprimidos? ¿Quién tiene la última palabra? ¿Dónde está la norma para la correcta interpretación del texto bíblico? En el intento de responder a estas preguntas, veremos lo que algunos teólogos de la liberación dicen sobre el criterio hermenéutico.

Gustavo Gutiérrez: La teología: "acto segundo"

Nos ha dicho Gustavo Gutiérrez que la teología tiene una función liberadora en su estrecha relación con la praxis histórica. Pero cuando él habla de "teología" no tiene en mente la *ortodoxia* "que no es, a menudo, sino fidelidad a una tradición caduca o a una interpretación discutible".[44] No está pensando Gutiérrez en una teología "que no tenga más puntos de referencia que 'verdades' establecidas de una vez por todas".[45] Esta teología "sólo puede ser estática y, a la larga, estéril".[46] Gutiérrez clama por la teología que es "inteligencia progresiva y, en cierta forma, variable"; la verdad "que es también camino".[47] O sea lo que expresan unos versos que se han hecho muy populares: "Caminante, no hay camino; se hace camino al andar".

Gutiérrez parece citar con aprobación las siguientes palabras de J. B. Metz: "El llamado problema hermenéutico fundamental de la teología no es en realidad entre teología sistemática y teología histórica, entre dogma e historia, sino la relación entre la teoría y la práctica, entre la

---

[44]Gutiérrez, *op. cit.*, p. 33.

[45]*Ibid.*, p. 37.

[46]*Ibid.*, p. 37.

[47]*Ibid.*, pp. 36-37.

inteligencia de la fe y la práctica social".[48] También está de acuerdo Gutiérrez con el principio hermenéutico de E. Schillebeeckx: "La hermenéutica del reino de Dios consiste sobre todo en hacer que el mundo sea mejor. Solamente así podrá descubrir lo que significan estas palabras: el reino de Dios".[49] La conclusión de Gutiérrez es inevitable: "En última instancia, en efecto, la verdadera interpretación del sentido desvelado por la teología se da en la praxis histórica".[50] Esta praxis es al final de cuentas el criterio hermenéutico, aun para entender el significado de la teología, lo cual incluye también a las Escrituras. Tal es la "hermenéutica política del evangelio".[51] La reflexión crítica sobre la praxis es teológica cuando detecta en esta praxis liberadora la presencia de la fe cristiana. Gutiérrez no entra en muchos detalles en cuanto a su método hermenéutico; pero puede decirse que él no es tan radical como otros teólogos de la liberación en su actitud hacia las Escrituras.

En el artículo titulado "¿Un nuevo Gutiérrez?", el Dr. C. René Padilla comenta brevemente la exposición que Gustavo Gutiérrez hizo en unas jornadas teológicas realizadas en Lima, Perú, en febrero de 1981. Dice Padilla que en este opúsculo hay elementos que parecen sugerir que "el teólogo peruano ha hecho las paces con una definición tradicional de la teología", sin negar "la prioridad que Gutiérrez quiere dar a la experiencia cristiana en relación a la reflexión teológica, ni su rechazo de las categorías racionalistas de la teología tradicional".[52]

Teniendo en cuenta que según Gutiérrez la reflexión teológica debe ser teología del camino, progresiva, variable, inacabada, abierta siempre a nuevos logros, es de esperarse que él mismo haga ajustes, o cambios, en su obra. Mucho mejor si los hace en dirección de la autoridad de las Escrituras, y no meramente en la búsqueda de una actitud contemplativa que reforzaría a la praxis liberadora, dejando siempre a la teología como "acto segundo". Pero vale la pena seguir enterándonos de lo que dicen o escriben los teólogos de la liberación. Gutiérrez dijo en 1970 que "hay capítulos de la teología que sólo se

---

[48]*Ibid.*, p. 292. Gutiérrez está citando de J. B. Metz, *Teología del Mundo* (Salamanca: Ediciones Sígueme, 1971), p. 146.

[49]*Ibid.*, p. 38.

[50]*Ibid.*, p. 38.

[51]*Ibid.*, p. 38.

[52]C. René Padilla, "¿Un nuevo Gutiérrez?" *Misión*, Buenos Aires, Argentina, abril-junio de 1983, p. 21.

escribirán después".[53] Estemos atentos a la publicación de esos capítulos.

Segundo Galilea opina que en la reflexión de los teólogos de la liberación más representativos la praxis liberadora no es un criterio teológico autónomo, independiente de la Palabra de Dios. Dice que "se hace teología de la liberación al interpretar, profundizar, criticar, purificar toda praxis de liberación (que puede ser ambigua, que puede degradarse) al confrontarla con los valores objetivos de la fe que nos transmite la iglesia".[54]

Lamentablemente lo que hemos descubierto en Gutiérrez es que en última instancia la praxis histórica liberadora determina el significado de la teología. Lo mismo ocurre con otros teólogos de la liberación, entre quienes hay unos más radicales que otros.

Hugo Assmann: La Teología: "palabra segunda"

No puede depender Assmann del texto bíblico para usarlo como criterio hermenéutico. La revelación misma no existe para él como realidad o criterio en sí misma, sino históricamente mediatizada. La Biblia no es "un texto directo de criterios". Su texto, dice Assmann, nos ha llegado "formado, deformado, reformado y nuevamente deformado por la historia concreta del cristianismo".[55] Ya hemos citado antes lo que Assmann dice sobre la imposibilidad de alcanzar un purismo teológico, debido al hecho de que son indispensables las ciencias humanas para interrogar al texto bíblico, conocer sus desafíos, y responder a los problemas del hombre de hoy.[56]

No le bastan a Assmann los "criterios puramente teológicos" para la reflexión crítica sobre la praxis, si por estos criterios se entienden aquellos que vienen únicamente "de las supuestas fuentes exclusivas de la teología".[57] La referencia a la fe y a sus testimonios históricos tampoco basta, en opinión de Assmann, para distinguir una buena

---

[53]Gustavo Gutiérrez, *Teología de la Liberación*, p. 351. "Apuntes para una teología de la liberación", *Cristianismo y Sociedad*, Montevideo, Uruguay, 1970, 3a y 4a entregas, p. 19.

En su nuevo libro, titulado *Beber de su propio pozo*, Gutiérrez añade la espiritualidad a la praxis como fuente de la teología: "El hablar sobre Dios (teo-logía) viene después del silencio de la oración y el compromiso. La teología será un hablar constantemente enriquecido por un callar... Nuestra metodología es, a decir verdad, nuestra espiritualidad" (Lima, Perú: Centro de Estudios y Publicaciones, 1983), págs. 191-82. No le da aún la supremacía a las Escrituras.

[54]Segundo Galilea, *op. cit.*, p. 22.

[55]Assmann, *op. cit.*, p. 48.

[56]*Ibid.*, p. 51.

[57]*Ibid.*, p. 51.

teología de otra menos buena.[58] Ni la exégesis bíblica puede ser el criterio hermenéutico: "Ya no nos bastan las perspectivas usuales de los exegetas que 'trabajan sobre el texto sagrado', porque nosotros queremos 'trabajar la realidad de hoy' ".[59] Además de la nota distintiva de la teología ("a la luz de la fe") es indispensable tener en cuenta "criterios de validez histórica de la praxis, como praxis liberadora, que implican el recurso a las ciencias humanas".[60] Bíblicamente, dice Assmann, ningún mensaje es verdadero si no se "hace verdad" en la praxis.[61] Dicho de otro modo, el mensaje depende de la praxis para ser verdadero. No cree Assmann en una verdad que existe "en sí", independiente de la acción humana.[62] Rechaza el dogmatismo, el "autoritarismo" y el "reaccionarismo". Prefiere hablar de la "praxis como fe". En relación con el conocido tema de ortodoxia u ortopraxis, Assmann dice: "Que la fe debe ser entendida fundamentalmente como praxis, en el sentido denso de praxis histórica y no simplemente en el de práctica religiosa, vuelve a ser afirmado cada vez más en la teología contemporánea".[63]

La supremacía de la praxis histórica sobre la teología, y aun sobre la Biblia, es notoria en el pensamiento de Assmann. Pero él también dice que es indispensable tener en cuenta el recurso de las ciencias humanas en la reflexión crítica sobre la praxis. La expresión "a la luz de la fe" puede ser la nota distintiva, o típica, de la reflexión teológica, pero no la referencia exclusiva:

> La "teología de la liberación" da un paso decisivo hacia el encuentro con las ciencias humanas, al admitir que el dato concreto de la praxis, sobre el cual estas ciencias humanas tienen la primera palabra, es su referencia fundamental, su punto de partida contextual.

> Se podría decir que la "teología de la liberación", al definirse como reflexión crítica a partir de la interioridad de la praxis liberadora, no sólo se entiende como "acto segundo" en relación al "acto primero" de la praxis, sino también como "palabra segunda" en relación a la "palabra primera" de las ciencias humanas. Con tal que no se interprete eso como presunción

[58]*Ibid.*, p. 52.

[59]*Ibid.*, p. 102.

[60]*Ibid.*, p. 52.

[61]*Ibid.*, p. 52.

[62]*Ibid.*, p. 66.

[63]*Ibid.*, p. 70.

totalizadora de la teología, como si ella se arrogase la "última palabra".[64]

Para Hugo Assmann no existe el "purismo teológico". La teología debe ser humilde y evitar "los antiguos vicios de omnisciencia y de 'última palabra', tan estructuralmente enraizados en las categorías clásicas de la teología".[65] Está bien que el cristiano devoto diga que la teología es "la última palabra"; pero esta afirmación sería peligrosa, según Assmann, en términos de metodología teológica, porque el hábito de la teología ha sido el de escuchar poco a las ciencias humanas.

Assmann quiere darle a estas ciencias su debido lugar en la reflexión teológica. Pero ¿son ellas el criterio final? La respuesta no puede ser afirmativa, dado el carácter limitado, aunque progresivo, de toda ciencia. Assmann reconoce que los instrumentos científicos no pueden medir "el más profundo contenido liberador" de la praxis: "Hay un límite en todos los criterios de cuantificación y cualificación, no sólo por su provisoriedad de 'hipótesis' y 'sospechas', sino por la calidad de lo analizado: la acción humana".[66] Es claro que también la teología "sólo puede lanzar hipótesis sobre la última dimensión humana de la acción".[67]

Es necesario tener en cuenta que Assmann no sólo reconoce las limitaciones de las ciencias humanas. También ve con desconfianza a los instrumentos científicos de análisis, porque "ocultan fácilmente predecisiones ideológicas".[68] Consecuentemente, tampoco bastan las ciencias humanas como criterio para la reflexión teológica. Le queda a Assmann solamente la praxis histórica como norma de la verdad. Tiene que ser imperativo dignificar la *opción política* en cualquier esfuerzo por interpretar una situación histórica. Pero esta opción política tiene también que ser liberada de su ocupación y dominación ideológica. Hay que esforzarse por liberar los criterios y "conjugar poco a poco los elementos de interpretación de la realidad con el descubrimiento de criterios referenciales en la experiencia del judeocristianismo".[69] La praxis es todavía suprema, pero también relativa, desconocida en su última dimensión humana. Assmann dice que ante la imposibilidad de conocer analíticamente esta dimensión, es necesa-

[64]*Ibid.*, p. 50.

[65]*Ibid.*, p. 74.

[66]*Ibid.*, p. 75.

[67]*Ibid.*, p. 75.

[68]*Ibid.*, p. 102.

[69]*Idem.*

rio rescatar la pregunta "por la eficacia misteriosa del amor dentro de la complejidad de los aspectos de la praxis...esta pregunta sobre el amor, es la última raíz de la pregunta sobre la eficacia política liberadora de la acción humana".[70] Sin embargo, también el amor puede ser muy subjetivo y relativo, aparte de la revelación objetiva de la Palabra de Dios.

Assmann señala que hay dos lagunas teológicas fundamentales en la teología de la liberación: la laguna cristológica y la laguna hermenéutica. Evidentemente, no ha podido él llenar ninguna de ellas en el libro que hemos venido citando. En la obra de Assmann parece suceder lo que Juan Gutiérrez llama "la evaporación de la teología".[71]

Jon Sobrino: Teología del seguimiento de Jesús

Jon Sobrino, jesuita español radicado en El Salvador, ha escrito una cristología que juntamente con la obra de Leonardo Boff, *Jesucristo Libertador*, ha venido a llenar en cierto modo el vacío cristológico que le preocupaba a Hugo Assmann. En contraste con Assmann, Sobrino se acerca con ánimo exegético al texto bíblico para contribuir al desarrollo de la teología desde la praxis liberadora en América Latina. Intenta darle arraigo neotestamentario a su cristología, defendiendo la tesis del seguimiento como condición para conocer a Jesús; o sea que sólo desde la praxis cristiana es posible acercarnos al Cristo. La praxis prevalece sobre la ortodoxia. Jesús mismo, indica Sobrino, anatematizó la ortodoxia abstracta, oponiéndola a la praxis. La ortodoxia concreta es expresión de la praxis.

Que Cristo sea el camino al Padre sólo tiene sentido recorriendo ese camino... Por lo tanto, aun vista desde la misma ortodoxia, ésta es imposible sin una praxis, pues al hacerse concreta y cristiana, la ortodoxia sólo es posible desde una determinada praxis... Visto desde la misma praxis es evidente la supremacía última que ésta tiene sobre la misma ortodoxia. Es evidente en el caso del Jesús histórico que no exige decir: "Señor, señor", sino hacer la voluntad del Padre... Esta afirmación se deriva también de la esencia de la revelación cristiana y no meramente de una consideración natural sobre la supremacía de la acción sobre el conocimiento. En efecto, lo que acaece en la revelación de Dios no es un saber sobre Dios, una doctrina, sino la manifestación de una acción de Dios, es decir, del amor histórico e historizado de Dios. La existencia del cristiano, considerada teológicamente,

---

[70]*Ibid.*, p. 75.

[71]Juan Gutiérrez G., *Teología de la Liberación. Evaporación de la Teología*, México: Ediciones Jus, S.A., 1975.

no consiste en saber sobre ese amor, sino en recibirlo y comunicarlo, a lo cual está subordinado, aunque no despreciado el saber.[72]

Sobrino se esfuerza por demostrar la supremacía de la praxis cristiana con base en las Escrituras. Indica que no solamente en el plano natural (como en el caso del marxismo) la praxis es suprema sobre el saber. Esto sucede también en el Nuevo Testamento. El "problema hermenéutico" relacionado con la resurrección de Jesús lo resuelve Sobrino diciendo:

> Comprender hoy la resurrección de Jesús presupone entonces una esperanza radical en el futuro, una conciencia histórica que capte la historia como promesa y como misión, y una praxis determinada, que no es otra cosa que el seguimiento de Jesús... Esta última condición parece ser la más necesaria, pues es la praxis por amor la que concretiza la esperanza cristiana como contra esperanza, y porque el amor es lo único que abre historia.[73]

El cristiano evangélico se esfuerza por comprender la resurrección de Jesús a partir del texto revelado. Por otra parte, ningún cristiano evangélico negaría la necesidad de manifestar la fe por medio de las buenas obras. Debe haber ciertamente en la vida cristiana una práctica de la fe y del amor que esté en armonía con el conocimiento de la palabra de Dios. Pero esto es muy diferente a sugerir que hay un orden jerárquico según el cual la praxis es suprema. Según la doctrina evangélica, la conducta cristiana tiene su norma en la revelación objetiva de las Sagradas Escrituras. En este sentido, el cristiano tiene que saber ciertos principios antes de actuar. La fe y la obediencia, por ejemplo, son respuesta a la revelación que en la Biblia Dios ha hecho de sí mismo y de sus obras. Ya existe un objeto de fe y obediencia. De otra manera no sabríamos qué creer, ni qué obedecer.

La fe, la obediencia, el amor y el conocimiento se hallan estrechamente relacionados entre sí en el Nuevo Testamento. Puede decirse que en cierto modo ninguno de estos elementos está completo en sí mismo. Se necesitan unos a otros. El orden en que se describe esta relación en el Nuevo Testamento puede variar. Por ejemplo, en Juan 14:15 el amor precede a la obediencia: "Si me amáis, guardad mis mandamientos". En Efesios 3:17 el amor es condición previa al conocimiento. Bien conocido es que Santiago enseña en su Epístola que la fe auténtica es aquella que produce obras (2:14-26). En Juan 7:17, el Señor Jesucristo dice: "El que quiera hacer la voluntad de Dios,

---

[72] Jon Sobrino, *Cristología desde América Latina*. Esbozo a partir del seguimiento de Jesús histórico (México: Ediciones CRT, 1977), pp. 334-35.

[73] *Ibid.*, p. 326.

conocerá si la doctrina es de Dios, o si yo hablo por mi propia cuenta''. Según este texto, la obediencia (la voluntad de hacer la voluntad divina) precede al conocimiento. William Hendriksen comenta:

> Ante estas varias y (a primera vista) aparentemente (aunque no en realidad) representaciones conflictivas, la única conclusión lógica es la siguiente: cuando hablamos de *conocimiento, amor* y *obediencia,* no estamos pensando en tres experiencias separadas unas de otras, sino en una sola y abarcadora experiencia en la cual las tres se hallan unidas en tal forma que cada una de ellas hace su aporte, y todas cooperan para la salvación del hombre y la gloria de Dios. Esta es una experiencia *personal.* En consecuencia, no podemos hablar más de la primacía del intelecto, o de la primacía de las emociones, o de la primacía de la voluntad, sino de la primacía de la soberana gracia de Dios quien influye en la personalidad y la transforma para la gloria de Él.[74]

Podemos agregar que tampoco es posible hablar, con base en el Nuevo Testamento, de la primacía de la praxis cristiana con respecto al conocimiento; ni mucho menos afirmar que la teología debe ser producto de la praxis cristiana, como un "acto segundo" que sigue a la acción.

En Juan 7:17 de lo que se trata es de conocer no tanto la enseñanza misma como su origen. A menos que los oyentes de Jesús estuvieran dispuestos a someterse a la voluntad divina, no llegarían a conocer si la enseñanza venía de Él mismo o del Padre. Jesús ya les había hablado. No era asunto de producir revelación, sino de creerla. A nosotros la revelación ya nos ha sido entregada en las Escrituras. La existencia de esta revelación no depende de nuestra respuesta a ella. A la vez reconocemos que nos es imposible crecer como debiéramos en el conocimiento de la revelación escrita si no estamos dispuestos a obedecerla. Pero en todo caso nuestra responsabilidad es someter la praxis a la Palabra, en lugar de darle la supremacía a la praxis.

El énfasis de Sobrino sobre la praxis puede ser positivo, en tanto que nos recuerda que la teología correcta debe ir acompañada de una conducta correcta. Es imperativo mantener el equilibrio entre el conocer y el hacer, entre teoría y práctica. Además, tenemos que admitir que nuestra hermenéutica sí puede ser influida por nuestra manera de vivir, o de pensar. No llegamos "químicamente puros" al texto bíblico para interpretarlo. Podemos acercanos a él con una manera previa de entenderlo. No es fácil reconocer nuestros propios prejuicios personales, teológicos, eclesiásticos y políticos; mucho más difícil es abandonarlos ante la majestad de la revelación de Dios. Pero esta realidad tan humana y abrumadora no es excusa válida para

---

[74]William Hendriksen, *The Gospel of John* (Grand Rapids, Michigan: Baker Book House, 1979), II, 11.

abandonar la convicción de que Dios ha hablado y nos habla por medio de las Sagradas Escrituras, y que esta revelación escrita es la máxima autoridad en todo asunto de fe y práctica. El principio de *sola Scriptura* no ha perdido para nosotros su vigencia. Reconocemos la seriedad de los problemas hermenéuticos, pero no creemos que la solución de ellos se encuentra en el hecho de exaltar la praxis cristiana sobre lo que Dios nos ha revelado.

José Porfirio Miranda: El Método Dialéctico

La carencia de exégesis en Hugo Assmann es compensada en cierta forma por el teólogo católico mexicano José Porfirio Miranda, quien publicó *Marx y la Biblia: Crítica a la Filosofía de la Opresión* en 1970 (edición mexicana), y luego en Salamanca, 1972. Como el título se puede prestar a equívocos, Miranda advierte que su propósito no es buscar paralelismos entre Marx y la Biblia, sino simplemente entender la Biblia sin pasar por alto las coincidencias que surjan con Marx en el camino de la investigación. Asegura que su método es "el de la exégesis más rigurosa y científica".[75] El teólogo católico español J. I. González Faus enfoca la obra de Miranda como si se titulara: "El Capitalismo y la Biblia".[76]

A la base de la obra de Miranda se halla la tesis de que la Biblia denuncia en forma devastadora la sociedad capitalista occidental. Esta sería la coincidencia fundamental entre Marx y la Biblia: "Lo que Marx critica de la ciencia occidental es lo mismo que hoy le impide a ésta ponerse en cuestión a sí misma ante el hecho, por ella constatado, de que Marx coincide en gran medida con la Biblia".[77]

De acuerdo a Miranda, la raíz del capitalismo ya estaba "en la filosofía occidental y griega que después se diversificó en múltiples ciencias especializadas".[78] Es la filosofía del poder, del saber como dominación, que capta la realidad "solamente bajo forma de objeto de contemplación",[79] sin cuestionar al sujeto que adquiere el conocimiento. El hombre mismo llega a ser objeto de observación y manipulación. Miranda dice: "De hecho la filosofía griega nació para neutralizar la realidad y evitar que nos inquiete; reducirla a un cosmos en que

---

[75]José P. Miranda, *Marx y la Biblia. Crítica a la filosofía de la opresión* (Salamanca: Ediciones Sígueme, 1975), p. 16.

[76]J. I. González Faus, "La Teología Latinoamericana de la Liberación", *Actualidad Bibliográfica*, Barcelona, 1973, 360.

[77]Miranda, *op. cit.*, p. 17.

[78]*Ibid.*, p. 18.

[79]*Idem.* Miranda está citando palabras de Karl Marx.

todo está bien". [80] Miranda se esfuerza por independizarse de la mentalidad griega que ha dominado a la filosofía, la ciencia y la teología en el mundo occidental. Prefiere el método dialéctico de Marx, quien va más allá de los hechos descubiertos por la ciencia, señala la situación conflictiva de la sociedad, y revela que el hombre se halla deshumanizado por las estructuras económicas injustas. Según Miranda, Marx ha concluido que la realidad es moral, y en esto se halla en armonía con la Biblia, en cuyas páginas se ve que la realidad está contaminada por el pecado. Consecuentemente, el método de Marx es ahora el mejor para entender el texto bíblico en forma pertinente a nuestros contemporáneos. J. Andrew Kirk se refiere a la decisión epistemológica de Miranda en los siguientes términos:

> En otras palabras, debido al uso uniforme que se hace hoy día de la epistemología racionalista de los griegos, dentro del esfuerzo científico total en la civilización de Occidente, la única manera de recuperar de nuevo el mensaje de un libro que esencialmente no es griego, es por medio de una reconsideración de la contribución positiva de la epistemología dialéctica.
>
> Miranda niega que esta contribución implique necesariamente la búsqueda de paralelos entre Marx y la Biblia. Su propósito es simplemente alcanzar una nueva comprensión de la Biblia, desde su propia perspectiva (por ejemplo, desde su perspectiva de la realidad como una realidad conflictiva), más bien que desde un punto de vista llamado neutral, pero que en verdad se halla ideológicamente determinado. [81]

A pesar del gran riesgo de simplificar demasiado el libro de Miranda, tenemos que decir siquiera algo sobre su contenido. Una conclusión a la que él llega en su estudio del Antiguo Testamento es que a Dios no se le conoce en abstracto, como es el caso en una teología poderosamente influida por la epistemología griega con sus especulaciones sobre la naturaleza del Ser. Le conocemos a Él en su realización de la justicia a favor de los oprimidos. Sólo en el acto de justicia es Dios accesible. [82]

Dios interviene en la historia por causa de la justicia, como Salvador de los oprimidos y castigador de los opresores. [83] Abraham fue escogido para la práctica de la justicia y el derecho, a favor de los oprimi-

---

[80]*Ibid.*, p. 19. Hacia el final de su libro, Miranda dedica una sección a la epistemología dialéctica, en contraste con la epistemología de la ciencia occidental heredada de los griegos.

[81]J. Andrew Kirk, *Liberation Theology* (Atlanta: John Knox Press, 1979), p. 82.

[82]Mirando, *op. cit.*, p. 72.

[83]*Ibid.*, p. 150.

dos, en contra de los opresores. Génesis 18:18-19 deliberadamente interpreta en términos sociales la promesa de Génesis 12:3: "en ti serán benditas todas las naciones de la tierra". La justicia de que se habla en Gén. 18 y 19 es la de carácter social, la que se realiza en favor del oprimido, del pobre, de la viuda y el huérfano.[84]

El juicio, o sea la intervención de Dios, consiste en liberar a los oprimidos. El juicio final será la implantación definitiva de la justicia y la entrega de la Tierra a los justos.[85] El gran objetivo de la Ley era el de proteger los derechos del prójimo. Los mandamientos del Señor son justicia (*mispát*).[86] La causa del rechazo de Israel por Yahvé es directamente la injusticia, la explotación de los pobres e indigentes.[87]

En el Nuevo Testamento, Miranda ve que el pecado es *adikía* (injusticia), la injusticia social en términos que abarcan a toda la humanidad. El texto clave es Romanos 1:16-3:20. En el evangelio "se revela la justicia de Dios que salva precisamente de toda esa *adikía*" que impera en todos los pueblos.[88] El significado de "el pecado" queda en Romanos 3:9 "precisado como injusticia interhumana para todo el resto de la carta".[89]

La justicia social se realiza por medio de la fe, la cual puede ser también una realidad de dimensión social. "Es la fe, suscitada por la proclama llamada evangelio, la que hace que llegue el *éschaton*; pero no en la fantasía sino en la realidad".[90] Miranda explica que el *éschaton* es "física y existencialmente el *ultimum* de la historia, algo realmente nuevo y definitivo".[91] Equivale al Reino en su plenitud. La fe paulina y la de todo el Nuevo Testamento consiste en creer que ha llegado el

[84]*Ibid.*, p. 150.

[85]*Ibid.*, pp. 150-51, 155-65.

[86]*Ibid.*, p. 185-6.

[87]*Ibid.*, p. 200.

[88]*Ibid.*, pp. 191-226. Según Miranda, la estructura de la Carta a los Romanos tiene como base la descripción de *adikía* (injusticia) en 1:18-3:20. Esta injusticia es de tipo social. El concepto es, dice Miranda, antiguotestamentario. Los injustos son los opresores. Se trata de la "justicia de Dios como una nueva realidad de dimensión social en el historia humana" (p. 205), de "culpa colectiva". "Pablo se fija en las sociedades, en las civilizaciones y culturas, y no en los individuos como la exégesis y la teología han supuesto generalmente" (p. 208). "Romanos 3:9, 19-20 y toda la carta tratan el problema de la sociedad...de la civilización humana" (p. 211).

[89]*Ibid.*, pp. 319-20. "...según Pablo el pecado se encarna en las estructuras sociales" (p. 215), "en la civilización" (p. 222), "en la historia y en la civilización" (p. 225).

[90] *Ibid.*, p. 278.

[91]*Ibid.*, p. 275.

reino definitivo de la justicia y de la vida. Aun la resurrección es fruto de la justicia: "nadie tiene por qué extrañarse de que haga depender de la justicia la transformación de la creación material e incluso la resurrección de los cuerpos".[92] Miranda quiere liberarse de la filosofía griega que miró con menosprecio a la materia. González Faus cree que Miranda se ha defendido de la acusación de que su teología refleja un "pelagianismo-marxista", cuando enseña que la justicia es fruto del amor que Dios derrama en los corazones.[93] Pero el énfasis de Miranda cae todavía en que el *éschaton* viene no tanto por la intervención divina como por la fe y acción humanas.

Para Miranda, la fe no es tanto creer *en* Jesús, como *creer que* Él es el mesías. Y se cree en su mesianidad por causa del hecho histórico de que el Reino ha venido. La fe bíblica se entiende a sí misma como esperanza, como una esperanza que no reconoce límites:

1. la fe es creer que nuestro mundo tiene remedio;
2. la fe es creer que nuestro mundo tiene remedio porque Dios interviene en la historia humana;
3. la fe es creer que nuestro mundo tiene remedio porque Dios interviene en nuestra historia precisamente en el hecho histórico llamado Jesucristo.[94]

En el pensamiento de Miranda, es la fe como causa horizontal la que produce la justicia en la Tierra:

El evangelizar es realmente eficaz en virtud de la fe que suscita; *el anuncio de que llega* el reino tiene que *hacer que llegue* el reino. . . Cuando uno se convence de que ha llegado para toda la tierra el momento de la justicia, ese convencimiento (que es la esperanza neotestamentaria) hace que efectiva y realmente llegue el *éschaton*; con toda razón acusaron de subversión a Jesucristo (cf. Lc. 23,2).[95]

Miranda ha aceptado postulados marxistas, sin tratar de disimular "la diferencia abismal entre Marx y los autores bíblicos, fincada en que éstos creen en Dios y en su intervención y Marx no".[96] Cree también Miranda que hay que recriminarle a Marx su falta de atención al problema de la muerte, no obstante que ésta es la contradicción máxima en la realidad humana. Pero en cuanto a este problema no hay

[92]*Ibid.*, p. 3114. Véanse también pp. 271-74.

[93]González Faus, *op. cit.*, p. 379

[94]Miranda, *op. cit.*, p. 257.

[95]*Ibid.*, p. 277.

[96]*Ibid.*, p. 316.

que reprocharle la falta de fe en Dios, sino el no haber sido "suficientemente dialéctico".[97]

A la vez, Miranda ve convergencias entre Marx y la Biblia. Por ejemplo, ambos ven que el mal abarca a todo el mundo. El mal se ha estructurado en "civilización totalizante". Hay coincidencia, además, en la afirmación de que "el haber llegado el pecado a sistematizarse institucionalmente en estructura civilizatoria sin grietas" es lo que la humanidad necesitaba "para caer en la cuenta de la maquinaria infernal que ha montado y para liberarse definitivamente de ella".[98] Otra coincidencia entre Marx y la Biblia es la de la posibilidad de esa liberación definitiva:

> La tesis histórica más revolucionaria donde, en contraste con todas las ideologías occidentales, coinciden la Biblia y Marx, es ésta: el pecado y el mal, que después se estructuraron en sistema civilizatorio esclavizante, no le son inherentes a la humanidad y a la historia, comenzaron un día por obra humana y son, por tanto, suprimibles.[99]

Además, "tanto Marx como la Biblia creen que el hombre puede dejar de ser egoísta y desalmado e interesado y que puede encontrar su mayor plenitud en amar a su prójimo".[100]

Que Miranda es un apologista de Marx lo demuestra también en su libro titulado: *El Cristianismo de Marx*.[101] Pero la "diferencia abismal" que él mismo ve entre Marx y la Biblia persiste. En tanto que la Biblia enseña que el *éschaton* viene por la intervención directa de Dios en la historia, cuando el Mesías regresa al mundo, Marx depende de la praxis humana para el establecimiento de la edad dorada en la historia.

Son impresionantes la erudición bíblica de Miranda y su tremendo esfuerzo exegético para demostrar la validez de su tesis global: la oposición de las Escrituras al sistema opresor capitalista. Pero sin el ánimo de defender este sistema, o de prestarle un servicio indirecto, nos vemos obligados a decir que tampoco vemos en Miranda que el criterio hermenéutico para su reflexión teológica sea en última instancia la revelación escrita de Dios. Los exegetas podrán encargarse de examinar a profundidad las conclusiones a que Miranda llega en su estudio bíblico. Lo evidente es su tendencia a imponerle una ideología

[97]*Ibid.*, pp. 316-17.

[98]*Ibid.*, p. 288.

[99]*Idem.*

[100]*Ibid.*, p. 292.

[101]José Porfirio Miranda, *El Cristianismo de Marx* (México, 1978). Véase también del mismo autor, *Comunismo en la Biblia* (México: Siglo Veintiuno Editores, S.A., 1981).

a las Escrituras. Esto se ve, por ejemplo, en el enfoque de temas como el del Ser y el juicio de Dios en el Antiguo Testamento, y el del pecado, la fe, y la justicia en el Nuevo.

Es imperativo preguntar si en el Antiguo Testamento Dios es accesible "solo en el acto de justicia", aun cuando esta afirmación tenga que ver únicamente con la epistemología teológica. Para Miranda la justicia de Dios y su juicio tienen que ver con el castigo de los opresores y la liberación de los oprimidos. ¿Era Dios cognoscible solamente en esta acción justiciera, o hay también en el Antiguo Testamento otras relaciones en las que Dios ofrece una comunicación de sí mismo?

No cabe duda que el Señor se presenta como el defensor de los oprimidos, de las viudas, de los huérfanos, de los extranjeros, y de todos los necesitados. Pero en cuanto a la responsabilidad moral del ser humano ante el Creador, ¿es correcto decir que Dios toma partido con una clase social en la administración de su justicia? Vale además la pena preguntar si se sostiene ante un examen concienzudo del Antiguo Testamento la tesis que Miranda propone, con base en Génesis 18:17-22, tocante al significado de la bendición prometida a todas las naciones por el pacto abrahámico. Miranda subraya los vocablos "justicia y juicio" (o justicia y derecho) como la clave para interpretar dicha bendición, dándole preeminencia a su aspecto global. No puede negarse que las bendiciones en el Antiguo Testamento abarcan generalmente la totalidad de la existencia humana, sin hacer una diferencia profunda entre lo espiritual y lo material. Pero al mismo tiempo es interesante observar que cuando Pablo se refiere a la promesa universal del pacto de Dios con Abraham (Gál. 3:6-18), no le da el mismo énfasis que Miranda sugiere.

Es más, si justicia y juicio tienen que ver principalmente con el problema de los opresores, como Miranda piensa, en el mismo caso de Sodoma se ve que esta ciudad fue destruida porque con poquísimas excepciones sus habitantes eran "impíos". Todos lo eran, aunque debe haber habido opresores y oprimidos en aquella estructura social. No podían faltar allí los esclavos. Sobre todas las clases sociales cayó el juicio de Dios. Luego, ser impío no consiste solamente en oprimir económica y socialmente al prójimo. Hay otras clases de impiedad que Yahveh castiga. Por ejemplo, ¿qué de la idolatría que los profetas condenan en nombre de Yahveh? ¿No la practicaban las multitudes en Israel y Judá? ¿No fue también el cautiverio un castigo por la idolatría de los débiles y de los poderosos, de los opresores y de los oprimidos?

En su interpretación del Nuevo Testamento Miranda provoca también serias preguntas, como cuando magnifica el aspecto social de *adikía* (injusticia) e insiste en que Pablo está denunciando primordialmente el pecado social, estructural, por medio de la Carta a los Romanos. Una vez más tenemos que percibir y darle la debida importancia a las implicaciones sociales del mensaje bíblico. Sin lugar a dudas, la Epístola a los Romanos es una severa condena de los pecados individuales y colectivos de la sociedad greco-romana. Sin embargo, el Apóstol también individualiza su mensaje, diciendo que "no hay justo, ni aun uno", y multiplica las referencias a la responsabilidad personal que los creyentes en Cristo tienen en su relación con Dios y con el prójimo. Miranda admite que "individuos sueltos pueden perfectamente ser justos y cumplir, con auténtica transformación del corazón, la verdadera voluntad de Dios: Romanos 2:13-15, 26-29".[102] Pero luego dice: "el evangelio de Pablo no tiene nada que ver con la interpretación que por siglos se le ha dado en términos de salvación individual; trata de la justicia que el mundo y los pueblos y la sociedad, implícita pero ansiosamente, han estado esperando".[103] A la luz de esta afirmación, el significado de pasajes soteriológicos como los de Romanos 1:15-18; 3:9-31; 5:1-11; 10:8-13, sería primordialmente colectivo, nacional, universal.

A nuestras preguntas sobre su método hermenéutico, Miranda podría responder que nuestro problema básico es epistemológico. Nos acercamos al texto bíblico bajo el dominio de la manera griega de pensar; y no tenemos en cuenta la mentalidad de los escritores bíblicos. No pensamos dialécticamente. Miranda cree que la epistemología dialéctica de Marx es la mejor para desentrañar el significado bíblico. Es natural, por lo tanto, que haya influencia marxista en su interpretación de las Escrituras. En su hermenéutica, Miranda substituye la manera de pensar de los griegos por la epistemología de Marx.

Decir que los evangélicos hemos estado también, consciente o inconscientemente, bajo el influjo de una ideología en nuestro acercamiento al texto bíblico no nos da una excusa válida para cambiar una ideología por otra. Ya hemos reconocido que no podemos llegar "químicamente puros" a las páginas de la Biblia. Pero también hemos dado testimonio de nuestro confianza plena en la capacidad que las Sagradas Escrituras tienen para hablarnos. Contamos además con el ministerio del Espíritu Santo, quien puede guiarnos "a toda la verdad" (Jn. 16:13). Bien ha dicho C. René Padilla:

> Una mejor opción es una teología que lee la Biblia con la firme determinación de dejar que ésta hable, sin forzarla dentro de un molde ideológico y sin imponer limitaciones a la Palabra de Dios. La alternativa no es: o una teología bíblica "pura", o una teología que intencionalmente pone al texto bíblico al servicio de una ideología. Hay una tercera opción: una teología que continuamente busca la coherencia entre las Escrituras y la

---

[102]Miranda, *Marx y la Biblia*, p. 211.

[103]*Ibid.*, p. 212.

obediencia presente por medio de un "acto sintético" en que el pasado y el presente —la Palabra y el Espíritu— se fusionan. [104]

Juan Luis Segundo: El círculo hermenéutico

Entre los teólogos católicos de la liberación que se esfuerzan por integrar el texto bíblico a su reflexión, Juan Luis Segundo, del Uruguay, ocupa también un lugar prominente. En su obra titulada *Liberación de la Teología*, [105] Segundo dice que ha llegado la hora de la epistemología, es decir, "la hora de analizar, más que el contenido, el método mismo de la teología latinoamericana y su relación con la liberación". [106]

Comienza Segundo por explicar la diferencia entre un teólogo académico tradicional y un teólogo de la liberación, e indica que la teología académica no es en primer lugar una interpretación del hombre y de la sociedad, sino de un libro, la Biblia. [107] Es una teología que tiene muy en cuenta las ciencias o aspectos científicos para conocer el pasado, pero se declara autónoma con respecto a las ciencias del presente. El teólogo de la liberación dice Segundo, comienza exactamente al revés, y "se ve obligado a cada paso a poner juntas las disciplinas que le abren el pasado y las disciplinas que le explican el presente". [108] Hace esto en el intento de interpretar la palabra de Dios, dirigida a nosotros hoy y aquí. De acuerdo a Segundo, sin esta conexión entre la teología y las ciencias, tanto para conocer el pasado como el presente, no puede existir la teología de la liberación. El método que procura enlazar, tratándose de la Palabra de Dios, el pasado con el presente exige lo que Segundo llama círculo hermenéutico, y que lo define en los siguientes términos:

> El continuo cambio en nuestra interpretación de la Biblia en función de los continuos cambios de nuestra realidad presente, tanto individual como social. Hermenéutica significa interpretación. Y el carácter circular de dicha interpretación va en que cada

[104]C. René Padilla, "La teología de la liberación: una evaluación crítica", *Misión*, Bs. Aires, julio-septiembre de 1982, vol. 1, No. 2, p. 21.

[105]Juan Luis Segundo, *Liberación de la Teología*, Buenos Aires: Cuadernos Latinoamericanos. Ediciones Carlos Lohlé, 1975.

[106]*Ibid.*, p. 9.

[107]Segundo preparó el material básico de *Liberación de la Teología* para un curso en la Divinity School de la Universidad de Harvard, en 1974. Esta circunstancia puede explicar en gran medida ciertos enfoques que él hace del tema, como el de describir el cristianismo como la religión de un libro, y la teología académica como el esfuerzo por interpretar la Biblia. Segundo tiene muy en cuenta a sus interlocutores, y el país donde está enseñando, p. 11.

[108]*Ibid.*, p. 12.

nueva realidad obliga a interpretar de nuevo la revelación de Dios, a cambiar con ella la realidad, y, por ende, a volver a interpretar...y así sucesivamente. [109]

Hay dos condiciones necesarias para lograr el círculo hermenéutico en teología. En primer lugar, del presente deben surgir interrogantes que nos obliguen a cambiar nuestra manera acostumbrada de interpretar la existencia humana y la realidad cultural y social en la que estamos inmersos. Debe haber por lo menos una sospecha general acerca de nuestras ideas y nuestros juicios de valor sobre la vida, la muerte, el conocimiento, la sociedad, la política, y el mundo en general. Sólo el cambio, o cuando menos la sospecha general, en nuestra percepción y evaluación de la realidad, nos permitirá "alcanzar el nivel teológico y obligar a la teología a descender a la realidad y a hacerse nuevas y decisivas preguntas". [110]

La segunda condición es que la teología cambie su acostumbrada interpretación de las Sagradas Escrituras para responder a las nuevas preguntas que surgen de la realidad presente. Solamente así se hace posible el círculo hermenéutico. Segundo afirma que sin este círculo la teología es siempre una manera conservadora de pensar y actuar. La liberación de la teología "no pertenece tanto al contenido sino al método usado para hacer teología frente a nuestra realidad". [111] Hay cuatro puntos decisivos en el círculo hermenéutico:

Primero: nuestra manera de experimentar la realidad, que nos lleva a la sospecha ideológica; *segundo:* la aplicación de la sospecha ideológica a toda la superestructura ideológica en general y a la teología en particular; *tercero:* una nueva manera de experimentar la realidad teológica que nos lleva a la sospecha exegética, es decir, la sospecha de que la interpretación bíblica corriente no tiene en cuenta datos importantes, y *cuarto,* nuestra nueva hermenéutica, esto es, el nuevo modo de interpretar la fuente de nuestra fe, que es la Escritura, con los nuevos elementos a nuestra disposición. [112]

Luego, Segundo presenta cuatro ejemplos de lo que podría ser un círculo hermenéutico en autores tales como Harvey Cox, Karl Marx, Max Weber, y James Cone. De acuerdo a Segundo, Harvey Cox interrumpe el círculo en su obra *La Ciudad Secular* [113] desde el primer

---

[109]*Idem.*

[110]*Ibid.*, p. 13

[111]*Idem.*

[112]*Ibid.*, p. 14.

[113]Harvey Cox, *The Secular City* (New York: The Macmillan Company, 1965). En castellano: *La Ciudad Secular* (Barcelona: Península, 1968).

punto, porque no se identifica realmente con el problema del hombre urbano y pragmático a quien desea comunicar el mensaje del cristianismo. Insiste Segundo en que el círculo hermenéutico supone siempre una "parcialidad" conscientemente aceptada con criterios humanos.[114]

En cuanto a Marx, Segundo dice que no puede negarse la influencia marxista en la teología de la liberación, de la misma manera que "no hay pensamiento social que no sea, en una u otra medida, 'marxista', es decir, profundamente deudor a Marx".[115] En lo que respecta al círculo hermenéutico, Marx llega al segundo punto, cuando hace caer bajo la sospecha ideológica a la religión; pero no da el siguiente paso. Descalifica la religión como algo puramente espiritual; no se interesa en determinar si ha habido una distorsión del mensaje cristiano, o si es posible reinterpretarlo a favor de la lucha proletaria. Marx está interesado en cambiar el mundo, no en cambiar la teología.[116]

El tercer ejemplo es el de Max Weber y su libro titulado *La Ética Protestante y el Espíritu del Capitalismo*. Weber no está defendiendo la tesis de que el capitalismo es un producto de la Reforma protestante del siglo XVI. Reconoce él que algunas modalidades de la economía capitalista ya existían antes de la Reforma. Su investigación se concreta a establecer "si y hasta qué punto han participado influencias religiosas en los matices y la expansión cuantitativa de aquel 'espíritu' sobre el mundo, y qué aspectos de la civilización capitalista se deben a ellas".[117]

Weber coincide con Marx en que hay relación entre las formas económicas y las culturales. Sin embargo, admite que las actitudes económicas pueden ser un resultado en alguna medida de las creencias religiosas. Corrige de este modo el acento excesivo del marxismo en lo económico. Tampoco completa Weber el círculo hermenéutico. No va más allá del esfuerzo por establecer la relación entre las ideas religiosas del calvinismo y determinadas actitudes económicas. No le interesa que se transforme la teología, ni mucho menos que se reinterprete la Biblia en respuesta a la sospecha ideológica. Da el paso del segundo al tercer punto del círculo, y allí se detiene.[118]

En la opinión de Segundo, solamente James Cone completa el

---

[114]Segundo, *op. cit.*, p. 18.

[115]*Ibid.*, p. 19. Nota al calce.

[116]*Ibid.*, pp. 23-24.

[117]Max Weber, *La Ética Protestante y el Espíritu del Capitalismo*. Traducción del alemán (Barcelona: Ediciones Península, 1973, segunda edición), p. 107.

[118]Segundo, *op. cit.*, p. 31.

círculo hermenéutico en su *Teología Negra de la Liberación*.[119] Cone cumple con el requisito de la "parcialidad hermenéutica", al identificarse plenamente con su propio pueblo, la comunidad negra en Norteamérica. En el primer punto del círculo hermenéutico Cone demuestra haber cambiado su manera de percibir y evaluar la realidad en que vive. En el segundo punto acusa a la teología tradicional de ser "teología del opresor blanco" y "teología del Anticristo".[120] Cone ha tenido una nueva experiencia de la teología, y en el tercer punto del círculo declara que para ser cristiana la teología tradicional debería dejar de ser teología blanca y transformarse en teología negra, "renegando de la blancura como forma adecuada del existir humano y afirmando la negritud como la intención de Dios para la humanidad".[121] A estas alturas de su reflexión, Cone tiene que dar el cuarto paso en el círculo hermenéutico: la nueva interpretación de la Biblia para responder a la sospecha ideológica y exegética.

El círculo está completo; pero como ésta es una hermenéutica circular, la nueva interpretación bíblica cambia la realidad, y ésta a su vez provoca otro cambio en la interpretación de las Escrituras, y así sucesivamente. El círculo sigue girando. Segundo dice que completar el círculo "no constituye por sí mismo un criterio suficiente de verdad"; es solamente una prueba de que determinada teología está viva, o sea conectada a la realidad histórica.[122] ¿Cuál es entonces la norma hermenéutica en esa interminable sucesión de cambios? Para Cone la norma es Jesús, quien como el Cristo Negro le da el alma necesaria a la liberación negra. "La norma de la Teología Negra, que identifica la revelación como la manifestación del Cristo Negro, dice que él es aquellos mismos negros a quienes la sociedad blanca les dispara y mata".[123]

Intentando responder a uno de los interrogantes que Cone levanta, Segundo afirma:

Si no me equivoco, significa que la ortodoxia no tiene en sí misma un último criterio, porque ser ortodoxo no significa poseer la verdad final. Sólo se llega a esta última por la ortopraxis,

---

[119]James H. Cone, *A Black Theology of Liberation* (Philadelphia: J. B. Lippincott Company, 1970). Del mismo autor, *Black Theology and Black Power* (New York, New York: The Seabury Press, 1969). Nótese que ambas obras fueron publicadas antes de la *Teología de la Liberación* de Gustavo Gutiérrez M. (1971).

[120]Cone, *A Black Theology of Liberation*, pp. 22, 25.

[121]*Ibid.*, pp. 32-33. La traducción de estas palabras al castellano aparece en la obra de Juan Luis Segundo, *Liberación de la Teología*, p. 40.

[122]Segundo, *op. cit.*, p. 34.

[123]Cone, *A Black Theology of Liberation*, p. 80.

y así la ortopraxis se vuelve el criterio último de la ortodoxia no sólo en la teología sino también en la interpretación bíblica. La verdad sólo es verdad cuando es base de actitudes verdaderamente humanas. "Hacer la verdad" es la fórmula revelada de esta prioridad de la ortopraxis sobre la ortodoxia cuando se trata de la verdad y de la salvación.[124]

Segundo ve que hay muchos peligros hermenéuticos en esta manera de interpretación bíblica; pero parece aceptarla, señalando que "no hay razón para excluir un método teológico coherente, a causa de sus peligros".[125] Queda así justificado el círculo hermenéutico, con su interpretación de las Escrituras "en función de los continuos cambios de nuestra realidad presente, tanto individual como social".[126] La ortopraxis antecede a la ortodoxia como criterio final, en la teología y en la interpretación de la Palabra escrita de Dios.

Recapitulación

Fundamentalmente, lo que más distingue de otras teologías a la teología de la liberación es su *método*.

1. La teología de la liberación es "una nueva manera de hacer teología". Lo es en su *punto de partida*: la realidad histórica, económica, cultural, social, y política de la América Latina. Sin subestimar los escritos de Bartolomé de las Casas y de otros defensores de los amerindios, puede decirse que desde los lejanos tiempos coloniales la teología en la América Latina ha sido casi sólo un eco de la que ha sido escrita en otras latitudes. El punto de partida de esta teología ha sido Europa y Norteamérica. Los teólogos de la liberación se esfuerzan por cambiar ese cuadro de dependencia y subdesarrollo teológicos, y toman como punto de partida para su reflexión el contexto latinoamericano. Dicen que esta reflexión es "crítica", porque analiza la situación de estos países con base en las ciencias humanas, incluyendo, por supuesto, el instrumental sociológico marxista. Se trata, además, de una crítica a la teología misma y a la Iglesia.

2. El punto de partida de la teología de la liberación es, además, "la praxis histórica liberadora", o sea el esfuerzo mismo por cambiar la

---

[124]Segundo, *op. cit.*, p. 44.

[125]*Idem.*

[126]*Ibid.*, p. 12. Segundo defiende la tesis de que el criterio de verdad de la fe depende de la eficacia histórica, de su aptitud liberadora, *Los Sacramentos Hoy*, vol. 4 en *Teología Abierta para el Laico Adulto* (Buenos Aires: C. Lohlé, 1970), p. 73. En otra obra, dice: "Negamos que un solo dogma pueda ser estudiado bajo otro criterio final que no sea el de su impacto sobre la praxis", "Capitalismo-Socialismo", *La Nueva Frontera de la Teología en América Latina* (Salamanca: Ediciones Sígueme, 1977), p. 232.

situación de "dependencia" y "subdesarrollo", de pobreza y desamparo, en que viven millones de latinoamericanos. Es una reflexión *sobre* la praxis, *en* la praxis, y *desde* la praxis liberadora. El compromiso en la lucha liberadora es el *acto primero;* la teología viene después, es el *acto segundo.*

Gustavo Gutiérrez indica que el marxismo, con su énfasis en la prioridad de la acción con respecto a la reflexión, es uno de los factores que influyeron para introducir el énfasis sobre la praxis revolucionaria en la teología de la liberación. Marx no quiere solamente explicar el mundo, sino cambiarlo. La praxis revolucionaria tiene que ser la fuente de la reflexión en la filosofía, y, para los teólogos de la liberación, también en la teología. Se da así el dominio de la *ortopraxis* sobre la *ortodoxia* en el quehacer ideológico. Consecuentemente, se insiste en que el teólogo debe optar por los pobres, identificándose con ellos en su lucha liberadora, para poder decir desde ese compromiso revolucionario la palabra que el pueblo necesita. Esto explica por qué Gutiérrez y otros teólogos de la liberación consideran su teología como una obra inacabada. Se trata de una teología cuyos capítulos tienen que ir escribiéndose en medio del proceso de cambio social. Es una teología del camino, progresiva y variable. No puede hablarse, por lo tanto, de una teología definitiva de la liberación, y sería ingenuo querer escribir una obra *definitiva* sobre este sistema teológico.

Tampoco creen los teólogos de la liberación que sea posible aprender de inmediato y del todo en el plano puramente intelectual, o espiritual, la verdad. Es necesario ir en pos de ella, descubriéndola paso a paso, en el compromiso con las clases sociales marginadas. No se puede encontrar la verdad en abstracto, en el terreno puramente teórico, o en proposiciones de orden doctrinal. Es imperativo "hacer la verdad" en el camino de la ortopraxis. La praxis revolucionaria es el acto primero, y la teología de la liberación, el acto segundo. [127]

3. Hasta el punto anterior no hay teología, estrictamente hablando. Las ciencias humanas pueden por sí solas analizar la realidad latinoamericana, y hay muchos revolucionarios no cristianos que luchan hasta la muerte por cambiar las estructuras sociales. De esa praxis revolucionaria, cuyos protagonistas la llamarían *ortopraxis* —la praxis correcta—, puede surgir toda una reflexión de orden filósofico o científico. ¿Qué le da entonces a la reflexión de Gutiérrez y sus colegas el derecho a llamarse teología? ¿Por qué hablan ellos de "teología de la

---

[127] *Ibid.*, p. 140: "Esta fe no consiste, pues, en la adhesión intelectual a un cierto contenido revelado como solución definitiva para problemas teóricos o prácticos, así como tampoco en la confianza de la propia salvación a causa de los méritos de Cristo, sino en la libertad para aceptar un proceso de educación que llega a su madurez y abandona al pedagogo para aventurarse en lo relativo y provisorio de la historia...."

"Hacer la verdad" es la fórmula revelada de esta prioridad de la ortopraxis sobre la ortodoxia cuando se trata de la verdad y de la salvación (p. 44).

liberación" y no de "sociología de la liberación"? Assmann respondería a estas preguntas diciendo —como en realidad lo hace— que la "reflexión crítica sobre la praxis histórica liberadora" es teología por que se realiza "a la luz de la fe", o "a la luz de la Palabra de Dios".

Hay, por consiguiente tres elementos básicos en la teología de la liberación: (1) el contexto social latinoamericano, analizado por las ciencias humanas; (2) la praxis liberadora, como punto de partida y como lugar preferente para la tarea teológica, y (3) la Palabra de Dios, o "fuentes de la revelación".

Creen los teólogos de la liberación que en medio de la praxis histórica es posible entender de una manera nueva la Palabra de Dios. Entonces la reflexión teológica le da una dimensión más amplia y profunda a la lucha liberadora, señala el carácter relativo de todo logro humano, impide que la Iglesia se instale en lo provisorio, y la impulsa siempre hacia adelante, más allá de las presentes manifestaciones del Reino de Dios, al pleno cumplimiento de las promesas escatológicas. Por lo tanto, dicen, la reflexión crítica sobre la praxis es *teología*, no solamente sociología. Es claro que el cristiano evangélico tiene suficientes motivos para temer que en el pensamiento liberacionista se evapore, tarde o temprano, la teología.

4. Ahora viene la pregunta más importante en cuanto al método de la teología de la liberación: ¿Qué es para esta teología el criterio hermenéutico final? La impresión general que nos queda al leer a los teólogos de la liberación es que para ellos la norma hermenéutica no es la palabra escrita de Dios, o sea la Biblia en sí y por sí. El criterio final puede ser la praxis, o la ideología que impulsa a esta praxis. Es la supremacía de la acción con respecto a la reflexión. Debemos *hacer* para *saber*, y esperar que de la ortopraxis brote la ortodoxia.

Para Hugo Assmann ni la Biblia, ni la teología, ni las ciencias humanas son fuentes seguras de criterios. Pero es posible involucrarse en la praxis liberadora con la esperanza de descubrir en ella la norma que necesitamos para nuestra fe, nuestra conducta y nuestro quehacer teológico. Como tampoco la praxis puede por sí misma ofrecer un criterio final, Assmann parece hallar su último reducto en el amor como norma para la praxis; pero el amor que no se sustenta en las enseñanzas objetivas de las Escrituras puede arrastrarnos al subjetivismo, o a la ética de situación. En realidad, Assmann tiene como criterio hermenéutico su opción política, o su ideología.

Los teólogos de la liberación que le dan un lugar bastante amplio en su reflexión a las Escrituras, tampoco ofrecen un criterio final que no sea la ideología o la praxis revolucionaria. José Porfirio Miranda, quien es uno de ellos, acepta la epistemología dialéctica de Marx para liberarse de manera de pensar de los griegos. Cree Miranda que el pensamiento de los escritores bíblicos es también dialéctico, y que, por lo tanto, la mejor epistemología para conocer ese pensamiento es la marxista. Un resultado es que Miranda subraya en su obra la lucha de clases y el pecado colectivo o social. La justicia divina viene a revelar el pecado de los opresores, y el juicio de Yahvé consiste en la liberación de los oprimidos y el castigo de los culpables. En su carta a los Romanos, el apóstol Pablo está pensando primordialmente en la injusticia y salvación de la sociedad, de la humanidad entera, no en el pecado y la salvación individuales. El sacerdote católico Francisco Interdonato dice que los teólogos de la liberación rechazan la teología tradicional por usar categorías "griegas", pero "no lo hacen en nombre de las categorías bíblicas sino de las sociológicas y por cierto de una determinada".[128] Que la exégesis bíblica de los teólogos de la liberación deja mucho que desear es notorio a todo aquel que estudia diligentemente las Sagradas Escrituras.

5. Hemos sugerido en este capítulo que para aprobar el método de la teología de la liberación no es excusa válida decir que también los evangélicos conservadores nos acercamos a la Escritura bajo la influencia de una ideología. La solución del problema hermenéutico no se halla en cambiar una ideología por otra; ni en resignarse a que es imposible que la Biblia nos hable aquí y ahora, bajo la iluminación del Espíritu; ni en emprender una supuesta ortopraxis con la esperanza de que en ella descubriremos la verdad, haciéndola.

Debemos seguir confiando en que la Biblia *es* la Palabra del Dios viviente y verdadero, y que en las manos del Espíritu Santo ella es capaz de comunicarnos su mensaje para nuestra vida y para el pueblo latinoamericano. Esto no significa, de manera alguna, que adoptaremos una actitud de "piadosa" ignorancia, la cual tiene en poco la contribución de las ciencias bíblicas al estudio inteligente de la palabra escrita de Dios. Tampoco significa que hemos de ser indiferentes al clamor de nuestro pueblo, mientras nos limitamos a repetir sin cesar, y sin pensar, una teología que por haber sido escrita en otras latitudes no trata en forma directa el problema de los pueblos latinoamericanos. Para una contextualización legítima del texto bíblico es indispensable tener muy en cuenta el contexto social. Pero la interacción entre el texto bíblico y el contexto social es válida en el quehacer teológico, en tanto se permita que la Escritura hable por sí misma, sin imponerle el significado que según el exegeta es el más conveniente para la sociedad contemporánea. En cuanto a la contextualización la teología de la liberación nos presenta un reto que debemos aceptar sin renuncia.

Pero si bajo la influencia de una ideología, o de una cultura, hemos sido ingenuos, no tenemos por qué seguir siéndolo a favor de otra ideología o de otra cultura. Se ha dicho que los teólogos de la liberación están dispuestos a criticarlo todo —la teología tradicional,

---

[128]Francisco Interdonato, *Teología Latinoamericana. ¿Teología de la Liberación?* (Bogotá, Colombia: Ediciones Paulinas, 1978), p. 29.

la Iglesia y la sociedad—, menos su propio método. Si éste es pesado en balanza, y hallado falto, todo el sistema se tambalea. Tenemos la convicción de que la balanza debe ser la palabra totalmente inspirada por Dios, es decir la Biblia, y no un prejuicio social o político.

Desde diferentes puntos de vista se ha cuestionado seriamente la "nueva manera de hacer teología". Por ejemplo, en el campo católico romano, Fr. Boaventura Kloppenburg le hace preguntas penetrantes a la teología de la liberación. Apuntamos dos de ellas:

> Si el persistente acento dado al aspecto existencial (significado "para nosotros" de la Revelación) no tiende a menospreciar la dimensión ontológica (significado "en sí" de la Revelación) de la fe... Si la pregonada ortopraxis no conduce insensiblemente a la heteropraxis. [129]

Interdonato ve que el problema de fondo de la teología de la liberación "consiste en tomar la praxis histórica como criterio para valorar al Cristianismo, a sus verdades y aun a su misma 'eficacia' ". Sigue diciendo:

> Y sin embargo, ese pretendido dogma de la infalibilidad de la praxis histórica no resiste la menor confrontación no sólo con el Cristianismo, pero ni aun con la axiología ni la epistemología.
>
> No es posible tomar a la praxis como criterio, puesto que ella misma debe ser sometida a criterio, debe ser juzgada. El actuar es verdadero no por sí mismo; lo es si se ajusta a la verdad. [130]

Ante la asamblea plenaria de la Comisión Teológica Internacional (católica), reunida en Roma, del 4 al 9 de octubre de 1976, el teólogo Karl Lehmann dijo:

> La situación concreta de la humanidad, con sus esperanzas y miserias, y especialmente la del pueblo de Dios, pueden constituir un "locus theologicus" en sentido amplio, pero no puede decirse que éste sea en sí mismo teológicamente normativo. Esta situación no tiene por sí misma un valor absoluto. [subrayado del autor].
>
> Para el cristiano, la luz de la palabra de Dios, como ésta se anuncia en la Iglesia y a través del ministerio del magisterio eclesiástico, constituye el criterio primario con el que debe contrastarse toda situación fáctica que pretenda ser una fuente de conocimiento teológico. [131]

---

[129]Boaventura Kloppenburg, "Cuestiones Pendientes en la Acción Cristiana para la Liberación", *Conflicto Social y Compromiso Cristiano en América Latina* (Bogotá, Colombia: Consejo Episcopal Latinoamericano-CELAM, 1976), pp. 357-58.

[130]Interdonato, *op. cit.*, pp. 88, 90.

[131]Karl Lehmann, "Problemas Metodológicos y Hermenéuticos de la Teología de la Liberación", *Teología de la Liberación*. Documentos de la Comisión Teológica Internacional (Madrid: Biblioteca de Autores Cristianos, 1978), pp. 17-18.

En el lado evangélico se escuchan voces como la de Andrew Kirk quien dice que el aspecto más significativo de la teología de la liberación es su uso del marxismo como un instrumento ideológico para liberar a la teología, y, consecuentemente, a la Iglesia, a fin de que ésta llegue a ser un medio de cambio social.[132] Según Kirk, la teología de la liberación ha hecho una crítica penetrante de la teología contemporánea, sin ofrecer una alternativa que sea del todo viable. Kirk concluye que la única manera en que el cuarto segmento del círculo hermenéutico propuesto por Segundo puede funcionar libremente y que la teología llegue a ser un instrumento de liberación es que se acepte la revelación como corte de última apelación. Hay doz razones por las cuales esto es así: también el marxismo puede crear una falsa consciencia y esperanza ilusoria, y está limitado para liberar desde adentro a la teología. La única salida se halla en una exégesis seria del texto bíblico, para proclamar a la humanidad el mensaje de liberación total.[133]

Otra opinión evangélica es la del teólogo latinoamericano C. René Padilla, quien evalúa la teología de la liberación sin evadir su desafío y sin recurrir ingenuamente a los argumentos que se usan con frecuencia en el nordatlántico contra esta teología:

> La conclusión es que si la teología ha de ser una reflexión crítica sobre la praxis a la luz de la fe, la circulación hermenéutica entre el pasado y el presente, entre la Escritura y la situación histórica, es inevitable. La respuesta tanto a una teología racionalista, preocupada por la ortodoxia, como una teología pragmática, preocupada por la ortopraxis, es una teología contextual, preocupada simultáneamente por la fidelidad a la Palabra de Dios y la pertinencia a la situación histórica.[134]

Aparte de un conocimiento básico del método teológico que hemos procurado describir a grandes rasgos en este capítulo, es imposible entender el contenido de la teología de la liberación. Razón de sobra ha tenido Juan Luis Segundo para decirnos que "tal vez haya llegado la hora de la epistemología, es decir, la de analizar, más que el contenido, el método mismo de la teología latinoamericana y su relación con la liberación".[135]

---

[132]J. Andrew Kirk, *Theology Encounters Revolution* (Leicester, England: Inter-Varsity Press, 1980), p. 128.

[133]*Ibid.*, pp. 128-30. Se ha hecho una traducción libre de lo dicho por Kirk, procurando expresar fielmente sus ideas.

[134]Padilla, *op. cit.*, p. 18.

[135]Segundo, *Liberación de la Teología*, p. 9.

Cuarta Parte

Temas de la teología de la liberación

Capítulo VII
Liberación y salvación

Hay mucha y sobrada razón para decir que Gustavo Gutiérrez es un sistematizador. Así lo demuestra en su obra titulada *Teología de la Liberación*. El subtítulo, *Perspectivas*, es en realidad el título de la segunda parte del libro. Después de haber planteado la problemática latinoamericana y evaluado la manera en que se ha procurado solucionarla, Gutiérrez enfoca de nuevo dicha problemática, teniendo en cuenta las reflexiones teológicas que ella suscita. O dicho de manera más exacta, su propósito es "indicar los lineamientos básicos de la obra por emprender".[1] Gutiérrez quiere hacer una reflexión que no esté al margen de la praxis. Por esto habla de teología y "obra". ¿Cuál es su punto de partida? No puede ser otro que el ya expuesto en el primer capítulo de su obra: "nuestro punto de partida estará dado por las cuestiones que plantea la praxis social en el proceso de liberación y la participación de la comunidad cristiana en él, dentro del contexto latinoamericano. Esto tiene para nosotros un interés especial".[2]

Salvación social

En la primera sección de sus *Perspectivas*, Gutiérrez trata el tema de la "fe y el hombre nuevo". Comienza afirmando que lo que impulsa a los cristianos a participar en la liberación de los oprimidos "es el convencimiento de la incompatibilidad radical de las exigencias evangélicas con una sociedad injusta y alienante. Sienten muy claramente que no pueden pretender ser cristianos sin asumir un compromiso liberador".[3] La motivación —dice— es cristiana, evangélica; el problema es social, y la solución tiene que darse en ese plano colectivo. No se trata simplemente de salvar individuos, sino de transformar la sociedad.

---

[1] Gustavo Gutiérrez, *Teología de la Liberación. Perspectivas* (Salamanca: Ediciones Sígueme, 1972), p. 187.

[2] *Ibid.*, p. 187.

[3] *Ibid.*, p. 189.

Gutiérrez no niega la realidad del pecado; al contrario, la afirma enfáticamente. Tampoco pasa por alto que hay pecado personal; pero le interesa especialmente hablar del pecado social:

> En consecuencia, el pecado no es sólo un impedimento para esa salvación en el más allá. El pecado en tanto que ruptura con Dios es una realidad histórica, es quiebra de comunión de los hombres entre ellos, es repliegue del hombre sobre sí mismo. Repliegue que se manifiesta en una multifacética postura de ruptura con los demás. Y porque el pecado es una realidad intrahistórica —personal y social—, formando parte de la trama de la vida diaria, es también, y ante todo, una traba para que ella llegue a la plenitud que llamamos salvación.[4]

Según José P. Miranda, San Pablo enseña que el pecado se encarna en las estructuras sociales, es "una fuerza manifiestamente supraindividual que llega a adueñarse de los pueblos en cuanto a tales", y que no puede reducirse a la suma de los pecados individuales.[5] La *adikía* (injusticia) en la Carta a los Romanos es predominantemente el pecado social. Gutiérrez explica cuál es el pecado que preocupa a la teología de la liberación:

> Pero no se trata, en la perspectiva liberadora, del pecado como realidad individual, privada e intimista, afirmada justo lo necesario para necesitar una redención "espiritual", que no cuestiona el orden en que vivimos. Se trata del pecado como hecho social, histórico, ausencia de fraternidad, de amor en las relaciones entre los hombres, ruptura de amistad con Dios y con los hombres y, como consecuencia, escisión interior en la explotación del hombre por el hombre, en la dominación y esclavitud de los pueblos, razas y clases sociales. El pecado surge, entonces, como la alienación fundamental, como la raíz de una situación de injusticia y explotación.[6]

Consecuentemente, el pecado "exige una liberación radical, pero ésta incluye necesariamente una liberación política. Sólo participando en el proceso histórico de la liberación, será posible mostrar la alienación fundamental presente en toda alienación parcial".[7]

¿Cómo se articula la fe cristiana con esa participación en el proceso liberador? La motivación puede ser cristiana, pero ¿cómo se relaciona el compromiso liberador con la fe evangélica? Gutiérrez mismo se hace

---

[4]*Ibid.*, p. 198.

[5]José P. Miranda, *Marx y la Biblia* (Salamanca: Ediciones Sígueme, 1975), pp. 214-215.

[6]Gutiérrez, *op. cit.*, pp. 236-237.

[7]*Ibid.*, p. 237.

la pregunta sin darle una respuesta tajante. Dice que "la forma" de esa relación "se halla en un nivel más intuitivo y de búsqueda, por momentos angustiosa". Pero agrega que la teología como reflexión crítica sobre la praxis debe ayudar a ver cómo se establece el vínculo entre la fe cristiana y la acción liberadora. A la vez, la teología ayudará a corregir posibles desviaciones en el camino de la liberación, a fin de que el compromiso "sea más evangélico, más auténtico, más concreto, y más eficaz".[8] La teología es también necesaria porque lo que se busca, más allá de la lucha contra la miseria, la injusticia y la explotación, es la creación de un *hombre nuevo*. Este objetivo coincide con la enseñanza del Vaticano II, y, en cierto modo, con la Biblia. Pero Gutiérrez parece estar pensando también en el marxismo, como lo indica la nota al calce, donde se citan palabras de Marx en cuanto a los hombres que estarán a la altura del mundo del mañana.[9]

En resumen, para eliminar la injusticia social y crear un hombre nuevo, el cristiano tiene que identificarse "radical y combativamente con quienes —hombre y clase social— sufren en primer lugar el peso de la opresión".[10] Así, en menos de tres páginas, Gutiérrez describe sistemáticamente la naturaleza y objetivo de la misión del cristiano en el mundo. La pregunta en cuanto a cómo relacionar la acción liberadora con la fe cristiana no ha sido aún contestada; pero hay un intento de respuesta en lo que sigue del libro. Por ahora, Gutiérrez dirige su atención a tres interrogantes que le hacen recordar las célebres preguntas programáticas de Kant en la *Crítica de la Razón Pura*: "¿qué puedo saber?, ¿qué debo hacer?, ¿qué me está permitido esperar?" Los interrogantes de Gutiérrez siguen ese mismo patrón: saber, hacer, esperar: "A la luz de la fe, de la caridad y de la esperanza, ¿qué sentido tiene entonces esta lucha, esta *creación*?, ¿qué significa esta opción por el *hombre*?, ¿qué significa la *novedad* en la historia, la orientación hacia el futuro?"[11] Gutiérrez dice que estas preguntas señalan ante todo tres tareas que deben realizarse. Surge una vez más su interés en la prioridad de la praxis para el quehacer teológico.

A la primera de las anteriores preguntas se le da respuesta en el capítulo noveno de la *Teología de la Liberación*, de Gutiérrez; a la segunda, en el décimo, y a la tercera, en el undécimo. Por lo tanto, puede decirse que el significado de la lucha liberadora es de manera especial el tema del capítulo noveno de dicha obra. Comienza Gutié-

---

[8]*Ibid.*, p. 190.

[9]*Ibid.*, p. 190.

[10]*Ibid.*, pp. 190-191.

[11]*Ibid.*, p. 191.

rrez este capítulo haciendo dos preguntas que en realidad son una sola: "¿Qué relación hay entre la salvación y el proceso de liberación del hombre a lo largo de la historia? O más exactamente, ¿qué significa a la luz de la palabra, la lucha contra una sociedad injusta, la creación de un hombre nuevo?"[12] Gutiérrez dice que responder a estos interrogantes implicaría tratar de precisar lo que se entiende por la salvación, lo cual es una tarea "compleja y difícil" que debe llevarnos a considerar tres elementos que ofrecen una perspectiva amplia de lo que significa para Gutiérrez la salvación en este momento de su reflexión teológica: (1) El significado de la acción salvífica del Señor en la historia. Es una salvación intrahistórica, intraterrestre, no ahistórica ni extraplanetaria. No es algo ultramundano, sino la acción que Dios realiza aquí y ahora, transformando toda la realidad humana y llevándola a su plenitud en Cristo. (2) La totalidad de la salvación. Es para el hombre total, y va más allá de lo meramente individual. Tiene también dimensiones sociales y cósmicas. (3) La naturaleza cristológica de la salvación: su centro es Cristo. En palabras de Gutiérrez, la salvación es "la noción central del misterio cristiano".[13] Por consiguiente hay que procurar entenderla, si se va a descubrir su relación con el proceso de liberación del hombre a través de la historia. No debe olvidarse que el tema del capítulo noveno es: Liberación y Salvación.

Salvación universal

¿Por qué le agrada tanto a Gutiérrez el paso que la teología católica contemporánea ha dado de lo *cuantitativo* a lo *cualitativo* en el concepto de salvación? Precisamente porque el énfasis cualitativo elimina preocupaciones numéricas (cuántos y quiénes son salvos), deja a un lado la distinción entre lo sagrado y lo profano, abandona la tendencia a conceptuar la salvación como algo del otro mundo, del más allá, ve al hombre en su totalidad y subraya que la salvación es universal. Ahora es mucho más fácil para teólogos como Gutiérrez plantear el problema de la relación entre salvación y liberación, y ofrecer una solución que para ellos es viable. Por cierto que Gutiérrez señala que la teología de la liberación se hizo posible cuando perdió su influencia la *teología de los dos planos*: profano-sagrado, laico-sacerdote, Iglesia-Estado, natural-sobrenatural, temporal-eterno.[14] Se está superando el dualismo, y el camino está abierto para hablar de una relación estrecha entre la salvación y el proceso de liberación política y social que se lleva a cabo a través de la historia.

[12]*Ibid.*, p. 191.

[13]*Ibid.*, p. 193.

[14]*Ibid.*, p. 93-109.

Hay por lo menos dos grandes consecuencias del concepto cualitativo de la salvación: se hace hincapié en la universalidad de la voluntad salvífica de Dios, y en el carácter histórico, terrenal, de la salvación.

El enfoque cualitativo se opone a la idea de que fuera de la Iglesia no hay salvación. Según Gutiérrez, en la búsqueda de cómo extender la posibilidad de la salvación se llega a lo que él llama "el núcleo mismo" del asunto:

> ...se salva el hombre que se abre a Dios y a los demás, incluso sin tener clara conciencia de ello. Algo válido, además, para cristianos y no cristianos. Válido para todo hombre. Hablar de la presencia de la gracia —aceptada o rechazada— en todos los hombres implica, por otra parte, valorar cristianamente las raíces mismas de la acción humana. Impide hablar con propiedad de un mundo profano.[15]

Más adelante Gutiérrez hace otras declaraciones que también se abren a la posibilidad de ser interpretadas en términos universalistas, como cuando dice que todo hombre es templo de Dios. "Desde que Dios se hizo hombre, la humanidad, cada hombre, la historia, es el templo vivo de Dios. Lo 'profano', lo que está fuera del templo, no existe más".[16] Sin embargo, Gutiérrez no hace sino seguir la pauta que otros le han marcado. En el capítulo cuarto de este libro hemos hablado de la teología del Vaticano II, en la que algunos ven que se allana el camino para la enseñanza del universalismo. Gutiérrez mismo cita en apoyo de su tesis al Concilio.[17]

A los documentos conciliares les precede la reflexión de teólogos como Karl Rahner, para quien no existe una "naturaleza pura", desprovista de la gracia salvífica. Hay en la naturaleza del hombre —de todo hombre— una gracia infusa que le capacita para recibir el amor divino. No se trata solamente de la revelación natural que todo hombre recibe, según Romanos 1, ni de la gracia común de que hablan los teólogos reformados, sino de un "existencial sobrenatural", una capacidad y una determinación para buscar a Dios y recibir su amor.[18]

Rahner comenta que "tal vez hemos mirado demasiado mal y con demasiado poco amor hacia las religiones no cristianas, para verlas realmente".[19] También las religiones no cristianas "contienen momen-

---

[15]*Ibid.*, p. 196.

[16]*Ibid.*, pp. 249-250.

[17]*Ibid.*, p.197.

[18]Karl Rahner, "Sobre la Relación de la Naturaleza y la Gracia", *Escritos de Teolgía* (Madrid: Taurus Ediciones, 1964), V. 151. El contenido de esta conferencia fue publicado originalmente en alemán, en 1961.

[19]*Ibid.*, pp. 152, 151.

tos de influjo de gracia sobrenatural", y en ellas pudo el hombre pre-cristiano alcanzar la gracia de Dios.[20] Rahner aclara que esto no significa que las religiones fuera del Antiguo Testamento hayan sido legítimas en todos sus elementos, ni que cada religión haya sido legítima. Sin embargo, la tesis general es que las religiones concretas de la humanidad pre-cristiana "no deben ser consideradas de antemano como ilegítimas, sino que pueden tener desde luego un sentido positivo en la providencia de salvación de Dios".[21] En la actualidad, el cristianismo sale al encuentro del hombre de religiones no cristianas "como al de alguien que en este o aquel aspecto puede ser considerado como un cristiano anónimo".[22] La no-cristiandad debe ser concebida por el cristiano como una cristiandad de índole anónima. La predicación explícita del cristianismo no es superflua, dice Rahner, porque resulta en "oportunidades más grandes de salvación para cada hombre, que si fuese este sólo un cristiano anónimo".[23] No cabe duda que esta enseñanza se expone demasiado a una interpretación universalista.

Gutiérrez reconoce que expresiones como "cristianismo anónimo" y "cristiandad sin el nombre" son "equívocas y no muy felices", y que es necesario "afinarlas para que indiquen con mayor precisión una realidad, ella sí, indiscutible: que todos los hombres están, en Cristo, convocados eficazmente a la comunión con Dios".[24] Todos los hombres son templo de Dios; pero "se salva al hombre que se abre a Dios y a los demás, incluso sin tener clara conciencia de ello". Estas últimas palabras pueden indicar la posibilidad de que el que no haga tal cosa se pierda. Pero el énfasis no cae en la perdición de algunos, sino en la salvación de todos, puesto que lo profano no existe más.

La apertura al universalismo parece haberse ampliado en el catolicismo posconciliar. Bien conocido es el caso del teólogo Hans Küng, quien se opone a "un particularismo estúpido, imaginario y exclusivista que condena globalmente a las otras religiones; un proselitismo que practica la competencia desleal, tiene muy pobre concepto no sólo de las religiones, sino del mismo evangelio".[25] Küng propone "un universalismo cristiano inclusivo, que *no* pretende para el cristianismo la *exclusividad*, pero sí la particularidad".[26] Piensa que la cristiandad no

[20]*Ibid.*, p. 146.

[21]*Ibid.*, p. 152.

[22]*Ibid.*, pp. 153-154.

[23]*Ibid.*, p. 154.

[24]Gutiérrez, *op. cit.*, p. 106.

[25]Hans Küng, *Ser Cristiano* (Madrid: Ediciones Cristiandad, 1977), p. 135.

[26]*Ibid.*, p. 136.

debiera considerarse en posesión de la verdad, sino salir en busca de ella, en diálogo con las religiones no cristianas.[27] Lo que Küng desea como resultado de este diálogo es "una nueva síntesis crítica e inclusiva, sin falsos exclusivismos antitéticos, verificando más bien un efectivo cambio de mentalidad".[28] El ecumenismo, en el amplio sentido universal cristiano, se basa no en la conquista misionera de las otras religiones, "sino en la presencia cristiana entre ellas".[29]

Entre los teólogos católicos de la liberación, Gutiérrez no es el único en exponer ideas de apertura universalista. Por ejemplo, Juan Luis Segundo comienza su libro *Masas y Minorías* indicando que así como Adán comunica a todos el pecado y la muerte, Cristo comunica igualmente a todos la justicia y la vida. Consecuentemente, en opinión de Segundo hay una contradicción en el esfuerzo de ganar adeptos para el cristianismo. Aun si se admite que según el espíritu de Jesús la tarea de la Iglesia es ir por el mundo haciendo adeptos, es necesario también reconocer, sugiere Segundo, que Adán no necesitaba convertir a nadie para tenerlos a todos bajo el dominio del pecado y de la muerte. "La tendencia a colaborar con la victoria salvadora de Cristo mediante la obtención cuantitativa —¿qué otra podría haber?— de adeptos y de conversiones, ha sido terriblemente peligrosa, por no decir fatal para el Cristianismo".[30]

A la vez, Segundo concluye, con base en su concepto de "masas y minorías", que el evangelio es minoritario, antimasivo. La masa se caracteriza por su tendencia a seguir la ley del menor esfuerzo. El mensaje de Cristo es esencialmente antimasivo, aunque al servicio precisamente de la multitud, porque debe realizarse lo que se anuncia en el Evangelio de San Juan: "Y yo, si fuere levantado de la tierra, a todos traeré a mí mismo" (12:32).

La victoria de Cristo incluye a todos los seres humanos, como se ve en la oposición tipológica Adán-Cristo; pero el mensaje cristiano es minoritario, antimasivo. Segundo ve contradicción no en su tesis de que todos están incluidos ya en la victoria de Cristo, aunque el evangelio es antimasivo, sino en el esfuerzo de ganar adeptos para la Iglesia. La contradicción se encuentra en un cristianismo que "acepta que los mecanismos de pertenencia a Cristo se identifican con los mecanismos de pertenencia al mundo".[31] Este es un cristianismo

[27]*Ibid.*, p. 139.

[28]*Ibid.*, p. 138.

[29]*Ibid.*, p. 138.

[30]Juan Luis Segundo, *Masas y Minorías* (Buenos Aires: Editorial La Aurora, 1973), p. 10.

[31]*Ibid.*, p. 49.

contradictorio, porque usa métodos masivos para la universalidad. J. Andrew Kirk piensa que Segundo está procurando lo imposible, cuando trata de adoptar una eclesiología dual. "Por una parte exhorta a la Iglesia a que sea una comunidad minoritaria, y por la otra, extiende la salvación para abarcar a aquellos que rechazan este llamamiento minoritario".[32]

El énfasis de Segundo en cuanto a la salvación es *cualitativo*, no *cuantitativo*, y puede dar lugar a una interpretación universalista. Debemos reconocer, eso sí, que su oposición a que se reduzca el evangelio a una mercadería que pueda ser adquirida sin dificultad por todo el mundo, es una advertencia que vale la pena tener en cuenta en nuestro trabajo de evangelización. Pero se sobreentiende que también debemos estar alerta para no caer ingenuamente en el universalismo a que puede conducirnos la teología de la liberación.

Salvación intrahistórica

El énfasis en la universalidad de la salvación lleva también el propósito de demostrar que la acción salvífica de Dios abarca a toda la humanidad aquí en el mundo, en el tiempo presente. El enfoque cualitativo de la salvación manifiesta la posible relación o convergencia de la salvación con el proceso liberador humano a través de la historia. La salvación no es algo ultraterreno; se da también de manera real y concreta aquí y ahora; "asume toda la realidad humana, la transforma, y la lleva a su plenitud en Cristo".[33] La mirada se orienta no hacia el más allá sino hacia este mundo, para ver en ese más allá la transformación y la realización plena de la vida presente.[34]

Si la salvación es también una realidad que se da dentro de la historia, no es difícil concluir que hay una sola historia. Gutiérrez habla de "un solo devenir humano asumido irreversiblemente por Cristo, Señor de la historia".[35] No hay dos historias, una sagrada y la otra profana, ya sean paralelas o relacionadas entre sí, sino una sola. En su interpretación de la historia, Gutiérrez cree darle fin a todos los dualismos. En consecuencia, "el devenir histórico humano debe ser definitivamente situado en el horizonte salvífico".[36] Allí se unen el acontecer humano con la acción salvífica de Dios. No es tan sólo la

---

[32]J. Andrew Kirk, *Liberation Theology. An Evangelical View from the Third World* (Atlanta: John Knox Press, 1979), p. 202.

[33]Gutiérrez, *op. cit.*, p. 197.

[34]*Ibid.*, p. 198.

[35]*Ibid.*, p. 199.

[36]*Ibid.*, p. 200.

historia de la salvación, sino la salvación *en la historia*, y la salvación *de la historia misma*, porque ésta es llevada a su plenitud por la salvación. En palabras de Gutiérrez, la salvación es "comunión de los hombres con Dios y comunión de los hombres entre ellos".[37] Concluye su argumento diciendo que hay una sola historia "cristo finalizada". Esta palabra parece ser un eco de la enseñanza de Teilhard de Chardin, quien ve a Cristo como el punto omega de la evolución de todo lo creado.

La tesis de la unidad y evolución de la historia es vital para el argumento de que el proceso liberador del hombre y el proceso salvífico de Dios se hallan estrechamente relacionados. Si no hay una historia profana, distinta de una historia sagrada, sino una sola historia, entonces Dios y el hombre están trabajando juntos para transformarla y llevarla a su plenitud. Gutiérrez piensa haber explicado su tesis. Le queda solamente apoyarla con las Escrituras. Para ello se vale de dos grandes temas bíblicos: la relación entre creación y salvación, y las promesas escatológicas. Considera que estos dos temas enlazan la acción de Dios y la acción humana en la historia.

Creación y salvación

El tema central de Gutiérrez en la sección de su libro titulada *Perspectivas*, es "Fe y Hombre Nuevo". Puesto que se trata de crear un hombre nuevo, el tema de la creación, llamada original, se impone. Si hay la posibilidad de una *nueva* creación es porque hay una creación antigua, o primigenia. Además, la historia terrenal tiene su punto de arranque en la creación, y si la historia es una, entonces creación y salvación se hallan mutuamente relacionadas.

La creación: primer acto salvífico.—Gutiérrez está convencido de que Dios creó a los hombres para que fueran sus "hijos". La creación es el primer acto salvífico.[38] La creación es parte de la salvación; y la historia, un proceso continuo en el que el hombre lleva adelante la obra creadora. Así lo enseña Gutiérrez: "el hombre es el resumen y el centro de la obra creadora, y está llamado a prolongarla por medio del trabajo (cf. Gén. 1:28)".[39] En otra parte dice: "puesto que el hombre es el centro de la creación, ésta queda integrada en la historia que se construye con el esfuerzo del hombre".[40] Pero si el hombre no coadyuva a su propia creación, sino que es tan sólo un objeto del fíat divino, es posible preguntarle a Gutiérrez cómo puede quedar inte-

[37]*Ibid.*, p. 199.

[38]*Ibid.*, p. 202.

[39]*Ibid.*, p. 209.

[40]*Ibid.*, p. 202.

grada la creación en la historia que se construye con el esfuerzo del hombre. ¿Llevó a cabo Dios la creación valiéndose de la ayuda del hombre?

Las preguntas más importantes tienen que ver con el testimonio de las Escrituras. ¿Enseña la Biblia la relación que Gutiérrez establece entre creación y salvación? Si la salvación es el "primer acto salvífico", ¿significa esto que todos los seres humanos son salvos por el solo hecho de haber sido creados? ¿Qué de la "dialéctica" del pecado en el universo? ¿Por qué es necesaria una "nueva creación"? ¿Es satisfactorio desde el punto de vista bíblico responder a estas preguntas, y a otras similares, diciendo que ellas son producto de un enfoque *cuantitativo* de la salvación?

Gutiérrez tiene sus "textos bíblicos de prueba" para defender la tesis de que la creación es el primer acto salvífico de Dios. Reconocemos, por supuesto, que vale la pena el esfuerzo por recuperar el tema de la creación en la enseñanza sobre el desarrollo del propósito de Dios en la historia. No puede negarse que las Escrituras afirman que el Dios creador es también el Dios libertador de su pueblo. Así pensaban de Él los israelitas. Pero una exégesis desapasionada de textos como los de Isaías 43:1; 44:24 y 55:4, lo que prueba no es que la creación sea el primer acto salvífico de Dios para todos los seres humanos, sino que Yahvé redime a su pueblo con el mismo poder con que lo creó. Aun cuando se use el evento del éxodo de Israel como clave para interpretar la creación, hay todavía un salto hermenéutico. Que el Dios del Éxodo es el mismo Dios del Génesis no prueba que la creación sea el primer acto salvífico de Dios para todos los hombres, aunque los israelitas entendieran a la luz de su salida de Egipto la creación.

Del Nuevo Testamento, Gutiérrez cita Efesios 1:3-5, donde el apóstol Pablo dice que el Padre Celestial nos escogió "antes de la fundación del mundo". ¿Está pensando Pablo en exponer la filosofía de "una sola historia", a la manera en que lo hace Gutiérrez, o tiene solamente como propósito demostrar que la elección salvífica antecede a la creación del mundo? Hay una expresión que puede ser paralela a "antes de la fundación del mundo", en 1 Corintios 2:7, donde el apóstol afirma que Dios escogió la sabiduría "antes de los siglos", antes que comenzara a medirse el tiempo. También se dice en 1 Timoteo 1:9, que la gracia nos fue dada en Cristo Jesús "antes de los tiempos de los siglos".

No es necesario entrar aquí en una discusión sobre el orden de los decretos divinos; si el decreto de salvación antecede al de la creación, o viceversa; o si el orden de los decretos es lógico y no cronológico. Lo que se halla fuera de toda duda es que en Efesios 1:3-14 el apóstol habla de elección y predestinación, lo que va en contra de la tesis de que la creación es el primer acto salvífico de Dios, con alcance universal, o universalista. Cualquiera que sea la escuela teológica del intérprete —ya sea arminiana o calvinista—, es innegable que Pablo no dice que todos los seres humanos hayan sido predestinados para ser hijos de Dios por medio de Jesucristo, por el solo hecho de haber sido creados por Él.

Las palabras griegas traducidas por "escogió", o "predestinó" indican la acción de seleccionar, o delimitar. Aun cuando se diga que Dios supo quiénes iban a creer y que a ellos escogió, o que Él escogió a la Iglesia corporativamente en Cristo, todavía queda en pie el principio de selección. Si se incluye a todos, nadie está "escogido". Pablo tiene en mente tan sólo a los que han oído y creído el evangelio (vs. 13). No hay lugar aquí para el universalismo.

El éxodo y la creación.—No se ha apartado Gutiérrez del tema central de sus *Perspectivas*: "Fe y Hombre Nuevo". Este tema sigue dándole unidad al argumento, para responder a la pregunta fundamental que el autor se hace al principio del capítulo noveno de su obra: "¿Qué relación hay entre la salvación y el proceso de liberación del hombre a lo largo de la historia? O más exactamente, ¿qué significa a la luz de la palabra, la lucha contra una sociedad injusta, la creación de un hombre nuevo?"

Gutiérrez ha afirmado que la salvación está vinculada con la historia aun en el acto creador, ya que éste es también de naturaleza salvífica. El hombre, centro y resumen de la creación, la lleva adelante por medio del trabajo a lo largo de la historia. Luego, la salvación y el proceso liberador del hombre forman una sola historia. El otro argumento que Gutiérrez usa para defender su tesis de la unidad entre la creación y la salvación es el del éxodo, o sea la portentosa liberación de Israel de la esclavitud egipcia.

Hay a lo menos tres razones por las cuales Gutiérrez incluye el éxodo en su argumento: (1) Para Gutiérrez el éxodo y la creación son un solo acto salvífico: "El actor creador es ligado, casi hasta la identidad, con el gesto que liberó a Israel de la esclavitud en Egipto... Creación y liberación de Egipto son un solo acto salvífico".[41] (2) Los teólogos de la liberación creen hallar en ese evento antiguotestamentario un paradigma de la interacción de Dios y el hombre en el proceso liberador que se realiza en la historia. (3) Juan Luis Segundo ve que la razón para esta preferencia por el éxodo en la teología de la liberación es obvia:

El Antiguo Testamento y en especial el Éxodo, muestran dos elementos centrales totalmente fundidos en uno: el Dios liberador y el proceso político de la liberación que lleva a Israel desde la esclavitud de Egipto a la tierra prometida. En ninguna otra parte de la Escritura el Dios liberador se revela a sí mismo en relación más estrecha con el plano político de la existencia. Es sabido, además, que a partir del Exilio en Babilonia, la literatura

[41]*Ibid.*, pp. 203-204.

bíblica, en la parte que puede llamarse *sapiencial,* se vuelve individualista, interior y apolítica en gran medida, si no totalmente. Más aún, el Nuevo Testamento parecería a primera vista despreciar o aun descartar, aun hablando de liberación, toda relación de ésta con la política.[42]

Gutiérrez considera el éxodo como un acto político.[43] El pueblo se hallaba oprimido social y políticamente, en dura servidumbre. Yahvé levantó entonces a Moisés como el libertador y convocó al pueblo no sólo para que dejara Egipto, sino también, especialmente, para llevarlo a una tierra mejor, espaciosa y buena, que fluía leche y miel. No niega Gutiérrez "el hecho religioso"; lo ve como "el sentido más profundo de toda la narración".[44] Sin embargo, el acento cae en lo político. Para hacer del pueblo una nación santa, Yahvé lo libera políticamente. La historia de Israel es una "re-creación" en la que tiene parte el hombre. Se trata en realidad de una "auto-creación". Es interesante notar el título que Gutiérrez le da al apartado en que interpreta el éxodo: "Liberación política: auto-creación del hombre".

Hemos visto ya que el hombre participa en la creación prolongándola por medio del trabajo a lo largo de la historia. Ahora Gutiérrez se basa en el éxodo para decirnos que dentro de esa historia, en la que se unen la salvación y el proceso liberador, el hombre también participa en la creación de una sociedad justa por medio de la praxis social, valga decir, por medio de la política:

> Trabajar, transformar este mundo es hacerse hombre y forjar la comunidad humana, es también, ya salvar. De igual modo, luchar contra una situación de miseria y despojo, y construir una sociedad justa es insertarse ya en el movimiento salvador, en marcha hacia su pleno cumplimiento.... Es situarse de lleno en un proceso salvífico que abarca todo el hombre y toda la historia humana.[45]

Por supuesto, Gutiérrez aclara que la obra de Cristo "se inscribirá en este movimiento, llevándolo a su pleno cumplimiento".[46] Pero todavía el mayor énfasis está en la participación activa del hombre en la construcción de una sociedad justa, en la creación del hombre nuevo.

[42]Juan Luis Segundo, *Liberación de la Teología* (Buenos Aires: Ediciones Carlos Lohlé, 1975), p. 127.

[43]Gutiérrez, *op. cit.,* p. 204.

[44]*Ibid.,* p. 206.

[45]*Ibid.,* pp. 210-211.

[46]*Ibid.,* p. 208.

Al entrar Gutiérrez en el terreno de la política, por medio de su interpretación del éxodo, parece ir avanzando en su intento de responder a otra importantísima pregunta que ya hemos mencionado, y que él mismo se hace en la introducción al tema de la fe y el hombre nuevo: ¿Cómo se articula el compromiso liberador del cristiano con una vida de fe? Si el significado que le dan al éxodo los teólogos de la liberación es correcto, entonces podría decirse que la narración de esa gesta libertadora es una base bíblica para que los cristianos asuman el compromiso político, así como Gutiérrez lo sugiere, en la transformación de la sociedad y la creación del hombre nuevo. Consecuentemente, es de gran importancia saber si el éxodo tiene el significado que los teólogos de la liberación le atribuyen.

Ante todo es necesario tener presente que en el campo de la interpretación bíblica a todo evangélico conservador le es muy difícil dialogar con el teólogo de la liberación. Esto por varias razones. Por ejemplo: (1) El concepto católico de la inspiración y autoridad de las Escrituras no es tan elevado como el del evangélico conservador; (2) en su enfoque de la Biblia el teólogo católico de la liberación está abierto a la teología liberal; (3) no le da la debida importancia a la exégesis científica de las Escrituras para determinar la norma hermenéutica; (4) puede hablar de "una reserva de significado bíblico", o sea un sentido más profundo que el de *sensus literalis*. Si no se trata exactamente del *sensus plenior* (el sentido pleno) de que se hablaba tanto en tiempos preconciliares, no podemos menos que recordarlo.

El teólogo católico Raymond E. Brown da la siguiente definición del *sensus plenior*: "El sentido pleno es un sentido más profundo que el literal, intentado por Dios, pero no intentado claramente por el autor, que se descubre en las palabras de las Escrituras cuando éstas son estudiadas a la luz de una revelación ulterior o de un mejor entendimiento de la revelación".[47]

Se insiste en que el *sensus plenior* se halla en las palabras de la Escritura, pero no fue claramente intentado por el autor humano. Dios sí lo intentó. Hay dos maneras en que puede descubrirse el sentido pleno: por una revelación ulterior, o por un progreso en el entendimiento de la revelación. Brown señala tres problemas en la teoría del *sensus plenior*: Primero, "no deja de ser arriesgado decidir, a partir de una teoría filosófica sobre la instrumentalidad, qué pudo y qué no pudo Dios hacer al inspirar, máxime cuando todos saben que la instrumentalidad en el proceso de la inspiración es única". El siguiente argumento lo considera mucho más fuerte que el primero: "si ese sentido más profundo sólo puede conocerse a la luz de una revelación ulterior, no es sentido contenido en el texto mismo, sino adquirido en

[47]Raymond E. Brown, "Hermenéutica", *Comentario Bíblico "San Jerónimo"* (Madrid: Ediciones Cristiandad, 1972), v. 305.

el momento en que se produce esta revelación". El tercer argumento tiene que ver con la poca frecuencia con que se da el *sensus plenior*, "lo cual significa que tiene escasa aplicación para justificar o exponer la exégesis neotestamentaria, patrística, litúrgica o eclesiástica".[48]

No obstante las dificultades del *sensus plenior*, hay teólogos de la liberación que usan lo que puede llamarse una forma modificada de esta teoría, cuando hablan, por ejemplo, de eventos germinales que tienen cierta "reserva de significado".[49] J. Andrew Kirk indica que la teología de la liberación no se refiere al *sensus plenior* como tal, pero parece emplear "una metodología semejante a la que le sirve de base a la teoría imprecisa del sentido pleno".[50] José Míguez Bonino afirma que las lecturas de los "hechos fundadores y generadores de la fe", realizadas en compromiso con la praxis liberadora, no son "innovaciones arbitrarias". Da como ejemplo de un evento germinal la resurrección de Jesucristo, y termina preguntando: "¿Es totalmente absurdo releer hoy la resurrección como la muerte de los monopolios, la liberación del hombre o una forma solidaria de propiedad?"[51]

En el caso específico de la salida de Israel de Egipto, se ve claramente el esfuerzo de los teólogos de la liberación por extraer del texto bíblico —o mejor dicho imponerle— un significado que se ajuste a determinada ideología. No es de extrañar que su interpretación del éxodo tropiece con serios problemas. Por ejemplo, una lectura somera del texto bíblico revela que los israelitas no fueron protagonistas, miembros activos, causantes, de su propia liberación. En realidad, el éxodo no es un paradigma de la auto-liberación del hombre. Al contrario, es un ejemplo sobresaliente de la intervención soberana de Dios en la liberación de aquellos que claman a El, precisamente porque no pueden liberarse a sí mismos. Y llega el momento cuando ni quieren liberarse.

Lo más que tal vez puedan señalar los teólogos de la liberación en abono de su tesis es la parte que desempeñó Moisés como representante de Yahvé ante los israelitas y ante Faraón. Pero aun en este caso el caudillo y su pueblo se limitan a esperar lo que hará el Señor. La acción de las parteras —suponiendo que eran israelitas— no tuvo que ver directamente con el éxodo. Lo cierto es que no hubo un levantamiento popular para derrocar al Faraón por medio de la lucha violenta.

---

[48]*Ibid.*, pp. 309-310.

[49]J. Severino Croatto, *Exodus: A Hermeneutics of Freedom*, trans. Salvator Attanasso (Maryknoll, New York: Orbis, 1981), pp. 3, 8.

[50]Kirk, *Liberation Theology*, p. 157.

[51]José Míguez Bonino, *La Fe en Busca de Eficacia* (Salamanca: Ediciones Sígueme, 1977), pp. 126-127.

Tampoco tenían los israelitas un proyecto político para cambiar las estructuras de la sociedad egipcia. No debían ellos quedarse en Egipto para transformarlo, sino servirle a Yahvé en otro lugar.

Que había injusticia social en Egipto salta a la vista. Los israelitas sufrían opresión económica, social y política. El trabajo era utilizado como instrumento de esclavitud. No trabajaban los israelitas para el bienestar de ellos mismos y de sus hijos. El gobernante quería humillarlos, explotarlos, y de ser posible, exterminarlos. Ellos clamaron a Dios, y El les escuchó, y los liberó en demostración de lealtad a la alianza que El había hecho con los patriarcas. Antes del éxodo, Israel era ya un pueblo con una larga historia en la que se destaca la fe monoteísta, el conocimiento de Yahvé el Señor. Nunca podrá exagerarse en la interpretación del éxodo el énfasis que merece la alianza de Yahvé con los patriarcas de la nación israelita. El fundamento y marco de referencia para el significado teológico de aquel gran acontecimiento liberador se hallan en el pacto por el cual Dios se compromete con su pueblo —desde los días de Abraham— para bendecirlo y convertirlo en un medio de bendición para todas las familias de la Tierra. Es en fidelidad a este compromiso que Yahvé interviene a favor de su pueblo, liberándolo de la esclavitud en Egipto.

También es evidente que el éxodo tiene consecuencias económicas, sociales y políticas para Israel. Pero, dígase lo que se diga en la teología de la liberación, el propósito supremo de aquella gesta libertadora es espiritual. Después de un estudio acucioso del vocabulario de liberación en el Antiguo Testamento, el teólogo agustino español S. Sabugal, profesor de exégesis neotestamentaria e historia de la exégesis en el Instituto Patrístico ''Agustinianum'' de Roma, concluye que existe el aspecto socio-político en el Exodo, pero que lo más importante es la dimensión espiritual.[52]

Positivamente hablando, el pueblo fue liberado de Egipto para que fuera a adorar a Yahvé (Ex. 3:18; 4:23; 5:1). Por otra parte, el éxodo tuvo por finalidad liberar a Israel de la idolatría egipcia (Ex. 20:5-9) y estimularle a confiar en Yahvé, el Dios viviente y verdadero (Dt. 4:34-35; Os. 19:9; 13:4).

El tema de la liberación de Israel de la esclavitud en Egipto recorre toda la revelación bíblica, hasta el libro del Apocalipsis. Vale la pena, por lo tanto, preguntarse qué interpretación recibe ese gran acontecimiento en ambos Testamentos. Sabugal reprocha a los teólogos de la liberación el no haber tenido en cuenta todo el testimonio bíblico en cuanto al éxodo, especialmente el del Nuevo Testamento. En realidad, este es un tema que también exige la atención esmerada de los exegetas evangélicos. Es necesario dilucidar lo que el éxodo significó para los israelitas de tiempos posteriores a tan trascendental suceso, y lo que

[52]S. Sabugal, *¿Liberación y Secularización?* (Barcelona: Editorial Herder, 1978), p. 39.

puede significar para nosotros en la actualidad.

Ya hemos visto la opinión de Juan Luis Segundo tocante a que la literatura bíblica se vuelve individualista a partir del exilio en Babilonia, y que en el Nuevo Testamento parece haber la tendencia a menospreciar o aun a descartar toda relación de la liberación con la política. Esto significaría una interpretación no política del éxodo en los dos Testamentos. Segundo también afirma que es ingenuo decir que el éxodo posee la clave para la interpretación de toda la Escritura.[53] Sabugal ve que la salvación realizada por Cristo se presenta como el éxodo nuevo y definitivo a través de toda la literatura neotestamentaria.[54]

Los resultados de una exégesis estricta del texto bíblico no permiten que se use el éxodo como el paradigma para la lucha política y revolucionaria en la transformación de la sociedad latinoamericana. Al mismo tiempo es indispensable aclarar que estos comentarios no significan de manera alguna que el éxodo carezca de un mensaje para nosotros. Tampoco intentamos negar la urgente necesidad de cambios sociales profundos que favorezcan en verdad al pueblo latinoamericano. Entendemos también que de la salvación que viene del Señor se esperan, aquí y ahora, resultados tangibles en la vida personal, familiar y social. Pero podemos insistir en tales resultados sin hacerle violencia al texto de las Escrituras. Gutiérrez procura demostrar, por medio del tema del éxodo, que hay una estrecha relación entre la salvación y el proceso liberador del hombre. Pero su exégesis de la Biblia es discutible.

Ante los serios problemas que el texto bíblico les plantea, algunos teólogos de la liberación sugieren que debe buscarse el núcleo más antiguo de la narración del éxodo. Este núcleo, piensan ellos, podría revelar el proceso de organización y participación del pueblo en la lucha por la libertad.[55] De hecho este razonamiento se queda en lo puramente especulativo. La única base bíblica objetiva que poseemos para nuestra reflexión teológica sobre la salida victoriosa de Israel de Egipto es la narración en el libro del Éxodo y la interpretación que de esta narración ofrece el resto de las Escrituras.

Juan Luis Segundo ve que la interpretación del éxodo en la literatura bíblica y la actitud de Jesús, aparentemente apolítica, le presentan a la teología de la liberación un problema pastoral de primera magnitud. Segundo no encuentra en el *sensus plenior* la solución de este problema. Busca la salida en la relación entre la fe y las ideologías. De acuerdo con su tesis, hay continuidad en toda la revelación, pero ésta contiene dos

[53]Segundo, *op. cit.*, pp. 128-129.

[54]Sabugal, *op. cit.*, p. 77.

[55]J. Andrew Kirk, *Liberation Theology*, pp. 148-150.

elementos: "uno permanente y único: la fe; y otro mutable y variado según las circunstancias históricas: las ideologías".[56]

Si la revelación divina viene encarnada en ideologías históricas, "ya no podemos invocar al Jesús histórico para desechar las soluciones del Antiguo Testamento".[57] Por ejemplo, las circunstancias en que Jesús dijo que debemos dar la otra mejilla son muy diferentes a aquellas en que Yahvé ordenó, en el Antiguo Testamento, la exterminación de determinados pueblos. La necesidad de destruir a esas gentes era la ideología que la fe adoptó en aquellas circunstancias. Muy diferentes eran las de Jesús. De allí que su mandamiento pacifista tenga que ver con una ideología diferente. No se trata del contenido de la fe.

Segundo quiere decir que la ideología es el puente entre la concepción que recibimos de Dios en la revelación y los problemas que surgen de una historia en proceso de cambio. La fe es permanente; las ideologías son medios provisorios pero necesarios para unir la fe con la situación histórica. Por supuesto, "cada ideología presente en la Escritura es un elemento humano".[58] Señala Segundo que la manera científica con que la exégesis enfrenta el contenido de ambos Testamentos es viéndolo "como una sucesión de ideologías religiosas, cada una relacionada con su contexto y comprensible sólo en relación con él".[59]

En el caso concreto de la América Latina, Segundo sugiere que la teología tiene dos caminos para relacionar la fe con nuestra situación. Uno de ellos es el de inventar lo que podría ser hoy la ideología empleada por un evangelio contemporáneo; el otro es el de buscar la situación bíblica más parecida a la nuestra y adoptar "como respuesta correcta de la fe la ideología que la Escritura presente en relación con dicha situación".[60] Por ejemplo, la relación entre la situación del Éxodo y la nuestra es más estrecha o cercana que la existente entre la situación de Jesús y la del pueblo latinoamericano en la actualidad. Conclusión: el Éxodo y no el evangelio debe ser la fuente de inspiración para encontrar la ideología actual que esté más de acuerdo con la fe.[61]

Segundo reconoce que hay problemas en ambos caminos y se pregunta si el contenido de la fe puede darnos la precisión que nos falta

[56]Segundo, *Liberación de la Teología*, p. 132.

[57]*Ibid.*, p. 133.

[58]*Ibid.*, p. 133.

[59]*Ibid.*, p. 134.

[60]*Ibid.*, p. 134.

[61]*Ibid.*, p. 134.

para establecer la relación correcta entre la fe y la situación histórica. Pero encuentra que si bien es posible definir la ideología por su contenido, la dificultad es grande cuando se trata de hacer lo mismo con la fe. ¿Es posible extraer el núcleo de la fe, aparte de todo revestimiento ideológico? Para Segundo la respuesta tiene que ser negativa, porque él cree que la idea de Dios no se presenta nunca separada de las ideologías, no puede separarse de los medios históricos.[62] Segundo procura solucionar el problema por medio de una teoría del aprendizaje que le lleva a concluir que las ideologías presentes en las Escrituras "son las respuestas aprendidas frente a determinadas situaciones históricas", en tanto que la fe "es el proceso total al que el hombre se entrega, y ese proceso es un aprendizaje a través de las ideologías, para crear las ideologías necesarias para nuevas e inéditas situaciones históricas".[63] Nótese bien que según estas definiciones la fe no es una revelación objetiva, concreta, y final, entregada ya a la Iglesia, sino un proceso de aprendizaje y creación de nuevas ideologías.

La revelación es continua, como un proceso que puede seguir caminando "por sus propios medios, y esos medios no son otros que la sucesión de ideologías frente a los problemas históricos".[64] La historia misma es la encargada de continuar el proceso, animada por el Espíritu de Cristo.[65] La fe no es una ideología, pero "sólo tiene sentido como fundadora de ideologías".[66] Sin la mediación histórica que proporcionan las ideologías, la fe está muerta, porque no tiene pertinencia histórica. Consecuentemente, el riesgo de las ideologías es inevitable para los cristianos: "no pueden escaparse de la necesidad de llenar el espacio que media entre su fe y sus opciones históricas".[67]

Al final de cuentas, Segundo no puede definir el contenido de la fe, ni da clave alguna para distinguir en la Biblia misma entre la fe y las ideologías, las cuales, él cree, son "un elemento humano" en las Escrituras. Su conclusión es que la fe no debe ser considerada como "un contenido resumido, universal y atemporal, de la revelación, una vez que se ha desembarazado a ésta de las ideologías. Por el contrario, es la madurez para las ideologías..."[68] En otra parte de su obra,

[62]*Ibid.*, p. 135.

[63]*Ibid.*, p. 137.

[64]*Ibid.*, p. 139.

[65]*Ibid.*, p. 139.

[66]*Ibid.*, p. 124.

[67]*Ibid.*, p. 125.

[68]*Ibid.*, p. 140.

Segundo afirma que "estamos obligados a concebir la verdad revelada, no como una verdad *final*, por más absoluta que sea sino como un elemento fundamental para la búsqueda de la verdad".[69] Dicho de otra manera, no hay una revelación objetiva, concreta y final, que le sirva de norma al cristiano y a la Iglesia. La fe depende de las ideologías, y éstas van cambiando de acuerdo con las situaciones históricas.

Segundo es consciente de que hay diferencia entre *ideología* y *utopía*. Las ideologías "son las ideas que trascienden la situación y que *nunca lograron de hecho realizar* su contenido virtual"; la utopía —en el sentido en que usan este término los teólogos de la liberación— tiende "a destruir el orden prevaleciente".[70] Gutiérrez explica desde su punto de vista la diferencia: La ideología "no proporciona un conocimiento adecuado y científico de la realidad; más bien la enmascara... la ideología tiende a dogmatizar... La utopía, en cambio, conduce a un conocimiento auténtico y científico de la realidad y a una praxis transformadora de lo existente".[71] Da la siguiente definición de utopía: "El término utopía ha vuelto a ser empleado en las últimas décadas para designar el *proyecto histórico* de una sociedad cualitativamente distinta y para expresar la aspiración al establecimiento de nuevas relaciones sociales entre los hombres" (subrayado nuestro).[72]

A la pregunta en cuanto a la relación entre la fe y la acción política, Gutiérrez responde con un proyecto histórico designado por el término *utopía*. En su concepto de liberación hay tres niveles de significado:

Liberación económica, social y política:	corresponde al nivel de	la racionalidad científica en la que se apoya una real y efectiva acción política transformadora.
Liberación que lleva a la creación de un hombre nuevo en una sociedad solidaria:	corresponde al nivel de	la utopía, del proyecto histórico...
Liberación del pecado y entrada en comunión con Dios	corresponde al nivel de	la fe.[73]

[69]*Ibid.*, p. 126.

[70]*Ibid.*, pp. 114-115.

[71]Gutiérrez, *op. cit.*, pp. 313-314.

[72]*Ibid.*, p. 309.

[73]*Ibid.*, p. 315.

Nótese que el primer nivel es el político, y el tercero, el de la fe. La utopía en medio, enlaza a ambos. La utopía, o proyecto histórico, lo abarca todo y se relaciona con el tema central y fundamental que Gutiérrez ha venido desarrollando: la construcción de una nueva sociedad y la creación de un hombre nuevo. Según Gutiérrez la creación y el éxodo demuestran que hay una sola historia, y que dentro de esa historia se unen la acción salvífica de Dios y el proceso liberador del hombre. El éxodo demuestra también que el proceso liberador es político. ¿Cómo se relaciona la fe con la acción política para la creación de una nueva sociedad y de un hombre nuevo? El vínculo es la utopía, el proyecto histórico. ¿Cuál es el proyecto histórico de Gutiérrez? De hecho, él rechaza el capitalismo, el desarrollismo, y todo pretendido "tercerismo" político. Le queda la opción por un socialismo latino-americano.

Para el evangélico conservador, que tampoco quiere verse atado a la derecha política, el problema fundamental de la teología de la liberación se halla en la tendencia a exaltar una ideología, o una utopía, como el criterio para la interpretación del relato del éxodo y de todas las Escrituras. Pero la crítica a la nueva manera de hacer teología debe ser también una voz de alerta contra todo intento de "ideologizar" el sagrado Texto. No importa que la opción política sea de izquierda o de derecha.

El concepto de utopía nos lleva inevitablemente al plano escatológico, o sea a otro tema bíblico que Gutiérrez usa para defender su tesis de que la historia es una, y que la obra salvífica de Dios y el proceso liberador del hombre la transforman y la llevan a su plenitud.

Salvación escatológica

En el pensamiento de Gutiérrez la creación está ligada al éxodo, y este acontecimiento es una liberación política. El hombre prolonga la creación por medio del trabajo, y construye una nueva sociedad por medio de la praxis liberadora. Se unen así en la historia la salvación y el proceso de liberación del ser humano. No hay un orden natural (la creación) y un orden sobrenatural (la redención). La perspectiva de la liberación política no permite que haya dos órdenes, sino uno solo, en el que se efectúa la salvación, la auto-creación del hombre. Es el hombre quien enlaza con su trabajo y con su praxis liberadora en la historia, la creación con la redención, la salvación con el proceso liberador. La conexión entre la fe y la acción política por una sociedad más justa se hace posible mediante la opción política del cristiano frente a una situación concreta. En este caso, se trata de una opción socialista.

Los teólogos de la liberación ven el éxodo como un paradigma de liberación total; pero sienten, a la vez, la necesidad de un proyecto histórico que movilice y transforme a la historia. La mirada retrospectiva que el éxodo demanda debe complementarse con la visión escatológica. Es aquí donde entran la promesa y la esperanza. Es aquí donde también se ven la influencia de J. Moltmann con su *Teología de la Esperanza* y la influencia del diálogo cristiano-marxista sobre el futuro, especialmente en relación con la obra de E. Bloch. En *El Principio Esperanza*, Bloch sigue a Karl Marx en la convicción de que es imperativo transformar el mundo, no sólo explicarlo, y presenta la esperanza como un elemento que se vuelve subversivo del presente orden de cosas. Gutiérrez mismo señala que el pensamiento de Marx ejerce una cierta influencia en la teología de la esperanza a través de los trabajos de Bloch.[74] Pero ya hemos apuntado, en el capítulo segundo de este libro, que los teólogos de la liberación reciben la influencia europea en actitud crítica.

Alves, Assmann y Gutiérrez no estaban del todo satisfechos con el enfoque que Moltmann y Metz habían hecho de la esperanza cristiana. Alves, por ejemplo, ve que la esperanza moltmanniana es demasiado trascendental. Gutiérrez teme que la teología de la esperanza llegue a ser una evasión, o sea que se reemplace "un cristianismo del más allá por un cristianismo del futuro", porque si aquel se olvidaba de este mundo, éste "corre el peligro de descuidar un presente de miseria e injusticia, y de lucha por la liberación".[75] Los teólogos de la liberación quieren una esperanza que eche raíces en el corazón de la praxis histórica. Con todo, la teología europea viene en ayuda, por así decirlo, de los teólogos de la liberación, cuando éstos intentan elaborar, con cierta justificación bíblica, un proyecto histórico que armonice con la opción política que ellos sustentan.

Promesas escatológicas

Dice Gutiérrez que "el compromiso por la creación de una sociedad justa, y en última instancia por un hombre nuevo, supone una confianza en el futuro".[76] Lo que vendrá es como un imán poderoso que atrae el devenir humano hacia la realización de un mundo mejor, de un hombre nuevo, de una nueva humanidad. La historia no es solo un recuerdo, sino más bien "una proyección hacia el futuro".[77]

Puede decirse que "el principio esperanza" de Bloch se vuelve "promesa escatológica" en la teología de la liberación. En este sistema teológico adquiere ropaje bíblico el concepto de *utopía*, o de proyecto

[74]*Ibid.*, p. 315.

[75]*Ibid.*, pp. 283-284.

[76]*Ibid.*, p. 275.

[77]*Ibid.*, p. 275.

histórico. J. B. Metz había ya desprivatizado las promesas escatológicas. Gutiérrez las "desfuturiza", en el sentido de subrayar que ellas tienen relación con el presente, puesto que se van cumpliendo paulatinamente, transformando la historia.

Gutiérrez ve que "la Biblia nos presenta la escatología como el motor de la historia salvífica, radicalmente orientada hacia el futuro".[78] Hay una promesa fundamental, que es "un don aceptado en la fe".[79] A Abraham le fue hecha inicialmente esta promesa, la cual se cumple de manera plena en Cristo. Mientras tanto, ella va desarrollando sus potencialidades en las promesas que Dios hace a lo largo de la historia. La *promesa* no se agota en estas promesas, pero "se anuncia y se realiza parcial y progresivamente en ellas".[80] Por ejemplo, la resurrección de Cristo es cumplimiento y, a la vez, anticipación de un futuro. Hay un *ya* y un *todavía no*. La promesa ilumina, fecunda, y lleva hacia su plenitud el devenir histórico de la humanidad.

Los profetas, según Gutiérrez, se interesan en el *futuro* y en el *presente*. No vienen a mantener el estado de cosas, sino a cambiarlo. El mensaje profético es una ruptura con el pasado y una apertura al porvenir. El éxodo mismo es rompimiento con el pretérito y proyección hacia el futuro. Como era de esperarse, Gutiérrez no espiritualiza las promesas escatológicas. Al contrario, insiste en que ellas son realizaciones parciales que se dan "en acontecimientos históricos liberadores, que son, a su vez, nuevas promesas que jalonan el camino hacia el cumplimiento pleno".[81]

> Cristo no "espiritualiza" las promesas escatológicas, les da sentido y cumplimiento histórico hoy (cf. Lc. 4,21), pero abre, igualmente, nuevas perspectivas, catapultando la historia hacia adelante, hacia la reconciliación total... es sólo *en* el acontecimiento histórico, temporal y terrestre donde podemos abrirnos al futuro de la plena realización...

> Una espiritualización mal entendida nos ha hecho, a menudo, olvidar la carga humana y el poder transformador sobre las estructuras sociales injustas que entrañan las promesas escatológicas. La supresión de la miseria y de la explotación es un signo de la venida del reino.[82]

[78]*Ibid.*, p. 216.

[79]*Ibid.*, p. 212.

[80]*Ibid.*, pp. 213, 223.

[81]*Ibid.*, p. 223.

[82]*Ibid.*, pp. 223-224.

Según estas palabras, el cumplimiento parcial y total de las promesas escatológicas tiene que ver primordialmente con la transformación social no con la salvación individual. Pero es justo reconocer que Gutiérrez no limita ese cumplimiento a los logros de determinado proceso o movimiento revolucionario. La obra liberadora que las promesas escatológicas realizan "va más allá de lo previsto y desemboca en nuevas e insospechadas posibilidades".[83] Hay una abertura que "no sólo no es suprimida por las realizaciones en el presente, sino que se afirma y es dinamizada por ellas".[84] Hay un *ya* y un *todavía no*. "El encuentro pleno con el Señor pondrá fin a la historia, pero se da ya en la historia".[85]

¿Cómo se da ya en la historia? Si el proceso liberador del hombre se incorpora en la obra salvífica de Dios en la historia, ¿en cuáles movimientos políticos liberadores se está cumpliendo hoy parcialmente la promesa escatológica? Inevitablemente los teólogos de la liberación responderían a esta pregunta diciendo que el cumplimiento se da allí donde se defiende la causa de los oprimidos. Ningún latinoamericano que conoce de cerca y siente la angustia de su pueblo se opone a esa causa, pero aun en el plano político es necesario preguntar si el compromiso político de los teólogos de la liberación es el único válido, puesto que, como dice Juan Luis Segundo, "existen profundas diferencias en la manera de concebir y llevar a cabo la revolución en favor de los oprimidos".[86] Otra pregunta es si esa opción política liberará y hará justicia en verdad a los oprimidos, o si resultará en otra dictadura que frustrará brutalmente las esperanzas de liberación para el individuo y la sociedad. Del problema bíblico y teológico ya hemos hablado, y seguiremos hablando.

Fe, utopía y acción política

En la teología de la liberación la *utopía* no indica algo irrealizable, que no tiene lugar en la realidad humana. Se usa este vocablo más bien para designar —según palabras ya citadas— "un proyecto histórico de una sociedad cualitativamente distinta y para expresar la aspiración al establecimiento de nuevas relaciones sociales entre los hombres".[87] Este proyecto tiene una "calidad subversiva y movilizadora de la historia".[88]

---

[83]*Ibid.*, p. 225.

[84]*Ibid.*, p. 219.

[85]*Ibid.*, p. 225.

[86]Juan Luis Segundo, *Masas y Minorías*, p. 93.

[87]Gustavo Gutiérrez, *Teología de la Liberación*, p. 309.

[88]*Ibid.*, p. 310.

La utopía no pertenece solo al futuro; se relaciona con la realidad histórica actual. Es *denuncia* del orden existente y *anuncio* de una nueva sociedad. Promueve la acción transformadora; no se reduce a un nivel puramente verbal. Enlaza a la fe con la acción política, al ofrecerse como el proyecto de la creación de un nuevo tipo de hombre en una sociedad diferente. En relación con este punto, Gutiérrez cita palabras de Ernesto ("el Che") Guevara, como prueba de que la liberación política en el socialismo, "se presenta como un camino hacia la utopía de un hombre más libre, más humano, protagonista de su propia historia".[89]

Para que la utopía sea eficaz y válida tiene que ser verificada por la praxis social. ¿Cuál es la contribución de la fe al proyecto histórico? Según Gutiérrez, el lugar de encuentro entre la liberación política y la comunión de todos los hombres con Dios es la revolución cultural, o sea la creación permanente de un hombre nuevo, en una sociedad diferente y solidaria. La fe revela que el pecado "es la raíz última de toda injusticia, de todo despojo, de toda disidencia entre los hombres".[90] En otras palabras, la fe revela el pecado social; anuncia la fraternidad, la cual será plena un día y manifiesta en el sentido profundo de la historia que el hombre mismo está forjando.

Gutiérrez dice también que la *utopía* es la que le da una faz humana a la liberación económica, social y política. La utopía asegura que la liberación no caiga en "el idealismo y la evasión", ni se convierta en "un forma cualquiera de ideología cristiana de la acción política, o en un mesianismo político-religioso".[91] Luego pasa Gutiérrez a aclarar que la esperanza cristiana nos evita "toda confusión del reino con una etapa histórica determinada, toda idolatría frente a un logro humano inevitablemente ambiguo, toda absolutización de la revolución".[92] Termina diciendo que el evangelio no nos proporciona una utopía, ésta es obra humana, pero no es ajeno al proyecto histórico o utopía. El proyecto humano y el evangelio "se implican mutuamente".[93] No hay para Guitérrez otra manera de relacionar la fe con el proceso liberador, sino por medio de la utopía, la cual tiene que ser evidentemente el proyecto histórico socialista.

El evangélico conservador ve que el proyecto histórico puede absorber y anular al evangelio, que éste puede evaporarse en una acción supuestamente liberadora que recibe de postulados materialis-

[89]*Ibid.*, p. 317.

[90]*Ibid.*, p. 319.

[91]*Ibid.*, p. 319.

[92]*Ibid.*, p. 319.

[93]*Ibid.*, p. 320.

tas su inspiración. Esto es posible cuando el criterio hermenéutico viene de una utopía, no de la palabra escrita de Dios.

Cristo y la liberación plena

Resumiendo todo lo que ha dicho en el capítulo noveno de su *Teología de la Liberación*, Gutiérrez afirma que "la salvación comprende a todos los hombres y a todo el hombre".[94] La salvación equivale a la acción liberadora de Cristo, y esta acción se inserta "en el corazón del fluir histórico de la humanidad, la lucha por una sociedad justa se inscribe plenamente y por derecho propio en la historia salvífica".[95] En otras palabras, hay una relación estrecha entre la obra salvadora de Cristo y la lucha del hombre por su auto-liberación.

De nuevo surge la pregunta en cuanto a cómo se efectúa esa relación y cómo podemos detectarla en el devenir de la historia. Anticipando la pregunta, Gutiérrez se vale del tema del reino de Dios para contestarla. En su esquema teológico, como en el de otros teólogos de la liberación, el reino de Dios ya está inaugurado y en proceso. Se trata del "ya" y el "todavía no" del reino. Si el reino de Dios ya está aquí en el mundo, es natural para Gutiérrez afirmar que el proceso liberador se inscribe en la historia salvífica. Pero tiene que aclarar la relación entre progreso humano y crecimiento del reino. Para ello, no acude a las Escrituras sino a la Constitución *Gaudium et spes* del Vaticano II. Gutiérrez hubiera preferido que el Concilio aceptara el documento base de dicha Constitución (el "esquema de Aricia"), por su visión más unitaria de la historia; pero los padres conciliares optaron por no identificar el progreso temporal con el crecimiento del reino, aunque reconocieron que ambos se hallan estrechamente relacionados entre sí. Dice la *Gaudium et spes*: "aunque hay que distinguir cuidadosamente progreso temporal y crecimiento del reino de Cristo, sin embargo, el primero, en cuanto puede contribuir a ordenar mejor la sociedad humana, interesa en gran medida al reino de Dios". (n. 39).

Para su tesis unitaria Gutiérrez cree hallar más apoyo en Pablo VI que en el Vaticano II. La *Populorum progressio*, de Pablo VI, describe el desarrollo integral como el paso de condiciones de vida menos humanas a condiciones de vida más humanas. Gutiérrez subraya que el pontífice habla de condiciones humanas, no de condiciones sobrenaturales o sobrehumanas. Esto da lugar a "una integración profunda y una ordenación hacia la plenitud de todo lo humano en el don gratuito de la autocomunicación de Dios".[96]

Sin embargo, Gutiérrez se queja de que la enseñanza del magisterio

[94]*Ibid.*, p. 226.

[95]*Ibid.*, p. 226.

[96]*Ibid.*, p. 232.

contempla todavía el desarrollo en términos que no cuestionan radicalmente el sistema injusto en que se basa la sociedad: "Los aspectos conflictuales de lo político están ausentes, más aún, son evitados".[97] Para que la obra salvífica sea completa es indispensable la liberación política. El pecado estructural, como la alienación básica, exige una liberación radical, que no se hace posible aparte de una liberación política. El obstáculo fundamental al crecimiento del reino —señala Gutiérrez— es el pecado, como la raíz de toda miseria, injusticia y explotación. Por consiguiente, "todo esfuerzo por construir una sociedad justa es liberador... es ya obra salvadora, aunque no sea toda la salvación".[98]

No vemos en la obra de Gutiérrez una identificación plena entre el crecimiento del reino y la auto-liberación del hombre; pero "el crecimiento del reino es un proceso que se da históricamente en la liberación", sin agotarse en ella.[99]

No estamos ante una identificación. Sin acontecimientos históricos liberadores no hay crecimiento del reino, pero el proceso de liberación no habrá vencido las raíces mismas de la opresión, de la explotación del hombre por el hombre, sino con el advenimiento del reino, que es ante todo un don. Es más, puede decirse que el hecho histórico, político, liberador *es* crecimiento del reino, *es* acontecer salvífico, pero no es *la* llegada del reino, ni *toda* la salvación. Es realización histórica del reino y porque lo es, es también anuncio de plenitud. Eso es lo que establece la diferencia.[100]

Queda en pie, por supuesto, la pregunta en cuanto a cuáles son los acontecimientos verdadera e integralmente liberadores del hombre latinoamericano, y qué considerarse como avances del Reino en nuestra historia. Si el reino de Dios es el ejercicio de su soberanía en el mundo, tenemos derecho a esperar que todo movimiento o sistema político que esté contribuyendo al progreso de ese reino, dé plena libertad para la proclamación del mensaje de Jesucristo el Rey, y para la obediencia a sus dictados soberanos. Y que conste que no estamos pensando aquí en el mensaje de determinada ideología política, sea de derecha o de izquierda, sino en la revelación bíblica total, fielmente interpretada bajo el ministerio del Espíritu Santo, en respuesta a nuestra realidad personal y social.

Otra preocupación del evangélico conservador tiene que ver con el

[97]*Ibid.*, p. 232.

[98]*Ibid.*, p. 239.

[99]*Ibid.*, p. 239.

[100]*Ibid.*, pp. 239-40.

énfasis, a veces desmedido, de la teología de la liberación en la praxis auto-liberadora del hombre para la edificación del reino de Dios en el mundo. Esta preocupación se acentúa en el caso del teólogo premilenario, cuyo sistema escatológico enseña que el reino de justicia y paz universales no será establecido por el hombre, sino por el Mesías, cuando regrese al mundo en el poder invencible de su Espíritu. Mientras tanto, la Iglesia es la comunidad y agente del Reino en su forma actual, frente a los poderes demoníacos que fueron vencidos *de jure* en el Calvario, pero que no lo serán *de facto*, de manera total, sino en la segunda venido del Rey de reyes y Señor de señores. En otras palabras, no se trata del reino del hombre, ni mucho menos del reino *sin* Dios, sino del reino *de* Dios. Jesús le dijo a Pilato: "Mi reino no es de este mundo", dándole a entender que su reino no procede de este mundo, ni se ajusta a los modelos del mundo, sino que viene de arriba, como una manifestación celestial que transforma radicalmente al mundo. Es el reino *de* los cielos, el reino *de* Dios.

También le preocupa al evangélico conservador que la teología de la liberación identifique el crecimiento del Reino con el progreso de un sistema socio-político cuyo proyecto histórico le da las espaldas al Dios de las Escrituras, negando su soberanía, y aun su existencia. La política de "la mano extendida" que este sistema practica no es una afirmación del reino de los cielos, sino una medida estratégica de tolerancia, ante la innegable realidad de que la inmensa mayoría de nuestro pueblo cree, cuando menos, en la existencia de Dios.

Gutiérrez concluye su capítulo sobre "liberación y Salvación" diciendo que "nada se halla fuera de la acción de Cristo y del don del Espíritu".[101] La salvación de Cristo "es una liberación radical de toda miseria, de todo despojo, de toda alienación".[102] Es la liberación política, liberación del hombre a lo largo de la historia, liberación del pecado y entrada en comunión con Dios.[103]

Evaluación general

Para tratar el tema de la salvación nos hemos basado principalmente en la obra de Gustavo Gutiérrez, quien, puede decirse, es uno de los menos radicales entre los teólogos católicos de la liberación. El se ha esforzado por demostrar que la salvación (acto salvífico de Dios) y la liberación (proceso auto-liberador del hombre) se hallan estrechamente relacionados en el devenir de una sola historia. Para sustentar bíblicamente su tesis se vale de los relatos del éxodo y la creación, y de

[101]*Ibid.*, p. 240.

[102]*Ibid.*, p. 240.

[103]*Ibid.*, p. 238.

las promesas escatológicas. El tema del éxodo y la creación ilustra, en el pensamiento de Gutiérrez, que Dios y el hombre están juntos en acción, transformando la historia. El hombre prolonga la creación por medio del trabajo que se realiza humanamente en la transformación de la naturaleza. Y según el paradigma del éxodo, el hombre transforma la historia por medio de la praxis social y política.

Las promesas escatológicas empujan la historia hacia adelante, porque dan testimonio de un futuro mejor, y le abren paso a un proyecto histórico, o utopía, que ofrece la creación de un hombre nuevo, en una sociedad diferente a la actual. Lo utópico se vuelve real a la luz de la escatología. La promesa escatológica va realizándose paulatinamente en la historia por medio del proceso autoliberador del hombre, y señalando nuevas posibilidades de liberación, ensanchando el horizonte escatológico. El reino de Dios está aquí, manifestándose en los logros humanos de liberación, pero va siempre en marcha, trascendiendo esos logros, hacia la consumación.

La salvación es obra de Dios y obra del hombre, en un sinergismo (fe más obras) que no es extraño en le soteriología católica romana, y que le sirve muy bien a Gutiérrez para sostener su tesis unitaria. La salvación es social, universal, intrahistórica, escatológica y humana. El pecado entra en el esquema, pero el énfasis no cae en el pecado individual, sino en el social u horizontal. Se subraya el pecado como ofensa al prójimo, al oprimido. No hay referencia a las consecuencias eternas del pecado, ni a la responsabilidad del oprimido ante la justicia de Dios. Se pasa por alto que ante la mirada de Dios no hay justo ni aun uno —sean ricos o pobres, opresores u oprimidos—, y que ninguno alcanza la medida de la justicia divina. No se le presta la debida atención al significado redentor del sacrificio de Cristo, ni al ministerio del Espíritu y la Palabra en la salvación del pecador. No se habla del arrepentimiento hacia Dios, ni de la fe que echa mano de la salvación. La doctrina del nuevo nacimiento —como la percibimos los evangélicos— brilla por su ausencia. En su filosofía de la historia, Gutiérrez, al igual que otros teólogos de la liberación, no tiene en cuenta las fuerzas demoníacas que actúan en el universo, en oposición a los designios del Creador y a los mejores intentos del hombre.

En la totalidad del proceso liberador se destaca al fin de cuentas no la acción de Dios, sino la del hombre. Lo que se espera es un mundo "hecho de mano de hombre"; no tanto la teofanía o manifestación de Dios, como la "antropofanía" o manifestación del hombre.

Sin embargo, es imperativo reconocer que la teología de la liberación nos hace pensar de nuevo en el tema bíblico de la salvación, desafiándonos a estudiarlo seriamente en respuesta a la problemática latinoamericana. Si los evangélicos hemos caído en un individualismo propenso a no interesarse en los problemas de la colectividad, los teólogos de la liberación tienden a convertir la salvación en una cruzada política de transformación social. Bien haremos en mantener nuestro énfasis en la salvación de los individuos, a la vez que recuperemos en nuestro servicio la dimensión social del evangelio.

Capítulo VIII
Jesús el liberador

En 1971 Hugo Assmann señaló "dos lagunas teológicas de fondo" en la teología de la liberación: la laguna hermenéutica y la laguna cristológica.[1] Su clamor era por una auténtica cristología latinoamericana. El teólogo Leonardo Boff, brasileño como Assmann, publicó en portugués, en 1972, su libro titulado *Jesucristo el Liberador*. Señaló allí las características que debiera tener una cristología elaborada en la América Latina.[2] Sin embargo, en opinión de J. Andrew Kirk, la obra de Boff mismo "no cumple con la promesa de ofrecer un enfoque cristológico que entronque firmemente con la situación particular del continente, aunque en otro orden de cosas contiene una cristología sólida y bien organizada".[3] Fundamenta Kirk su crítica en "la impresión que da el libro de ser un estudio cristológico que pudo haber sido escrito en cualquier universidad europea por casi cualquier teólogo europeo".[4] En *Jesucristo el Liberador*, Boff no trata directamente con la teología de la liberación, aunque la sugiere, y más tarde la expone y defiende en su libro *Teología desde el Cautiverio*.[5] Con todo, la cristología de Boff ha sido considerada como el primer esfuerzo por responder a la carencia cristológica en la teología de la liberación.[6] También

[1]Hugo Assmann, *Teología desde la Praxis de la Liberación* (Salamanca: Ediciones Sígueme, 1973), p. 100.

[2]Leonardo Boff, *Jesucristo el Liberador*, traducido del portugués por María Elena Rodríguez, segunda edición española (Buenos Aires: Latinoamericana Libros, S.R.L., 1975), págs. 58-62. La edición original en portugués fue publicada en 1972, Petrópolis, Brasil: Vozes.

[3]J. Andrés Kirk, nota bibliográfica sobre la obra de Leonardo Boff, *Jesucristo el Liberador*, en *Revista Bíblica*, Buenos Aires, Argentina, No. 161, 1976.

[4]*Ibid.*

[5]Leonardo Boff, *Teología desde el Cautiverio* (Bogotá: Indo-American Press Service, 1975). Véase también del mismo autor, *Jesucristo y la Liberación del Hombre* (Madrid: Ediciones Cristiandad, 1981). Incluye *Jesucristo el Liberador* y otros trabajos de Boff.

[6]Jon Sobrino, *Cristología desde América Latina* (México: Ediciones CRT, 1977), p. vii.

deben mencionarse de inmediato *El Ser y el Mesías*, del teólogo mexicano José P. Miranda, publicada originalmente en 1973, y *Cristología desde América Latina*, 1976, de Jon Sobrino, barcelonés residente en El Salvador. Al igual que Boff, ambos autores elaboran su pensamiento cristológico a partir del Jesús histórico.[7] En contraste con una cristología descendente, la del Dios que viene a encarnarse, esta es una teología ascendente, *desde abajo*, la del hombre Jesús que va revelando su divinidad.

Los cristólogos de la liberación son en cierta forma herederos de una nueva reflexión cristológica que se inició en el catolicismo antes del Vaticano II. Ejemplos de esta reflexión son los escritos no radicales de Karl Adam, de Tubinga,[8] y el ya famoso artículo de Karl Rahner sobre el Símbolo de Calcedonia.[9] Walter Kasper, quien escribe bajo la influencia de la escuela de Tubinga, y particularmente bajo el influjo de Karl Adam, ofrece un bosquejo de las tendencias fundamentales de la cristología contemporánea y señala lo que él llama las "tareas de la cristología hoy".[10] Según Kasper, la cristología debe estar orientada históricamente, tener un alcance universal, y estar determinada soteriológicamente.[11]

Por supuesto, los teólogos latinoamericanos de la liberación evalúan críticamente las corrientes cristológicas del pasado y de la actualidad, asimilan lo que consideran positivo, y rechazan sin ambages todo intento de reducir la cristología a lo puramente metafísico, o dogmático. Quieren ir más allá de los teólogos europeos progresistas en la búsqueda de una cristología "funcionalizada ideológicamente, exclusiva para una situación determinada. . .una cristología históricamente mediadora, para que sea significativa para las preguntas fundamentales de una situación histórica".[12] Boff dice también que "en cada generación Cristo conoce una nueva parusía, porque en cada época él adquiere una nueva imagen, fruto de la difícil síntesis entre la vida y la fe. Hoy en la experiencia de fe de muchos cristianos de América Latina, Jesús es visto y amado como el Liberador".[13] En otras palabras,

[7]José P. Miranda, *El Ser y el Mesías*, Salamanca (España: Ediciones Sígueme, 1973). Jon Sobrino, *Cristología desde América Latina* (México: Ediciones CRT, 1977).

[8]Karl Adam, *Jesucristo* (Barcelona: Editorial Herder, 1967, quinta edición, basada en la octava edición alemana, 1949).

[9]Karl Rahner, "Problemas actuales de Cristología", *Escritos de Teología* (Madrid: Taurus Ediciones, tercera edición española, 1967), 167-221.

[10]Walter Kasper, *Jesús, el Cristo* (Salamanca: Ediciones Sígueme, 1982), p. 16-26.

[11]*Ibid.*, pp. 21-26.

[12]Hugo Assman, *op. cit.*, p. 100.

[13]Según citación por Jon Sobrino, *Cristología desde América Latina*, p. 30

los sistemas cristológicos del pasado tienen que cederle el lugar a una cristología que responda adecuadamente a los anhelos, o inquietudes, de cada generación. La teología de la liberación intenta formular su respuesta cristológica para la problemática espiritual, moral y social de nuestro subcontinente.

El punto de partida para una cristología latinoamericana

Tradicionalmente la cristología católica ha comenzado con la formulación dogmática del Concilio de Calcedonia (451 A.D.), según la cual debe mantenerse simultáneamente la humanidad completa y la divinidad verdadera de Jesús, sin dividir la unidad fundamental de su persona. Pero esta fómula se halla bajo severa crítica en algunos sectores del catolicismo. Karl Rahner, por ejemplo, dijo que el símbolo calcedonense no es fin sino principio de la reflexión cristológica. [14]

Boff opina que el punto débil de la cristología clásica de los manuales "reside exactamente en aquello donde ella piensa tener su fuerte: en la sistematización filosófico-teológica". [15] Esa cristología no condujo a los cristianos "a una ética y a un comportamiento típicamente cristianos. . . La ortodoxia, esto es, el pensar correcto sobre Cristo, ocupaba la primacía sobre la ortopraxia, el actuar correcto a la luz de Cristo". [16] El resultado fue que generalmente esa cristología dogmática no liberó ni apoyó movimientos de liberación. Es convicción de Boff que una cristología pensada y ensayada en la América Latina debe darle primacía a lo antropológico sobre lo eclesiológico, a lo utópico sobre lo factual (lo utópico en el sentido de un proyecto histórico liberador), a lo crítico sobre lo dogmático, a lo social sobre lo personal, a la ortopraxis sobre la ortodoxia. Su opción es por Jesús de Nazaret, el Jesús teológicamente interpretado por la comunidad cristiana primitiva en los Evangelios. Es más, no debe hablarse simplemente *sobre* Jesús, sino a partir de él, dentro de su realidad y la nuestra. [17]

También Jon Sobrino escoge como su punto de partida no al Cristo de los dogmas sino al Jesús histórico, "es decir, la persona, doctrina, hechos y actitudes de Jesús de Nazaret en cuanto accesibles, por lo menos de una manera general, a la investigación histórica y exegética". [18]

[14] Rahner, *op. cit.*, p. 169.

[15] Boff, *op. cit.*, p. 61.

[16] *Ibid.*, p. 61.

[17] *Ibid.*, p. 58.

[18] Sobrino, *op. cit.*, p. 3.

Tampoco es aceptable para los cristólogos de la liberación el enfoque de la teología liberal, porque pasa por alto el carácter escatológico de la misión de Jesús y tiende a presentar al Cristo como si fuera un buen ciudadano burgués al estilo decimonónico. No están de acuerdo tampoco con el Cristo bultmanniano, de historia incierta y fuerte acento individualista. En cuanto a una cristología soteriológica les parece que ésta se basa en los intereses personales, individualistas, del hombre, no en aquellos que debieran ser sus verdaderos intereses, a la luz de la fe y de la realidad en que vivimos. También se oponen a una cristología que tiene como punto de partida la resurrección del Hijo de Dios, porque no le da la debida importancia al Jesús histórico, su vida, sus palabras, sus hechas y su muerte.

¿Qué en cuanto a una cristología bíblica? Los teólogos de la liberación están sumamente interesados en buscar el Jesús histórico en las páginas de los Evangelios, pero parecen aceptar sin reservas los dictámenes de la moderna crítica textual, incluyendo, por supuesto, la historia de las formas, de las tradiciones y de la redacción. En la "historia de las formas" (*Formgeschichte*) se estudia la influencia del medio vital (*Sitz im Leben*) en la producción o desarrollo del texto de los Evangelios. Con este método se busca determinar, por ejemplo, si determinados dichos de Jesús los pronunció Él en verdad o si fueron colocados en su boca por la comunidad cristiana pospascual. El método de la "historia de las tradiciones" (*Traditionsgeschichte*) se concentra en investigar las distintas corrientes de pensamiento que surgen en la comunidad cristiana primitiva y que desembocan en el texto del Nuevo Testamento. Se habla, por ejemplo, de una tradición judeo-cristiana y de una tradición cristiano-helenista. El método de la "historia de las redacciones" (*Redaktionsgeschichte*) ve el texto bíblico como la etapa final del proceso de tradición y como el producto de la interpretación teológica del escritor o escritores. Después de una breve descripción de la "historia de las formas", Boff dice:

No siempre se podrá asegurar si tal palabra viene o no de Jesús, aunque en la elaboración actual aparezca como proferida por él. Nuestro estudio, a lo largo de todo el libro, tiene presente el método de las formas. A veces hemos tomado decisiones de orden teológico basadas en una reflexión crítica inspirada en ese método. Otras veces hemos interpretado un texto como no jesuánico (especialmente en lo que se refiere a los títulos de Jesús), aunque la tradición común y sin preocupaciones críticas lo hubiese siempre interpretado como viniendo directamente de Jesús.[19]

De acuerdo a Sobrino, lo que se enseña bíblicamente sobre los títulos de Cristo y los grandes acontecimientos de su vida es ya

---

[19]Boff, *op. cit.*, p. 3.

"una teologización posterior al acontecimiento de Jesús; son cronológicamente subsecuentes y por lo tanto nos introducen ya en una cristología desarrollada".[20] Además, Sobrino indica que en el Nuevo Testamento no hay una sino varias cristologías, y que a partir de ellas es imposible conseguir una unidad.[21]

Una ilustración de la manera en que Boff usa los estudios histórico-críticos es la del capítulo noveno de su libro *Jesucristo el Liberador*, donde concluye que la cristología de los Evangelios es el producto de la reflexión teológica de los cristianos, quienes por los años 75 al 85 habían llegado a la convicción de que Jesús había sido constituido por Dios como Mesías Salvador, Hijo de Dios y Dios mismo con forma humana. Consecuentemente, relatos como los de la Natividad no son historia en el sentido corriente de este término, sino elaboración teológica y literaria que intenta comunicar una verdad más profunda acerca del niño Jesús.

Que Él nació en Belén, que unos pastores escucharon el anuncio angelical, que llegaron sabios a adorar al Niño, que Herodes decretó la matanza de los niños en Belén, que José, María y el Niño huyeron a Egipto y regresaron después de un tiempo a Nazaret, todo esto no pasa de ser una reflexión teológica al estilo rabínico y un embellecimiento literario de la historia de la infancia de Jesús. Los evangelistas, dice Boff, usaron el género literario conocido entre los judíos como *midraje hagádico*, el cual consiste en tomar un dato de las Escrituras y adornarlo literariamente "con la intención de subrayar y proclamar de forma inequívoca una verdad de fe".[22] Para Boff, si los "mitos" del Nuevo Testamento "pierden su valor histórico-factual, tal vez ahora comienzan a ganar su verdadero significado religioso-antropólogico. . . El símbolo es humanamente más real y significativo que la historia factual y los datos fríos".[23]

No es esta la oportunidad para entrar en el análisis de los estudios histórico-críticos del Nuevo Testamento. En el campo de la erudición bíblica las cosas no son tan simples como parecen. Con todo el respeto que se merece la crítica moderna en su esfuerzo por establecer la autenticidad histórica de los Evangelios, todavía puede decirse que esa crítica no carece de una buena dosis de especulación.

Edward Schillebeeckx, ampliamente conocido como un teólogo católico de vanguardia, afirma que una teología o una cristología moderna no puede prescindir de los datos histórico-críticos. "Quien

---

[20]Sobrino *op. cit.*, p. 5.

[21]*Ibid.*, p. 5.

[22]Boff, *op. cit.*, p. 183.

[23]*Ibid.*, pp. 184-85.

no lo admita, no tomará en serio la base histórica del cristianismo y apoyará su fuerza vivificante en un kerigma puramente formal...en tal caso, el cristianismo pierde su fundamento histórico y se convierte en un fenómeno meramente casual en la vida de la humanidad religiosa, pudiendo desaparecer con la misma facilidad con que apareció".[24] Luego, Schillebeeckx menciona algunos criterios para discernir en el relato bíblico lo que es auténtico de Jesús, o que proviene directamente de Él; o sea para diferenciar lo históricamente auténtico de Jesús de las adiciones que serían producto de la reflexión de la comunidad cristiana, después de la resurrección de su fundador.

Considera Schillebeeckx como *criterios válidos* la historia de las formas, de la redacción, y de las diferentes tradiciones que convergen en la cristología del Nuevo Testamento. Sin embargo, advierte que en el uso de estos métodos es indispensable la prudencia, porque no dejan de entrar en ellos lo subjetivo, las diferentes apreciaciones personales, y lo hipotético. Schillebeeckx asume una actitud abierta pero crítica frente a la exégesis moderna, sin llegar a rechazarla. En el caso específico de la *historia de las formas*, dice que es "un método que, en mi opinión, es válido como crítica formal, pero que no ha tenido suficientemente en cuenta su significado relativo y quizá 'subordinado' a otros métodos".[25] Añade que la historia de las formas "no puede (ni pretende) conducirnos hasta 'Jesús de Nazaret'".[26]

Hemos preferido citar la opinión de un teólogo cuya apertura a las nuevas corrientes bíblicas y teológicas es innegable, no sea que se nos tilde de depender tan sólo de lo que dicen los evangélicos conservadores en cuanto a la exégesis moderna.

A pesar de las limitaciones inherentes a los "criterios válidos" para la investigación histórica neotestamentaria, Schillebeeckx cree que es posible llegar al Jesús histórico, porque en los Evangelios tenemos no solamente la elaboración teológica pos-pascual de los cristianos, sino también la "imagen global" de Jesús de Nazaret, el recuerdo que pervive en la reflexión y elaboración teológicas posteriores a los acontecimientos de la vida, ministerio, muerte y resurrección de Jesús. Hay entonces en los Evangelios no solamente una evolución cristológica, sino también una memoria del Jesús histórico. Según Schillebeeckx, la exégesis histórica muestra que "la identificación absoluta del Jesús terreno con el Cristo proclamado por las comunidades cristianas es un presupuesto fundamental en todas las tradiciones

[24]Edward Schillebeeckx, *Jesús, la Historia de un Viviente* (Madrid: Ediciones Cristiandad, segunda edición, 1983), p. 65.

[25]*Ibid.*, p. 77.

[26]*Ibid.*, p. 77.

precanónicas y neotestamentarias del cristianismo primitivo".[27] Aún más, "tal identificación es la clave hermenéutica para interpretar correctamente la fe de los evangelios".[28] El hombre concreto Jesús de Nazaret, "es el único fundamento de una cristología auténtica".[29] Por consiguiente, buscar y hallar al Jesús histórico es la tarea exegética para nuestro tiempo. Pero al realizar Schillebeeckx esta búsqueda en sujeción a la crítica histórica, el resultado es que para él la cristología del Nuevo Testamento viene en gran parte de la reflexión de los cristianos del primer siglo. Hay identificación, pero también una diferencia abismal entre Jesús de Nazaret, el hombre concreto, y el Cristo proclamado por la comunidad cristiana primitiva.

También los cristólogos de la liberación han escogido como su punto de partida al hombre concreto Jesús de Nazaret. Pero si se aceptan acríticamente los presupuestos de la exégesis moderna, muy poco queda en los Evangelios para reconstruir la figura del Jesús auténtico. ¿Quién es al fin y al cabo el Jesús histórico, si aun los "criterios válidos" de que habla Schillebeeckx no son del todo confiables? Lo más que puede decir Sobrino es que él intentará mostrar "aquellos rasgos de Jesús mejor asegurados por la exégesis" y que proporcionan "una imagen más fidedigna del Jesús histórico".[30]

El problema básico de la exégesis liberacionista se halla en el aparente uso indiscriminado del instrumental histórico-crítico, y, más que todo, en la carencia de un concepto elevado en cuanto a la revelación e inspiración de las Escrituras. Fundamentalmente el problema tiene que ver con la autoridad de la revelación escrita de Dios. Assmann ha dicho que "la propia Biblia no es un texto directo de criterio", y que no le bastan las perspectivas usuales de los exegetas que "trabajan el texto sagrado"; él quiere trabajar "la realidad de hoy".[31] Su texto favorito es el contexto social.

Además, el punto de partida para la cristología de la liberación no es solamente el Jesús que revelan los estudios histórico-críticos del Nuevo Testamento, sino también el Cristo que emerge de la práxis histórica liberadora. Assmann declara:

> El cristiano descubre y se adhiere a Cristo aquí y ahora, al Cristo presente y contemporáneo en los hermanos, sobre todo en los oprimidos; éste debería volverse para el cristiano el primer

[27]*Ibid.*, p. 71.

[28]*Ibid.*, p. 71.

[29]*Ibid.*, p. 72.

[30]Sobrino, *op. cit.*, p. 13.

[31]Assmann, *op. cit.*, p. 48.

sentido de la expresión "Cristo histórico", esto es, *Cristo en la historia actual*, por más que el descubrimiento de esa contemporaneidad de Cristo exija evidentemente el confrontarse con el Cristo en su vida y actuación de otrora (subrayado nuestro).[32]

Por su parte, Sobrino dice:

Las afirmaciones dogmáticas aseguran, en formulaciones límite y doxológicas, la verdad *sobre* Cristo; pero el verdadero conocimiento *de* Cristo, formulado en los dogmas, no es posible ni real sin pensar a Cristo desde la propia situación y praxis...esta cristología pretende ser una *cristología histórica*, no ya sólo en el sentido explicativo de que se hace desde la historia actual, sino en el mismo proceso de reflexionar sobre Cristo y analizar los contenidos de la cristología. Si el *fin* de la cristología es confesar a Jesús como el Cristo, el *punto de partida* es afirmar que ese Cristo es el Jesús de la historia.[33]

El propósito de Sobrino en su *Cristología desde América Latina* es el de "buscar aquella comprensión de Jesús que proceda de una praxis según el seguimiento de Jesús en el anuncio del reino, en la denuncia de la injusticia y en la realización, aunque parcial, de ese mismo reino, lo cual desemboca a su vez en un nuevo seguimiento".[34]

El método fundamental de la cristología queda replanteado en la teología de la liberación. La pregunta no es ahora si la cristología es "desde arriba" o "desde abajo", sino si es "desde adentro" o "desde afuera", porque, como dice Sobrino, en comentario al pensamiento de Moltmann, "solo desde fuera proviene el elemento crítico imprescindible".[35] La cristología depende no tanto de la revelación escrita de Dios, como del contexto vital (*Sitz im Leben*) del intérprete y de la praxis histórica liberadora. En manos de la teología de la liberación, la cristología puede fácilmente convertirse en una ideología.

Según Sobrino, lo que más influye hoy en la teología no es "la primera ilustración", la del movimiento intelectual que prevaleció en Europa en el siglo XVIII, sino la "segunda ilustración", la del marxismo:

La influencia sobre la cristología, todavía a un nivel muy descriptivo, se deja notar en el abandono de sus temas clásicos dogmáticos y en el énfasis de todos aquellos elementos cristológicos que apuntan al paradigma de la liberación (reino de Dios, resurrección como utopía, etc.) y a la disposición práxica para

---

[32]*Ibid.*, p. 149..

[33]Sobrino, *op. cit.*, p. xvii.

[34]*Ibid.*, p. xx.

[35]*Ibid.*, p. 28. J. Moltmann, *El Hombre* (Salamanca: Ediciones Sígueme, 1973).

realizarlos y *así* entenderlos (actividad socio-política de Jesús, exigencia de seguimiento, etc.).[36]

Es profunda la diferencia entre la cristología del pueblo evangélico latinoamericano y la que los teólogos de la liberación proponen. Esta última tiene que ser configurada primordialmente por el contexto social, por la ideología revolucionaria de turno, por la lucha misma de liberación política, económica y social. El punto de partida es un Cristo que emerge no simplemente del texto tradicional de los Evangelios, ni de los antiguos dogmas eclesiásticos, sino de la praxis liberadora de nuestro pueblo. Se nos insta a que le conozcamos siguiéndole fielmente por la senda revolucionaria. Inevitablemente, se trata de un Cristo cambiante, sujeto a los vaivenes del contexto social. Sus "rasgos más asegurados" por la exégesis bíblica moderna tendrán que ajustarse a cada nueva situación. El punto de partida para la cristología tendrá que ser siempre el que ofrezcan en un momento dado los teólogos e ideólogos de la revolución.

Reconocemos la necesidad imperiosa de estudiar con más diligencia que nunca la formación del texto bíblico desde un punto de vista histórico; admitimos también que es indispensable formular una cristología *bíblica* que responda en forma pertinente a nuestros problemas individuales y sociales; pero también nos preguntamos seriamente si no está surgiendo ante nuestros ojos "otro" Cristo, diferente al que las Escrituras nos revelan.

La persona de Jesús el Liberador

En el año 451, d.C., el Concilio de Calcedonia definió el dogma cristológico, afirmando la verdadera humanidad y deidad de Jesucristo, y explicando que en la unidad de la persona del Verbo eterno subsisten dos naturalezas distintas, sin confusión, sin mutación, sin división ni separación. Hasta tiempos todavía recientes parecía haber consenso entre los teólogos católicos en cuanto a que el credo calcedonense había hablado en forma definitiva para la Iglesia. Sin embargo, hay quienes también piensan que los símbolos o credos se limitan a expresar las convicciones doctrinales de determinada época. Ya hemos mencionado la apertura de Karl Rahner a una nueva reflexión cristológica que sea pertinente a nuestra época:

> Queremos tan sólo mostrar, en una hermenéutica trascendental desde el dogma, que el dogma cristológico de la Iglesia no pretende ser en absoluto la condensación exhaustiva de la doctrina bíblica. Es decir: desde el punto de vista del dogma queda

[36]*Ibid.*, pp. 30-31.

todavía espacio para seguir haciendo teología bíblica cristológica.[37]

Afirma Rahner que llegaremos realmente a la fórmula de Calcedonia si ella es para nosotros no sólo fin, sino también principio.[38] Una tendencia de la teología contemporánea es la de detectar y en cierto modo borrar las huellas de la filosofía griega en la dogmática de la Iglesia. Se dice, por ejemplo, que el Concilio de Calcedonia "hizo uso del modelo de comprensión griego empleando las palabras naturaleza y persona".[39] Los teólogos de la liberación son renuentes a valerse de las categorías cristológicas de los dogmas tradicionales. Consideran que si estas categorías fueron adecuadas para una cultura de siglos lejanos, ahora pueden resultar inoperantes.

El Concilio de Calcedonia procuró satisfacer las exigencias tanto de los teólogos alejandrinos con respecto a la unidad de Jesús el Cristo, como las de los teólogos antioqueños en cuanto a la dualidad de naturalezas en el Verbo encarnado, dualidad que no afecta la unidad de su persona. Reinhold Seeberg, teólogo luterano, dice que con la fórmula calcedonense de "una persona y dos naturalezas" se ganó al Cristo histórico, "aunque sólo en el más vago contorno, como norma y correctivo de las ideas de los teólogos dogmáticos".[40] Según Louis Berkhof, el símbolo de Calcedonia no le dio fin a las disputas cristológicas, no más que lo logrado por el Credo de Nicea para terminar la controversia trinitaria.[41] El contenido de la fórmula de Calcedonia permite la existencia de dos escuelas cristológicas: una que acentúa la divinidad del Cristo, y la otra que subraya su humanidad.

El pensamiento de Leonardo Boff

Boff señala que en la Edad Media la escuela tomista considera preferentemente a Jesús partiendo de su divinidad, en tanto que la franciscana lo hace partiendo de su humanidad.[42] Por su formación franciscana y por su opción radical, Boff se inclina por la segunda de estas escuelas. Cree encontrar a Dios en la humanidad total y completa

[37]Rahner, *op. cit.*, p. 172.

[38]*Ibid.*, p. 169.

[39]Leonardo Boff, *Jesús el Liberador*, p. 198.

[40]Reinhold Seeberg, *Manual de Historia de las Doctrinas*, Trad. por José Míguez Bonino (El Paso, Texas: Casa Bautista de Publicaciones, 1963), I, 272.

[41]Louis Berkhof, *The History of Christian Doctrines* (Grand Rapids, Michigan: Baker Book House, 1976), p. 108.

[42]Leonard Boff, *Jesucristo y la Liberación del Hombre*, traducción del portugués por F. Cantalapiedra (Madrid: Ediciones Cristiandad, 1981), p. 285.

de Jesús. [43] Su radicalismo va de la mano, por supuesto, con el de sus colegas en la teología de la liberación, quienes le dan fuerte énfasis a la humanidad del Cristo, y si no rechazan su deidad, tampoco la afirman sin ambigüedades o limitaciones, como lo hace un evangélico conservador.

Boff quiere mantenerse "dentro del marco orientador" del símbolo calcedonense: profesa creer en "el misterio de la encarnación de Dios en Jesús de Nazaret", [44] pero al mismo tiempo da a entender que Jesús no tenía conciencia de ser el Hijo de Dios. El pudo haber tenido, eso sí, una conciencia clara de su misión liberadora, pero no se adjudicó el título de Hijo de Dios, ni ningún otro título que expresara las esperanzas mesiánicas y escatológicas del judaísmo. Fue después de la resurrección que la Iglesia primitiva, bajo la influencia griega, tomó títulos e imágenes de su mundo cultural y se los atribuyó a Jesús de Nazaret. La famosa conversación entre Simón Pedro y Jesús, cuando este apóstol le dice: "Tú eres el Cristo, el Hijo del Dios viviente", no parece haber sido un hecho histórico. Fue después de la resurrección que Pedro expresó en esta forma lo que había llegado a ser la fe común de la Iglesia. [45]

Boff no afirma la divinidad del Cristo porque Dios lo haya así revelado, o porque este sea el testimonio de un texto inspirado por el Espíritu Santo. Es verdad que según Mateo 16:17 Jesús le dijo a Pedro que la fe cristológica viene por revelación del Padre Celestial; pero no podemos estar seguros de que Jesús haya pronunciado esas palabras. La creencia en la deidad de Cristo es, en opinión de Boff, el fruto de la reflexión cristológica pospascual de los cristianos del primer siglo. En las varias tradiciones cristológicas del Nuevo Testamento, Jesús es el Cristo, el Hijo del Hombre, para la comunidad cristiana palestinense; Jesús es el nuevo Adán y el Señor, para los judeo-cristianos en la diáspora, y Jesús es el Unigénito de Dios y Dios mismo, para los cristianos helenistas, quienes alcanzan el punto máximo en el proceso de reflexión y elaboración cristológicas. Dice Boff:

> Los helenistas conocían también muchos hijos de dioses (*theios anér*), nacidos de una virgen, como emperadores (Alejandro el Grande), taumaturgos (Apolonio de Tiana) o filósofos (Platón). El hijo del dios pertenece a la esfera divina. Los helenistas comenzaron a entender el título bíblico atribuido a Cristo, Hijo de Dios, no en un sentido jurídico, sino físico... Si es Hijo de Dios, entonces, en un próximo paso, se reflexionó sobre su

---

[43]*Ibid.*, p. 286.

[44]*Ibid.*, pp. 286, 300.

[45]*Ibid.*, p. 168.

preexistencia junto a Dios. . . Esto ocurrió hacia el año 90, fuera de Palestina, y fue ciertamente la gran contribución de los cristianos helenistas al proceso cristológico. [46]

Total, el Nuevo Testamento habla de la deidad de Cristo, pero esta es la creencia de los cristianos helenistas, no necesariamente la de las otras tradiciones que aparecen en las páginas neotestamentarias. No es tanto un asunto de revelación e inspiración divina como de reflexión humana.

Es también de particular interés la idea que tiene Boff del Cristo cósmico, bajo la evidente influencia de Teilhard de Chardin, quien vio la totalidad creada en proceso de evolución y unificación, en ruta hacia un punto culminante, el punto Omega que es Cristo. Boff dice que "Jesús-hombre es el resultado de un largo proceso de evolución cósmica". [47] Al resucitar, Cristo no abandonó el mundo y el cuerpo; al contrario, los asumió plena y profundamente. Ahora Él vive en el espíritu, es decir en un nuevo modo de existencia que le permite superar todas las limitaciones temporales y espaciales y hacerse presente, en forma pneumática, en todas las cosas, y revelar en sí mismo el fin anticipado del mundo. El Cristo resucitado le da la unidad radical trascendente al cosmos y a toda la creación.

Boff advierte que esta es una especulación metafísica que no debe representarse en categorías de imaginación, pero la defiende y extrae de ella consecuencias de orden práctico. Por ejemplo, si Cristo se halla presente en toda la creación tiene que estar también de manera muy especial en todo ser humano, especialmente en el pobre. "El hombre es el principal sacramento de Cristo", "la mayor aparición no sólo de Dios, sino también de Cristo resucitado en medio del mundo". Por lo tanto, "sin el sacramento del hermano, ninguno podrá salvarse". [48] Se tiene que concluir, además, que el Cristo resucitado está presente para salvación en los cristianos anónimos y latentes:

Independientemente de la coloración ideológica y de la adhesión a alguna religión o credo cristiano, siempre que el hombre busca el bien, la justicia, el amor humanitario, la solidaridad, la comunión y el entendimiento entre los hombres, todas las veces que se empeña en superar su propio egoísmo, en hacer este mundo más humano y fraterno y se abre para un trascendente normativo para su vida, ahí podemos decir, con toda certeza, está el Resucitado presente porque su causa está siendo llevada adelante, por

---

[46]*Ibid.*, pp. 153-155, Boff *Jesucristo el Liberador*, pp. 163-64.

[47]*Ibid.*, p. 215.

[48]*Ibid.*, p. 224.

la cual él vivió, sufrió, fue procesado y también ejecutado.[49]

A la vez, Boff demuestra su lealtad eclesiástica aclarando que Jesús resucitado está de manera más profunda en los cristianos explícitos y patentes, y que la Iglesia Católica Romana es el sacramento primordial de la presencia del Señor. Pero ha dejado abierta la puerta al latitudinarismo y por qué no decirlo, al neouniversalismo. De este último tema ya hemos hablado en el capítulo sobre salvación y liberación.

El pensamiento de Jon Sobrino

Hace seis años, en un artículo titulado "El nuevo debate sobre la deidad de Jesús", la revista *Time* le dedicó unos párrafos a Jon Sobrino, subrayando que este teólogo jesuita, de origen vasco, tiene una idea evolucionista en cuanto a Jesús como el Hijo de Dios. Jesús de Nazaret llegó a ser el Hijo de Dios por medio de su obediencia a la voluntad del Padre Celestial. Se dice que Sobrino admite que esto puede sonar a adopcionismo, pero que él añade que su pensamiento cristológico se halla en armonía con las fórmulas dogmáticas.[50]

Discutiendo el tema de la conciencia de Jesús con relación al reino de Dios, Sobrino se opone a la idea de que "el hombre Jesús en su vida terrestre se sabía Hijo de Dios en el sentido estricto y metafísico del término", y asegura que algunas citas bíblicas como las de Jn. 10:30, 36, 38 y Mt. 11:27 no son auténticas de Jesús. Cuestiona también la práctica de usar los títulos de Cristo en apoyo de que Él tenía conciencia mesiánica.[51]

Sobrino ve desarrollo y cambio en la fe de Jesús. En la primera etapa de su ministerio Jesús cree que la venida del reino está temporalmente cerca. Luego se da cuenta de que "ha fracasado en su misión tal como él la había entendido"[52] y comienza a hablar de su futura pasión. Debe aceptarse, por lo tanto, que Jesús fue ignorante de algunas cosas en el proceso de desarrollo de su inteligencia. Se equivocó con respecto al día de la venida del reino y no previó la existencia de una iglesia "tal como después surgió desde su resurrección".[53] ¿Qué en cuanto a su divinidad? Sobrino contesta:

> En qué consiste entonces la divinidad de Jesús se puede quizás comprender mejor desde su *relacionalidad* histórica. Lo que

[49]*Ibid.*, pp. 224-25.

[50]"New Debate over Jesus 'Divinity'", *Time*, New York, February 27, 1978.

[51]Jon Sobrino, *Cristología desde América Latina* (México: Ediciones CRT, 1977), p. 60.

[52]*Ibid.*, p. 80.

[53]*Ibid.*, p. 87.

Calcedonia afirma en categorías ónticas pretendemos reformularlo en categorías de relación. La divinidad de Jesús consiste en su relación concreta con el Padre. En ese modo de relacionarse con el Padre, único, peculiar e irrepetible consiste su modo concreto de participar de la divinidad. . . Jesús se hace Hijo de Dios y no simplemente es. . .lo que revela Jesús es el camino del Hijo, el camino de hacerse Hijo de Dios. Jesús no es por lo tanto en sentido estricto la revelación del misterio absoluto, sino la revelación de cómo se corresponde a ese misterio absoluto, en confianza y obediencia a la misión del reino. [54]

Sobrino contrasta su cristología con las "cristologías de descenso", las cuales afirman que el Hijo viene y deviene hombre. En estas cristologías Sobrino ve implícita una evolución hacia abajo, en tanto que en la que él propone la evolución es hacia arriba. Jesús de Nazaret se va haciendo Hijo de Dios. ¿Pero no hay en esta tesis algún tipo de adopcionismo, condenado como herejía por la Iglesia antigua? Sobrino contesta que tanto en la cristología de descenso como en la de ascenso "hay un momento de misterio que no es adecuadamente explicable", debido a la limitación del entendimiento humano para comprender lo que pueda significar "devenir" en Dios. [55]

Después de afirmar que ambas explicaciones son evolucionistas y poseen ese elemento de misterio, Sobrino insiste en que la cristología de ascenso, o "desde abajo", le hace justicia a la historia de Jesús en el Nuevo Testamento, donde se dice que Él llega a la perfección por medio de la obediencia. [56] No menciona, como lo hace Walter Kasper, aquellos textos que apoyan la cristología descendente; como, por ejemplo, los que hablan de que Jesús ha salido del Padre, que ha sido enviado, y que ha venido desde afuera, o desde arriba, en obediencia al Padre. [57]

Por supuesto, Sobrino prefiere creer que la cristología descendente es tan sólo reflexión de la comunidad cristiana helenista. A esta reflexión pertenecerían los textos que expresan de alguna manera la idea de que el Hijo de Dios llega a ser hombre. Es así como la cristología "desde abajo" procura apoyarse en los estudios histórico-críticos del Nuevo Testamento. Pero como ya lo hemos sugerido, estos estudios aunque sean respetables en sí mismos y necesarios, pueden volverse muy subjetivos y hasta arbitrarios en su acercamiento a las Escrituras. Con respecto a los que usan la exégesis científica del Nuevo

[54]*Ibid.*, p. 91.

[55]*Ibid.*, p. 293.

[56]*Ibid.*, p. 293.

[57]Walter Kasper, *Jesús, El Cristo*, pp. 212-14.

Testamento para sostener caprichosamente determinada tesis, Oscar Cullmann, cuyo prestigio académico nadie pone en duda, dice:

> Es además demasiado frecuente hoy atribuir a la comunidad creyente la función, por así decirlo, de chivo expiatorio, reservada antaño al apóstol Pablo, el cual habría falseado el evangelio de Jesús. No es mi intención, en absoluto, desacreditar la obligación que pesa sobre todo exegeta de tomar en cuenta la función de la comunidad en la fijación de la tradición de los Evangelios, como nos lo enseña la *Formgeschichte*. No obstante, rechazo la aplicación arbitraria, ingenua y sin control, de ese método, de suyo legítimo. Es inadmisible eliminar de esa manera todo cuanto se opone a una idea preferida nuestra. El exegeta debería imponerse a este respecto una disciplina muy estricta.[58]

Lo más importante para Sobrino parece ser que "la divinidad de Jesús se devela históricamente para el cristiano en la experiencia de hacer historia juntamente con Jesús...que Jesús sea el Hijo de Dios sólo se sabe en comunión de hermandad con él, en seguir el camino de su fe".[59] De allí el subtítulo de su libro: "Esbozo a partir del seguimiento del Jesús histórico". Es en la praxis del seguimiento que se nos revela Jesús en su divinidad.

En su libro *Jesús en América Latina*, Sobrino se esfuerza por contestar las críticas que se le han hecho a su *Cristología desde América Latina*. Asegura que la teología de la liberación no niega la divinidad de Cristo, y que acepta las afirmaciones neotestamentarias y conciliares tocante a que Jesús de Nazaret es el Hijo eterno del Padre. Pero también sugiere que es necesario esclarecer "la relación entre las afirmaciones históricas y las trascendentes, entre lo que es el plano de nuestro conocimiento sobre Cristo y el plano de la realidad del mismo Cristo".[60] Es sin duda con base en esta diferencia que reitera y defiende la siguiente tesis en cuanto a la divinidad de Cristo:

> Después de la resurrección, los cristianos profundizaron en la realidad de la persona de Cristo... En ese proceso creyente, Jesús fue confesado como el Hijo de Dios... Al afirmar la realidad de Cristo como filiación divina se quiso poner de manifiesto la absoluta e irrepetible relación de Jesús con Dios y, a la inversa, la absoluta e irrepetible manifestación de Dios en Jesús. Esta relación fue concibiéndose de manera tan profunda que, siglos después y en el lenguaje del mundo griego, se llegó a

---

[58]Oscar Cullmann, *Jesús y los Revolucionarios de su Tiempo*, trad. del francés por Don Eloy Requena (Madrid: Studium Ediciones, 1971), p. 24.

[59]Sobrino, *op. cit.*, p. 93.

[60]Jon Sobrino, *Jesús en América Latina* (Santander: Editorial Sal Terrae, 1982), pp. 47, 80.

afirmar que Cristo es consustancial al Padre, de la misma naturaleza del Padre, es decir, una realidad divina.[61]

De nuevo, el énfasis cae no en "la realidad del mismo Cristo", sino en lo que Él llega a ser en la conciencia de la Iglesia a través del tiempo. Todavía es una cristología que se basa más en la reflexión humana que en la revelación divina.

La obra de Jesús el Liberador

Es un hecho que la teología de la liberación de que trata este libro se interesa más en las palabras y hechos de Jesús que en las discusiones sobre su persona. Ofrece una cristología que no es tanto ontológica como funcional: le da más importancia a lo que Jesús dice y hace que a lo que Él es. La humanidad de Cristo domina la escena. Su deidad es, de acuerdo a los cristólogos de la liberación, un elemento introducido en el Nuevo Testamento por la tradición cristiana helenista, y de alguna manera debe explicarse; pero, aparentemente, aun sin esa tradición Jesús sería siempre el Liberador

Ante la problemática social de la América Latina, las controversias cristológicas de la antigüedad no tienen sentido para los teólogos de la liberación. Ellos piensan que las categorías filosóficas de la cristología tradicional deben substituirse por un lenguaje liberador que, según su criterio, es más pertinente a nuestra realidad latinoamericana. Pero como puede notarse en el apartado anterior, lo que ellos dicen tocante a la persona de Cristo deja mucho que desear desde el punto de vista del evangélico conservador. Nos preguntamos ahora si el concepto liberacionista de la obra de Cristo es más satisfactorio que el relativo a su persona.

El ministerio terrenal de Jesús

Es natural que una "cristología desde abajo" se interese más en el así llamado "Jesús histórico" que en el Cristo preexistente y ahora exaltado a la diestra del Padre en las alturas. Gustavo Gutiérrez no se detiene en su *Teología de la Liberación* a lucubrar sobre la persona y naturaleza de Cristo. Afirma, eso sí, que en el hombre Jesús de Nazaret Dios se hizo carne, pero lo dice como de paso en un párrafo que insiste en que la tarea que se impone cada vez con mayor urgencia es la de aproximarse a Jesús "para indagar no sólo por su enseñanza, sino por su vida qué es lo que da a su palabra un contexto inmediato y concreto".[62]

---

[61]*Ibid.*, p. 41.

[62]Gustavo Gutiérrez, *Teología de la Liberación* (Salamanca: Ediciones Sígueme, 1972), p. 298.

De interés especial para Gutiérrez es la actitud de Jesús frente a la situación política de su tiempo. No cree Gutiérrez en el pretendido "apoliticismo" de Jesús, pero aclara que debe revisarse este supuesto respetando al Jesús de la historia, es decir sin tergiversar al Jesús auténtico. Es incorrecto, según Gutiérrez, querer "descubrir en Jesús las más menudas características de un militante político contemporáneo",[63] pero sugiere que hay elementos que demuestran que el ministerio de Cristo tuvo un cariz político. Jesús fue crucificado por los romanos como un jefe celote, pero no basta decir que Él no fue un celote.[64] Hay diferencias y coincidencias entre Jesús y los celotes. Este asunto no es tan simple como parece. Jesús se opuso a los poderosos del pueblo judío, quienes también tenían poder político, y las razones del sanedrín para condenarle eran de orden religioso y político. Gutiérrez no cree que Jesús llamara al pueblo a una conversión puramente personal, opuesta en cierto modo a la necesidad de transformar las estructuras sociales. Concluye que "La vida y la predicación de Jesús postulan la búsqueda incesante de un nuevo tipo de hombre en una sociedad cualitativamente distinta".[65]

Reconocemos que era inevitable que la presencia, el mensaje, y la actitud de Jesús tuvieran tarde o temprano implicaciones de orden político. Por ejemplo, la persona misma de Jesús era como un signo de contradicción, o reproche, para el orden establecido. Su predicación ponía en entredicho el concepto de poder prevaleciente en aquella cultura, y en toda cultura. Jesús contrasta la conducta de humildad y servicio que debía caracterizar a sus discípulos con la de los gobernantes que se enseñorean de las naciones (Mr. 10:35-45). No ocultó Jesús su oposición a Herodes, a quien llamó "zorra" (Lc. 13:32).

También debe reconocerse que la manera de ejercer el poder político en la Palestina de los días de Cristo era diferente a la del mundo occidental, a finales del siglo veinte. En aquel tiempo los judíos estaban bajo el Imperio Romano, pero los líderes religiosos ejercían cierto poder político. Cuando Jesús los criticó y censuró públicamente, ellos se vieron en peligro de perder su hegemonía religiosa y política. Por eso procuraron destruirlo haciéndole acusaciones de índole política. Aun amedrentaron a Poncio Pilato cuando le dijeron que si no crucificaba a Jesús se constituía en enemigo del César. El argumento era que Jesús de Nazaret pretendía ser el rey de los judíos. El resultado de las maquinaciones de aquellos líderes religiosos fue que a Jesús lo crucificaron como sedicioso, o subversivo, aunque en la

[63]*Ibid.*, p. 298.

[64]*Ibid.*, pp. 200-302.

[65]*Ibid.*, p. 308.

realidad estuviera muy lejos de serlo. Pero este es otro ejemplo de las implicaciones políticas de su vida y ministerio

De gran importancia es también el tema del reino de Dios en la predicación de Jesús. Tanto Sobrino como Boff insisten en que Él no vino a predicar tocante a sí mismo, ni tampoco a hablar únicamente del Padre, sino a anunciar el reino de Dios. No enseñó solamente de Dios sino del reino de Dios. Esto es de capital importancia en la teología de la liberación. Sin lugar a dudas el anuncio del reino de los cielos podía ser interpretado como un desafío al poder imperial. La palabra "reino" va cargada de significado político.

En la opinión de Sobrino, hubo una "crisis galilea" que dividió el ministerio de Jesús en dos etapas. En la primera de ellas, Él se presentó como un judío ortodoxo anunciando que el reino de Dios estaba cerca. Se situó de este modo en el plano de la apocalíptica judía, la cual fomentaba la esperanza en un reino teocrático, geopolítico. Pero vino la "crisis galilea", en la que Jesús llegó a ser consciente de que había fracasado en su misión, tal como Él la había entendido: "Las masas le abandonan, los jefes religiosos de su pueblo le rechazan y Dios no se acerca en poder a renovar la realidad".[66] Es entonces que "la implantación del reino toma el rumbo según la acción del siervo de Jehová",[67] y entra con una nueva dimensión el concepto del seguimiento: "No se trata ya de ser enviados con poder, sino de seguir el camino doloroso de Cristo con sus peligrosas implicaciones personales, sociales y políticas".[68]

A la vez, el reino de Dios se vuelve universal y radical. Hay un rompimiento con la ortodoxia judía. La norma del reino es Jesús mismo. En su reino se entra no por medio de la "ortodoxia", sino de la "ortopraxis", o sea el seguimiento de Jesús. "Sólo en la *praxis* del seguimiento aparecen las categorías mentales para formular con sentido y comprender la realidad del reino de Dios".[69]

Que Jesús fuera un fracasado y se viera obligado por las circunstancias a darle un nuevo giro a su concepto del reino, no suena convincente a oídos del evangélico conservador, cuya cristología tiene un alto concepto del Hijo de Dios, y subraya tanto su humanidad como su deidad. A los textos neotestamentarios que pudieran aparentemente enseñar un cambio en los planes de Jesús, se contraponen aquellos que hablan del propósito eterno y soberano de Dios. Por ejemplo, Lc. 24:45-46; 1 Ped. 1:19-20; Hech. 4:27-28. Por supuesto, Sobrino y

[66]Jon Sobrino, *Cristología desde América Latina*, p. 80.

[67]*Ibid.*, p. 51.

[68]*Ibid.*, pp. 51-52.

[69]*Ibid.*, p. 53.

Boff dirían que estos textos, y otros similares, surgieron de la reflexión teológica de la Iglesia después de la resurrección de Cristo; no pertenecen a la tradición más antigua del Nuevo Testamento. Volvemos así al problema de la relativa autenticidad y validez de los escritos neotestamentarios. ¿Es posible el verdadero diálogo teológico si cada uno de los participantes acepta sin discusión solamente el testimonio bíblico que necesita para apoyar su tesis?

En cuanto a lo que Jesús hizo para promover el reino de Dios, es significativo que no obstante las implicaciones políticas de su ministerio, El no se comportó como quisieran que lo hubiera hecho aquellos que pretenden usar su nombre como símbolo de la transformación radical, y hasta violenta, de las estructuras sociales en la América Latina. Jesús no entró en la lucha partidista por el poder político en Palestina. No se alió con ninguna de las facciones que se esforzaban de una manera u otra por mantener, o bien por alcanzar, la hegemonía política. No se convirtió en un fariseo, ni en un saduceo, ni en un herodiano, ni en un celote. Se mantuvo al margen de estos grupos, pero estaba dispuesto a recibir a todos los que creyeran en El. El círculo de sus discípulos más cercanos incluía por lo menos un celote, pero también había un publicano, o cobrador de impuestos al servicio del Imperio Romano. Ambos habían decidido seguir y servir al Mesías.

Jesús no vino a fundar otro grupo religioso, u otro partido político. Su propósito era el de establecer una nueva comunidad, la comunidad del reino de Dios, sustentada y caracterizada por el amor, la humildad, la justicia, la paz, el servicio y la concordia entre los hombres de buena voluntad. El contraste no podía ser más grande entre esta nueva comunidad y los diferentes grupos dedicados a conquistar, o conservar, el poder en la sociedad palestinense. Los seguidores de Jesús no eran llamados a enseñorearse del pueblo; su misión no era buscar ser servidos, sino servir. El ejemplo máximo de lo que significa vivir para los demás, y si es preciso morir por ellos, lo da Jesucristo mismo (Mr. 10:35-45). Aun Leonardo Boff dice:

> Jesús no se presenta como un revolucionario empeñado en modificar las relaciones de fuerza imperantes, como lo hizo un Bar Kokba; ni surge como un predicador interesado sólo en la conversión de las conciencias, como Juan el Bautista... Jesús no anuncia un sentido particular, político, económico o religioso, sino un sentido absoluto que abarca todo, y al mismo tiempo, lo supera. La palabra clave en que se expresa este sentido radical, opuesto al presente, es el reino de Dios.[70]

Además, es evidente que Jesús no apeló jamás a la violencia para promover su reino. No demostró su amor a los enemigos combatién-

---

[70]Leonardo Boff, *Jesucristo y la Liberación del Hombre*, p. 304.

dolos, como pretenden algunos que se haga hoy en nombre de la liberación. Boff es bastante moderado cuando sobre este tema dice que Jesús no rehuía la comunicación con sus enemigos, pero reprobaba las actitudes que los esclavizaban y los hacían enemigos. "Renunciar al esquema del odio no es lo mismo que renunciar a la oposición. Jesús se oponía, disputaba, argumentaba, pero no recurriendo a la violencia, sino con un profundo compromiso personal. Renunciar a la oposición sería renunciar al bien del prójimo y a la defensa de sus derechos y echar leña al fuego de la dominación".[71]

En el concepto de Jon Sobrino, el amor universal de Jesús es político, se manifiesta de diversas formas de acuerdo a la situación: "Su amor hacia el oprimido se manifiesta estando con ellos, dándoles aquello que les puede devolver su dignidad, que les pueda humanizar. Su amor hacia el opresor se manifiesta estando contra ellos, intentando quitarles aquello que les deshumaniza".[72] Gutiérrez parece ser más explícito cuando dice:

Amar a todos los hombres no quiere decir evitar enfrentamientos, no es mantener una armonía ficticia... Se ama a los opresores liberándolos de su propia inhumana situación de tales, liberándolos de ellos mismos. Pero a esto no se llega sino optando resueltamente por los oprimidos, es decir, combatiendo contra la clase opresora. Combatir real y eficazmente, no odiar; en eso consiste el reto, nuevo como el evangelio: amar a los enemigos... Pero el amor no suprime la calidad de enemigos que poseen los opresores, ni la radicalidad del combate contra ellos. El "amor a los enemigos" lejos de suavizar las tensiones, resulta así cuestionando el sistema y se convierte en una fórmula subversiva.[73]

La gran pregunta es si en verdad Jesús amó de esa manera a sus enemigos. No es necesario ser un pacifista radical para cuestionar seriamente la idea de que Jesús nos enseña a amar a los enemigos combatiéndolos, y convirtiendo nuestro amor a ellos en una fórmula subversiva del orden establecido. Por muchas acrobacias exegéticas que hagamos con el texto bíblico, queda en pie el hecho de que Jesús no amó así a sus enemigos, aunque, por otra parte, es innegable que los fustigó duramente por los pecados de que eran culpables. Pero su amor no fue sedicioso, en el sentido político que ahora algunos quieren darle; no procuró por la vía de la violencia el cambio de las estructuras de poder en la sociedad de su tiempo.

Valga aclarar que el rechazo de la violencia no significa oponerse a la

[71]*Ibid.*, p. 311.

[72]Sobrino, *op. cit.*, p. 181.

[73]Gustavo Gutiérrez, *op. cit.*, pp. 357-58.

no violencia activa, la cual no quiere guardar un silencio culpable ante la injusticia, ni cerrar los ojos para no ver las causas que ésta tiene a nivel nacional o internacional.

La muerte de Cristo

Los cristólogos de la liberación le dan gran importancia a la muerte de Cristo, porque ésta es parte de la experiencia del Jesús histórico. Ya hemos mencionado que ellos no están de acuerdo con una cristología formulada a partir solamente del Cristo resucitado y ascendido al cielo. La consideran como una cristología pospascual que no le da su merecido lugar a la vida terrenal de Jesús ni a su muerte en el Calvario.

Jon Sobrino: el escándalo de la cruz. La reflexión de Sobrino en cuanto a la cruz de Cristo es en más de una manera interesante. No es posible discutir aquí en detalle todo lo que él dice al respecto. Tenemos que limitarnos a unos pocos comentarios. Según Sobrino, en el Nuevo Testamento mismo "se hace difícil mantener lo que es típico del cristianismo: el escándalo de la cruz".[74] Consiste este escándalo, dice, en que Jesús siendo el Hijo de Dios tuvo que morir, y que el Padre estuvo pasivo en la cruz.[75] Después de la resurrección se hace la afirmación de que Jesús es el Hijo de Dios y se le atribuyen títulos que apuntan más a su resurrección que a su muerte. Una manera de desvirtuar la cruz en el Nuevo Testamento —en opinión de Sobrino— es interpretarla soteriológicamente, esto es, limitarse a señalar sus consecuencias salvíficas para el hombre. En contraste con el significado soteriológico, la teología de la liberación subraya que el sufrimiento es una manera de ser Dios, que Dios estaba en la cruz y sufrió allí la muerte del Hijo. A la vez, por medio de esa muerte se manifestó el poder divino en presencia "de tanta muerte, bien sea la muerte física y definitiva o la muerte que se experimenta en la injusticia, en la opresión y en el pecado".[76] La cruz de Cristo es la respuesta a las muchas cruces que sufre la humanidad. José P. Miranda afirma que "Cristo murió a fin de que sepamos que no todo es permitido".[77]

Sobrino insiste en que la teología de la cruz debe ser histórica, o sea que "ha de ver la cruz no como un arbitrario designio de Dios, sino como la consecuencia de la opción premigenia de Dios: la encarnación".[78] También explica Sobrino que lo típico de la muerte de Jesús, a diferencia de la muerte de otros mártires religiosos y políticos, es que

---

[74]Sobrino, *op. cit.*, p. 517.

[75]*Ibid.*, p. 163.

[76]*Ibid.*, p. 166.

[77]José P. Miranda, *El Ser y El Mesías* (Salamanca: Ediciones Sígueme, 1973).

[78]Sobrino, *op. ci.*, p. 171.

Jesús "experimentó la muerte, no solo como la muerte de su persona, sino de su causa",[79] al sentirse abandonado de aquel Dios cuya próxima manifestación Él había anunciado. La cruz es también una crítica a todo intento de conocer a Dios con base en una teología natural. El verdadero conocimiento de Dios se alcanza permaneciendo con Él en la pasión: "La importancia sistemática de esta consideración para una teología histórica de la liberación es que la mediación privilegiada de Dios sigue siendo la cruz real: el oprimido. . .donde se sirve al oprimido, entonces se 'permanece con Dios en la pasión' ".[80]

Termina Sobrino su capítulo sobre la muerte de Jesús afirmando que la cruz "no es la última palabra sobre Jesús, pues Dios le resucitó de entre los muertos; pero la resurrección tampoco es la última palabra sobre la historia, pues Dios no es todavía 'todo en todo' ".[81] Además, "la cruz es lo que hace *cristiana* la resurrección de Jesús. . . sólo manteniendo el escándalo de la cruz se puede concebir a un Dios cristiano, el Padre de Jesús".[82]

Ya hemos mencionado que el punto de partida en la reflexión cristológica de Jon Sobrino es el Jesús histórico, y que su enfoque del Nuevo Testamento lo hace desde la perspectiva de la exégesis histórico-crítica. Naturalmente, para sostener su tesis en cuanto al escándalo de la cruz tendría que demostrar que en la formación de los escritos neotestamentarios las cosas sucedieron tal como él lo sugiere. Para nosotros lo evidente es que la comunidad cristiana de aquellos tiempos no daba muestras de querer evitar el escándalo de la cruz; por el contrario, con frecuencia testificaba en forma verbal y simbólica (la Santa Cena) de la muerte de Cristo. El evangelio que Pablo había recibido se fundamentaba en dos grandes hechos históricos: la muerte y resurrección de Cristo. Se cree, en círculos de la erudición neotestamentaria, que el texto de 1 Co. 15:3-5 era una declaración de fe que se usaba como fórmula litúrgica en las comunidades cristianas del primer siglo. El apóstol Pablo se gloriaba en la cruz de Cristo (Gá. 6:14) y se propuso no saber entre los corintios cosa alguna sino a Jesucristo, y a éste crucificado (1 Co. 2:1-2). Eran los judaizantes los que pretendían quitar "el tropiezo de la cruz" (Gá. 5:11). Pablo les llama "enemigos de la cruz de Cristo (Fil. 3:18).

En la teología paulina el escándalo de la cruz consiste no solamente en que Jesús siendo el Hijo de Dios muere sintiéndose abandonado por el Padre. La cruz es piedra de tropiezo, o locura, a todos los que se

---

[79]*Ibid.*, p. 185.

[80]*Ibid.*, p. 189.

[81]*Ibid.*, pp. 194-95.

[82]*Ibid.*, p. 198.

pierden, sean judíos o gentiles (1 Co. 1:1:18). Los judíos pedían
'señales" (*semeía*), o sea manifestaciones del poder divino. No creían
en un Mesías crucificado. Exigían milagros; pero Cristo "fue crucificado
en debilidad" (2 Co. 13:44), no se liberó de la cruz (Mt. 27:42). Los
griegos demandaban "sabiduría" (*sofía*), es decir filosofía; pero la
sabiduría de Dios, anunciada por Pablo era precisamente el hecho de
que Jesús había muerto crucificado (1 Co. 1:21:25).

No se evita el escándalo de la cruz cuando se proclama el signficado
soteriológico de la muerte de Cristo. Al contrario, a quienes les sirvió
de tropiezo el mensaje de la cruz fueron aquellos que se negaban a
aceptar que su salvación dependiera de un judío que murió crucificado, como si fuera sedicioso o subversivo. Es claro que el significado
soteriológico de la muerte de Jesús no se limita a una salvación meramente individualista. El murió por todo pecado, por todos los pecados, incluyendo los que agobian a la sociedad.

Leonardo Boff: Jesús muere como un profeta. Lo que más interesa a los
cristólogos de la liberación es "el hombre concreto, Jesús de Nazaret",
que actúa y muere en un contexto social específico, en medio de
fuerzas económicas, religiosas y políticas que le son adversas y confi-
guran en gran parte su vida y ministerio. Es de este Jesús, se sugiere,
que podemos recibir la enseñanza y el ejemplo para hacerle frente de
manera eficaz a la problemática latinoamericana.

Leonardo Boff ve el significado de la muerte de Cristo en "la
condena de prácticas opresoras y una denuncia de los mecanismos que
destilan sufrimiento y muerte".[83] ¿Cómo llega a esta conclusión y a
otras semejantes? Partiendo, según él, del contexto y contenido histórico de la cruz de Cristo, no tanto de su situación y formulación
teológicas. Por contexto teológico Boff entiende el proceso de reflexión por el cual la comunidad cristiana llegó a interpretar la muerte de
Cristo como un sacrificio por el pecado.

Boff subraya que Jesús murió por los mismos motivos por los cuales
mueren los profetas de todas las épocas. Murió como un perturbador
de la situación religiosa y política.[84] Se opuso a la ortodoxia judía y
sufrió el martirio. Entonces los cristianos se vieron en la necesidad de
explicar por qué su Mesías sufrió muerte tan vergonzosa, por crucifixión. Recurrieron al Antiguo Testamento y en un esfuerzo interpreta-
tivo y teológico, más bien apologético, le dieron a esa muerte un
significado trascendental y salvífico.[85]

Al igual que Sobrino, Boff estudia los textos neotestamentarios
basándose en la exégesis histórico-crítica. Cree que los procedimien-

[83]Leonardo Boff, *Jesucristo y la Liberación del Hombre*, p. 292.

[84]*Ibid.*, pp. 314-15.

[85]*Ibid.*, p. 313.

tos de esta exégesis "no son tan arbitrarios como puede parecer", pero admite que hay diferentes opiniones sobre los textos y que "no existe una exégesis totalmente neutra".[86] Luego su método exegético lleva a concluir que hay en el Nuevo Testamento diferentes interpretaciones de la pasión y muerte de Cristo; que algunos detalles son históricamente ciertos, en tanto que otros son únicamente un producto de elaboración teológica. Hay por lo tanto mucho de leyenda en esos relatos. "Los hechos históricamente ciertos son la crucifixión, la condena por Pilato y la inscripción de la cruz en las tres lenguas conocidas por los judíos. Los demás hechos están teologizados o son pura teología elaborada a la luz de la resurrección y de la reflexión sobre el Antiguo Testamento".[87]

Jesús mismo no estaba pensando en morir, al principio de su ministerio. No quería la muerte, no la buscó, aunque estaba dispuesto a obedecer al Padre en todo y era consciente del final trágico que un profeta fiel podía esperar. Paulatinamente fue advirtiendo que lo que llegaba no era el reino sino la muerte del Mesías en la cruz. Entonces comenzó a considerarse como el Justo doliente del Antiguo Testamento. Boff llega a decir que no fue sino hasta que Cristo estaba en la cruz que se dio cuenta de que su muerte era lo que el Padre quería.[88]

Según Boff, Jesús no se consideró a sí mismo como el Siervo doliente de Isaías 53.[89] Los textos que parecen indicar lo contrario son de elaboración subsecuente a la resurrección. Los cristianos colocan en los labios de Jesús palabras que le dan a su muerte un significado vicario y expiatorio. Aun las profecías de Jesús mismo sobre su muerte y resurrección no son auténticas, desde un punto de vista puramente histórico. Así la explicación de Isaías 53 como profecía del sacrificio expiatorio de Cristo es de origen posterior a la resurrección.

No es posible comentar aquí todas las explicaciones que Boff ofrece en cuanto a cómo se desarrolló la teología de la cruz en la comunidad cristiana primitiva. Concede, de paso, que en todo el proceso reflexivo de aquellos cristianos hay revelación, bajo la acción del Espíritu Santo.[90] Pero el énfasis de Boff no cae en lo sobrenatural, sino en el esfuerzo humano por interpretar la muerte de Jesús de Nazaret, en respuesta a una situación determinada. El resultado es inevitable: El signficado trascendente de dicha muerte (expiación, propiciación, etc.) es más reflexión humana que revelación divina. Con el uso que

[86]*Ibid.*, p. 317.

[87]*Ibid.*, p. 330.

[88]*Ibid.*, p. 350-351.

[89]*Ibid.*, p. 357.

[90]*Ibid.*, p.376.

Boff hace de la exégesis histórico-crítica, se rechaza cualquier otra interpretación.

Boff no niega de manera tajante el significado trascendente de la muerte de Cristo, pero tampoco le da toda la importancia que se merece. Admite que en los relatos de la pasión aparece claro que la causa de la muerte de Cristo fue nuestro pecado, en cumplimiento de las profecías del Antiguo Testamento; pero agrega que este tipo de interpretación, por válida que sea, "tiende a crear —si el lector no se mantiene sobre aviso— una imagen de la pasión como si fuese un drama suprahistórico en el que los actores, Jesús, los judíos, Judas, Pilato, parecen marionetas al servicio de un plan previamente trazado, exentos de responsabilidad".[91]

Tiene mucha razón Boff en su interés por recuperar la situación histórica en que vivió Jesús y las causas históricas de su muerte, toda vez que nuestro "contexto vital" no llegue a ser la norma, o factor dominante y determinante en el proceso de interpretación.

Boff señala que nosotros meditamos teológicamente en la muerte de Cristo desde un ángulo muy diferente al de los primeros cristianos. La problemática de ellos no es la nuestra.

Descubrimos un sentido nuevo de la pasión y muerte del Señor a partir del compromiso político, dentro de una praxis liberadora. Nuestro "contexto vital" es, por tanto, diferente. Y esta diferencia debe tenerse muy en cuenta, pues permite contemplar la realidad con otros ojos y hacer una lectura diferente. Las fuentes, sin embargo, son las mismas, los evangelios, escritos con otros intereses y en un contexto vital distinto. Si los evangelistas hubieran escrito con un interés político liberador habrían escrito de otra forma los evangelios y habrían subrayado otros aspectos de la pasión de Cristo.[92]

En otras palabras, lo que los evangelistas no hicieron nosotros tenemos que suplirlo en la "relectura" de nuestra realidad y del evangelio. Pero el relativismo es inevitable si basamos nuestra cristología en el uso libre y hasta arbitrario del texto bíblico; si el punto de partida es nuestro compromiso político (así sea éste el de una opción por los pobres), y si formulamos nuestro pensamiento cristológico dentro de una praxis supuestamente liberadora, cuyo desarrollo y destino final son inciertos. Dicho de otra manera, si las fuentes, o sea los Evangelios, son de origen inseguro y la lectura tiene que hacerse en sujeción a un "contexto vital" cambiante como el nuestro, lo que nos queda es una cristología del camino, expuesta a seguir la dirección que le marquen todos los vientos. No sabemos al fin y al cabo cómo era

---

[91] *Ibid.*, p. 313.

[92] *Ibid.*, p. 296.

Jesús, ni qué fue lo que en realidad Él hizo; tampoco sabemos cómo será Él ni qué hará por nosotros y por el mundo en los años venideros.

Por otra parte, reiteramos nuestro respeto por la exégesis bíblica que con toda seriedad trata de establecer, con mayor grado de certeza que en el pasado, la historia y el significado del texto bíblico que ahora poseemos, y reafirmamos nuestra convicción de que necesitamos una cristología eminentemente bíblica que responda en forma adecuada a los interrogantes y anhelos del pueblo latinoamericano. Pero no creemos que sea necesario sacrificar en aras de una mera especulación exegética nuestra convicción profunda tocante a la inspiración y autoridad divinas de las Escrituras. Tampoco creemos que debemos sacrificar en aras de la pertinencia la identidad del Cristo que las Escrituras revelan.

Evaluación general

Los teólogos de la liberación citados en este trabajo se hallan en profunda discrepancia con los evangélicos conservadores en doctrinas que son fundamentales para la fe cristiana. Es mucho más que una mera diferencia de criterios sobre las causas de nuestros problemas sociales y la manera de solucionarlos. La discrepancia va más allá de lo político y eclesiástico, trasciende la pugna entre el capitalismo y el socialismo, y toca las bases mismas de nuestra fe, como puede verse en el caso de la cristología.

La teología de la liberación, aquí estudiada, cuestiona no solamente la manera en que la Iglesia posapostólica formuló su credo cristológico. Pone en duda la autenticidad de varias porciones del Nuevo Testamento, y prefiere interpretar la cristología bíblica en términos de una evolución teológica. Esto significa que la cristología neotestamentaria es en gran parte el producto de la reflexión de los primeros cristianos después de la resurrección de su Maestro. Es una cristología de creación humana, más que de revelación divina. No se le da la debida importancia a la inspiración y autoridad divinas de las Escrituras.

Es una cristología "desde abajo", de ascenso, no de descenso. Jesús de Nazaret iba haciéndose Hijo de Dios. Es de elaboración teológica posterior a la resurrección de Cristo la idea de que el Verbo preexistente, eterno, descendió del Padre a humanarse para ser el mediador entre Dios y el hombre. Es posible decir que no carecen de base los que ven en esta enseñanza una forma del antiguo adopcionismo, el cual nos viene ahora en ropaje revolucionario.

No hay una confesión rotunda, sin ambigüedades, de que Jesús es Dios porque así lo afirma la revelación escrita por inspiración del Espíritu Santo, y no simplemente porque esa fue la creencia de los antiguos cristianos helenistas, quienes según se dice transmitieron su cristología del descenso, bajo influencia griega, en las páginas del Nuevo Testamento. En contraste con esta cristología del descenso, los teólogos de la liberación prefieren exaltar la figura del hombre concreto, Jesús de Nazaret. Hacen resaltar su humanidad y su vida terrenal.

En cierto modo, este nuevo énfasis en la humanidad de Cristo es una reacción a la falta de equilibrio en una cristología que magnifica la deidad del Verbo encarnado, a expensas de su humanidad. Muchos de nosotros, evangélicos latinoamericanos, somos herederos de la cristología anglosajona formulada en respuesta al liberalismo protestante que puso en duda, o negó abiertamente, la deidad de Jesucristo. Necesariamente lo que se acentuó en la cristología evangélica conservadora fue la deidad del Verbo, sin negar su humanidad. Se nos presentó un Cristo divino-humano en las fórmulas teológicas; pero en la práctica Él se hallaba lejos de la escena de este mundo, sin interferir en nuestros problemas sociales.

Para los católicos romanos, era el Cristo clavado en la cruz o encerrado en su urna funeraria; era el Cristo exaltado a la gloria de los altares, pero silencioso e inmóvil ante el doloroso drama de injusticia que vivían millones de latinoamericanos. No era el Cristo hombre, poderoso en palabra y hecho, que se identificó plenamente con el pueblo, que vivió sus angustias y pesares como uno de ellos, entre ellos y a favor de ellos, anunciándoles el Reino de Dios y su poder liberador.

El Cristo que se nos anunció a muchos de nosotros, cristianos evangélicos, daba la impresión de estar confinado en las alturas celestiales, desde donde trataba con cada uno de nosotros como individuos, preparándonos para nuestro traslado a la gloria y prometiéndonos que Él regresaría al mundo a solucionar todos los problemas de la humanidad. No tenía por el momento nada que decir en cuanto a los problemas sociales, ni debíamos nosotros interesarnos en ellos, puesto que nuestra misión era tan sólo rescatar el mayor número posible de almas del barco que estaba yéndose a pique. Esto podrá parecer una caricatura, pero no lo es. Por lo menos así percibimos al Cristo muchos de los que llegamos a la Iglesia Evangélica en los años de la Segunda Guerra Mundial. Lamentablemente, hasta el día de hoy hay quienes pretenden que lo sigamos percibiendo de esa manera. Un gran número de cristianos evangélicos teníamos doctrinalmente nuestro Cristo inmóvil y silente ante el angustioso panorama social de la América Latina.[93]

Sociológicamente hablando, la gran diferencia entre nuestro Cristo y el de la religiosidad popular católica romana era que el nuestro lo veíamos resucitado y exaltado a la diestra del Padre en las alturas, no

[93]Véase del que esto escribe, *El Cristo de Hispanoamérica* (Puebla, México, Ediciones las Américas, 1979).

sujeto al madero, ni encerrado, yacente, en una urna de cristal. Pero de todas maneras se hallaba lejos, muy lejos de los conflictos sociales. Era el Cristo a quien sus seguidores cuidaban diligentemente para que no se le identificara con predicadores liberales como Harry Emerson Fosdick, o con Walter Rauschenbusch, campeón del "evangelio social". El propósito era noble y el esfuerzo necesario en una época de grandes controversias doctrinales; pero hasta cierto punto se perdió el equilibrio, y en la práctica la cristología evangélica ha corrido el peligro de volverse docética.

En años pasados no le dábamos gran importancia al Cristo de los Evangelios, el que plantó su tabernáculo entre los seres humanos, para vivir entre ellos en plenitud de gracia y de verdad. Lo contemplábamos en la gloria de los cielos, no tanto en la gloria del pesebre y de la carpintería de Nazaret. Muy poca o ninguna atención le dábamos a las implicaciones sociales y políticas del conflicto de Jesús con los líderes religiosos de su pueblo. Tampoco subrayábamos como debiéramos que Jesús mismo era un signo de contradicción para los que vivían hambrientos de poder terrenal y que estaban dispuestos a recurrir aun a la violencia física, brutal, para conquistarlo o mantenerlo. No nos atrevíamos a decir que si bien es cierto que Él vino a salvar lo que se había perdido, y que en esta búsqueda amorosa y salvífica no hizo acepción de personas, ni de clases sociales, es innegable que nació, vivió y murió en profunda pobreza y asumió la causa de los pobres, los pobres en espíritu y los pobres en cuanto a los bienes de este mundo. Tampoco insistíamos en que las enseñanzas de Jesús encierran simientes generosas y potentes, capaces de producir aquí y ahora grandes transformaciones sociales. Generalmente hablando, nuestro Cristo era un Cristo descarnado para almas descarnadas. Buscábamos la salvación de las "almas", aparte de los cuerpos, sin pensar que la palabra *alma* puede significar también la totalidad del ser humano.

Vino entonces la arremetida de la cristología liberacionista. El péndulo se movió en la dirección opuesta, aparentemente con la intención de quedarse allí por largo tiempo. Ahora el Cristo que bordeaba el docetismo como que se quiere volver adopcionista. Parece haberse cansado de que se le considere solamente divino en la fe y praxis de la Iglesia y quiere ser primordialmente humano. Desea vivir como el hombre concreto, Jesús de Nazaret, cuestionando seriamente la elaboración teológica helenista que le ha revestido de divinidad. Quiere gritar que Él es el Nazareno que llegó a ser Hijo de Dios, que murió como un profeta, como un mártir; que su muerte tuvo un significado histórico y político por haberse Él enfrentado a los poderes dominantes en la sociedad palestinense de su tiempo. Quiere explicarnos que el significado trascendente de su muerte (expiación por el pecado, etc.) le fue atribuido por sus discípulos después de la resurrección, para justificar o vindicar el hecho de que el Mesías tuviera un final tan vergonzoso como lo es la muerte de cruz. También quiere enseñarnos que su persona y obra deben ser interpretadas por cada generación, de acuerdo al "contexto vital", en una relectura política del evangelio.

El Cristo de la teología de la liberación estudiada en este libro ha decidido romper su silencio de siglos ante los problemas sociales de los pueblos subdesarrollados. Se ha soltado a hablar con lenguaje político de actualidad. Usa expresiones como alienación del trabajo y plusvalía, imperialismo y subdesarrollo, explotación y dependencia, capitalismo y socialismo, lucha de clases, opción por los pobres, amor político y violento, praxis histórica liberadora. Es el Cristo que usa jerga revolucionaria y da a entender que la autenticidad cristiana es posible únicamente en el compromiso político, sin reservas, con una ideología de izquierda.

Estos teólogos de la liberación quieren sacar de la penumbra de los templos coloniales al Cristo para llevarlo, no en procesión religiosa, solemne y pacífica, sino en marcha revolucionaria a las iglesias, a seminarios teológicos y universidades, a las fábricas y oficinas, a los campos, a las calles, a las plazas, y a las altas esferas gubernamentales en demanda del cambio social. El desfile pasa frente a la Iglesia Evangélica, ante nuestra mirada atónita o amedrentada. Ese Cristo nos es muy extraño; es distinto al que nosotros predicamos. Pero pretende ser el auténtico, el que revelan los Evangelios y que la realidad de nuestros países aclama.

El reto está allí. No es posible eludirlo. Ningún evangélico que se precie de teólogo puede darse el lujo de menospreciarlo. No basta con cerrar los ojos y hacerse la ilusión de que la teología de la liberación es una moda pasajera, que se morirá pronto como se murió la teología de "la muerte de Dios". La cristología liberacionista está haciendo mella, directa o indirectamente, en el pensamiento evangélico latinoamericano. En cierto modo esto es positivo. Nos está empujando a estudiar con denuedo y entusiasmo la persona y obra de Cristo, no tan sólo en los manuales de la teología tradicional, sino especialmente en las Sagradas Escrituras. También nos ha hecho pensar con mayor interés que antes en la urgente necesidad de formular una cristología que responda primordialmente a nuestra realidad cultural y social.

Ya tenemos signos de este despertar cristológico en la comunidad evangélica latinoamericana. Todo parece indicar que después de la teología de la liberación nuestra cristología no podrá ser idéntica, en su énfasis, a la que era hasta cierto punto un producto de la reacción evangélica al liberalismo protestante del siglo décimonono. Sin aislarnos de nuestro contexto vital, nos toca seguir estudiando diligentemente las Sagradas Escrituras, porque son ellas las que dan el testimonio fundamental y auténtico de la persona y obra del Hijo de Dios.

Capítulo IX

Eclesiología
de la liberación

En un diálogo sobre la teología de la liberación, auspiciado por el Consejo Episcopal Latinoamericano, en Bogotá, Colombia, del 19 al 24 de noviembre de 1973, Monseñor Alfonso López Trujillo dijo:

> Somos conscientes de que hay enormes vacíos y lagunas en la teología de la liberación. No hay ni siquiera esbozos de una cristología seria... Se trabaja con una eclesiología implícita, pero pienso que una de las fallas en algunas elaboraciones, está precisamente en su enfoque eclesiológico.[1]

No es de extrañar que tan distinguido prelado sudamericano mostrase tal inquietud, especialmente si se tiene en cuenta que Gustavo Gutiérrez y otros teólogos de la liberación exigen un cambio social profundo que no dejaría intactas las estructuras eclesiásticas. Pero la inquietud de Monseñor López Trujillo era también de orden teológico. Le preocupaba, por ejemplo, el tema de la unidad de la Iglesia. De hecho la eclesiología liberacionista resulta asimismo inquietante para el evangélico conservador, quien la enfoca con la luz de la revelación escrita de Dios.

Que la iglesia —sea católica o evangélica— necesita renovación constante, nadie lo niega. La pregunta es si la renovación propuesta por los teólogos liberaciónistas se ajusta a los principios eclesiológicos en las Escrituras. Gustavo Guitérrez tiene la convicción de que se hace necesaria "una revisión radical de lo que ha sido y de lo que es la iglesia".[2] En la práctica esta revisión significaría "una transformación sustancial" en la naturaleza misma de la iglesia y su misión:

> ...lo que está en juego no es una simple renovación y adaptación de métodos pastorales. Se trata de una nueva conciencia eclesial

---

[1]Alfonso López Trujillo, "Diálogo", sobre la teología de la liberación en *Liberación: Diálogos en la CELAM* (Bogotá, Colombia: Secretariado General del CELAM, 1974), p. 99.

[2]Gustavo Guitérrez, *Teología de la Liberación. Perspectivas* (Salamanca, España: Ediciones Sígueme, 1972), p. 322.

y de una redefinición de la tarea de la iglesia en un mundo en el que no sólo *está presente*, sino del que *forma* parte hasta un punto que tal vez no sospechaba hace un tiempo. En esa nueva conciencia y en esa redefinición los problemas intraeclesiales pasan a un segundo plano.[3]

El mayor interés de los teólogos de la liberación se halla no tanto en definir lo que la Iglesia *es*, según las lucubraciones de la teología tradicional, como en reflexionar sobre lo que significa *ser iglesia* hoy en un contexto revolucionario, de extremada pobreza e injusticia social. En la óptica liberacionista la Iglesia se define por lo que ella hace en el cumplimiento de su misión profética, en el centro del torbellino social. Por consiguiente, en el esquema de la eclesiología de la liberación la naturaleza y misión de la Iglesia van estrechamente relacionadas la una con la otra. No intentamos pasar por alto esa relación, pero por razones de orden práctico reflexionaremos primero sobre la naturaleza de la Iglesia y luego sobre su misión.

La naturaleza de la Iglesia

Los eclesiólogos de la liberación se refieren en varias formas a lo que la Iglesia es en su praxis misionera. Aquí enfocaremos su universalidad y su unidad. De ambos temas hablan con cierta amplitud especialmente Gustavo Gutiérrez y Leonardo Boff.

La universalidad de la Iglesias

Sacramento universal de salvación.—En el capítulo cuarto, dedicado a la influencia del neocatolicismo en la teología de la liberación, mencionamos que según el Concilio Vaticano II la Iglesia es sacramento de salvación para todo el mundo.[4] También apuntamos que esta idea ya se había usado en la teología católica preconciliar, e incluimos conceptos de bien conocidos teólogos como Jean Danielou, Karl Rahner y Hans Küng.[5]

En el lenguaje corriente o familiar, la palabra *sacramento* evoca de inmediato los siete sacramentos del sistema salvífico católico romano. En este sistema, un sacramento es "una cosa perceptible a los sentidos, y que sobre la base de su institución divina posee tanto el poder de significar como de efectuar la gracia santificante y la justicia".[6] El teólogo Miguel Nicolau explica que el sacramento es un "*signo eficaz*

---

[3]*Ibid.*, p. 325.

[4]Constitución Dogmática sobre la Iglesia (*Lumen gentium*), Vaticano II.

[5]Véanse notas bibliográficas del capítulo IV de este libro.

[6]Ludwig Ott, *Fundamentals of Catholic Dogma* (St. Louis, Mo., 1958), p. 326.

para producir aquello que significa''.[7] En otras palabras, el sacramento es mucho más que una señal visible de la gracia santificante; también la confiere al que cree en lo que la Iglesia Católica enseña.

La *Constitución Dogmática sobre la Iglesia (Lumen Gentium)*, del Vaticano II, no define el sacramento ni explica la forma exacta en que debe dársele a la Iglesia un carácter sacramental, aunque de hecho afirma que ella es medio de salvación para todo el mundo. Comentando sobre la eclesiología del Concilio, Aloys Grillmeier dice que la noción de la Iglesia como sacramento de salvación eslabona la eclesiología moderna con la patrística. Luego explica la naturaleza sacramental de la Iglesia basándose en la palabra bíblica *misterio*, que las versiones latinas traducen por sacramento. Con respecto al uso de *misterio* en la *Lumen Gentium*, Grillmeier explica que esta palabra significa ''la economía total de salvación, el plan y decreto eternos de Dios para traer el mundo a la comunión salvífica con Él en Cristo''. También aclara que la intención del Concilio fue atribuirle a la Iglesia el valor de ''simbolismo sacramental'' e ''instrumentalidad'' en relación con el propósito salvador de Dios para toda la humanidad.[8]

Gustavo Gutiérrez comenta que el Vaticano II dio los lineamientos de una nueva perspectiva eclesiológica al hablar de la Iglesia como de un sacramento. Aunque no logró el Concilio liberarse del todo de ''un enfoque eclesiocentrista'',[9] ha dado lugar a que se rechace la actitud eclesiocéntrica de la iglesia medieval, la cual proclamaba que fuera de la iglesia no había salvación. En alianza con el estado, la iglesia se consideraba a sí misma como la única depositaria de la verdad salvadora para la humanidad. No había, según el catolicismo, elementos de esta verdad fuera de los límites de la Iglesia Católica Romana, y, consecuentemente, la jerarquía papal se oponía a la libertad religiosa. Gutiérrez ve que en los documentos del Vaticano II se cambia esta perspectiva eclesiológica.

Basándose en la enseñanza del Concilio, Gutiérrez insiste en que la Iglesia es ''sacramento universal de salvación''. Interpreta la sacramentalidad de la Iglesia en el sentido de un ''descentramiento'' por el cual ella ''deja de considerarse el lugar exclusivo de la salvación y se orienta hacia un nuevo y radical servicio a los hombres''.[10] Ya hemos visto que en opinión de Guitérrez ''se salva el hombre que se abre a Dios y a los

---

[7] Miguel Nicolau *et al*, *La Iglesia del Concilio* (Bilbao, España: El Mensajero del Corazón de Jesús, 1966), p. 48.

[8] Aloys Grillmeier, ''The Mystery of the Church'', *Commentary on the Documents of Vaticano II* (New York: Herder and Herder, 1967), I, 139-40.

[9] Guitérrez, *op. cit.*, p. 331.

[10] *Ibid.*, p. 326.

demás, incluso sin tener clara conciencia de ello. Algo válido, además, para cristianos y no cristianos. Válido para todo hombre".[11] La gracia divina —ya sea aceptada o rechazada— está en todos los hombres. Ya no es posible hablar con propiedad de "un mundo profano".[12] No hay distinción entre un mundo profano y un mundo sagrado. La salvación se encuentra también fuera de la Iglesia. Hay una "universalización", que no es una "espiritualización" de la presencia de Dios. No sólo el cristiano es templo de Dios, lo es todo hombre. "Lo 'profano', lo que está fuera del templo, no existe más".[13] Consecuentemente, hallamos a Dios en nuestro encuentro con los seres humanos, especialmente con los pobres. Cristo está en nuestro prójimo.[14] En su nuevo libro titulado *Beber en su propio pozo*, Gutiérrez insiste en que "el prójimo es camino para llegar a Dios", pero también aclara que "la relación con Dios es la condición de encuentro, de verdadera comunión con el otro".[15] En el capítulo precedente hemos citado el concepto que Boff tiene del hombre como "el mayor sacramento de Cristo", y que "sin el sacramento del hermano, ninguno podrá salvarse".[16] No necesitamos entrar de nuevo en el tema del "cristianismo anónimo". Suficiente hemos dicho ya sobre este particular.

Gutiérrez se opone a la distinción de planos, o sea la separación entre orden natural y orden sobrenatural, entre lo sagrado y lo profano. No hay para él dos historias sino una sola en la que se cumple el propósito salvífico de Dios para toda la humanidad. Tampoco acepta el eclesiocentrismo que hace una separación entre la Iglesia y el mundo. La Iglesia no sólo está presente en el mundo, es parte del mundo. No es "un no mundo, es la humanidad misma atenta a la palabra, pueblo de Dios que vive en la historia y se orienta hacia el futuro prometido por el Señor".[17] Por consiguiente, "la iglesia debe convertirse a ese mundo, en el que Cristo y Espíritu están presentes y activos, debe dejarse habitar y evangelizar por él".[18]

[11]*Ibid.*, p. 196.

[12]*Ibid.*, p. 196.

[13]*Ibid.*, p. 250.

[14]*Ibid.*, pp. 250-65

[15]Gustavo Gutiérrez, *Beber en su propio pozo* (Lima, Perú: Centro de Estudios y Publicaciones, 1983), p. 153.

[16]Leonardo Boff, *Jesucristo y la Liberación del Hombre* (Madrid: Ediciones Cristiandad, 1981), pp. 227-28.

[17]Gutiérrez, *Teología de la Liberación*, p. 334.

[18]*Ibid.*, p. 334.

En una ponencia presentada a la Comisión Teológica Internacional, en Roma, el año de 1976, el teólogo católico Karl Lehmann dijo con referencia a la eclesiología liberacionista: "Las fronteras entre Iglesia y mundo se hacen borrosas o desaparecen por completo".[19]

Guitérrez reconoce que hay personas que no aceptan la Palabra en una forma explícita, pero quiere evitar todo dualismo. Ve que el enfoque de la Iglesia como sacramento implica una relación dialéctica de ella con el mundo, a tal grado que "una teología de la iglesia en el mundo debe ser complementada por 'una teología del mundo en la iglesia' ".[20] Pero la línea divisoria entre Iglesia y mundo se desvanece en ese intento de superar el "eclesiocentrismo" tradicional. El énfasis de la eclesiología de la liberación no está en que el mundo se convierta a la Iglesia, sino en que la Iglesia se convierta al mundo. Ella debe ser evangelizada por el mundo, especialmente por los pobres. Sus fuentes de renovación se hallan no tanto en la Palabra de Dios y en el Espíritu Santo como en el mundo.

Universalidad a partir del no-hombre.—En la *Teología desde el Cautiverio* y en *La Fe en la Periferia del Mundo*, Leonardo Boff contempla a la Iglesia desde la perspectiva sacramental. A la crítica de que la opción por los pobres es "clasista" y supondría una renuncia de parte de la Iglesia a su universalidad, Boff responde que hay una vinculación de la misión universal con la liberación concreta, porque "la forma de realizar la misión y la universalidad de la Iglesia debe pasar por la mediación de lo particular y lo concreto",[21] que en el caso de la América Latina es la liberación de los explotados. De lo contrario la universalidad no pasaría de ser una abstracción y la misión carecería de contenido.

Boff define la universalidad de la Iglesia "a partir de la misión entendida como proceso de encarnación liberadora, dentro de una coyuntura históricamente definida. Es decir: al encarar causas universales, la Iglesia se hace también universal".[22] Actualmente "la Iglesia entera está realizando una experiencia espiritual y política que le confiere una nueva universalidad".[23] Hay tres maneras, según Boff, en que se ha manifestado el vínculo entre misión y universalidad:

[19]Karl Lehmann, "Problemas Metodológicos y Hermenéuticos de la Teología de la Liberación", *Teología de la Liberación* (Madrid, España: Biblioteca de Autores Cristianos, 1978), p. 13. Contiene este libro trabajos presentados en la asamblea plenaria de Comisión Teología Internacional, reunida en Roma, Italia, del 4 al 9 de octubre de 1976.

[20]Guitérrez, *Teología de la Liberación*, p. 334.

[21]Leonardo Boff, *La Fe en la Periferia del Mundo* (Santander, España: Editorial "Sal Terrae", 1981), p. 145.

[22]*Ibid.*, p. 148.

[23]*Ibid.*, p. 148.

Primero, la Iglesia se proyectaba *desde fuera del mundo* como *sacramento-instrumento* necesario para la salvación. La iglesia creía tener el monopolio de la verdad y se esforzaba para implantar el sistema eclesiástico en todo el mundo. Era una mentalidad religiosa colonialista. Se trataba de exportar e imponer el cristianismo europeo, con su uniformidad en lo doctrinal, en lo litúrgico y en lo ético. Se caracterizaba también la iglesia, inevitablemente, por su intolerancia hacia otras maneras de pensar y actuar.[24]

En la siguiente etapa, alentada por el Vaticano II, la iglesia cumple su misión *desde dentro del mundo*, como *sacramento-signo* de salvación universal. La iglesia hace visible no sólo la gracia que ella comunica, sino también la que ya está presente en el mundo.

> Su misión no es encuadrar todos a su modelo histórico sino defender y profundizar lo que hay de bueno y legítimo en todas las manifestaciones humanas... Por eso esta Iglesia puede mostrarse flexible en colaborar con todos los movimientos que buscan un crecimiento verdaderamente humano y favorecen la apertura hacia los demás y hacia Dios... La gran Iglesia, la Iglesia grande está compuesta por todos aquellos que anónimamente viven en la realización de la verdad y del bien en todas las dimensiones humanas.[25]

Sin embargo, Boff aclara que en el modelo *sacramento-signo* la universalidad no es todavía "universal". El Concilio ve a la Iglesia *dentro del mundo*, pero la universalidad tiene como punto de partida el hombre moderno, "la clase burguesa ilustrada".[26] Toca en consecuencia a la eclesiología de la liberación establecer el vínculo entre universalidad y misión dentro del *sub-mundo*, esto es el mundo de los pobres, de los no-hombres, los que viven en condiciones infrahumanas por causa de la injusticia social. En esta tercera etapa el vínculo se ha movido desde *fuera del mundo* a *dentro del mundo*, y de allí al *sub-mundo*.

¿Cómo se hace universal la Iglesia dentro del sub-mundo? La respuesta ya está dada por Boff al principio de esta reflexión, cuando dice que para realizar su misión y su universalidad la Iglesia "debe pasar por la mediación de lo particular y lo concreto (en el caso que nos ocupa, por la liberación de los explotados)".[27] Asumiendo la causa de los pobres, la iglesia opta por la justicia, que es justicia para todos;

[24]*Ibid.*, págs. 148-49. Véase también del mismo autor, *Teología desde el Cautiverio* (Bogotá, Colombia: Indo-American Press Service, 1975,) pp. 188-92.

[25]Boff, *Teología desde el Cautiverio*, p. 194.95.

[26]Boff, *La Fe en la Periferia del Mundo*, p. 151. *Teologia desde el Cautiverio*, pp. 195-97.

[27]Boff, *La Fe en la Periferia del Mundo*, p. 145.

proclama derechos que lo son indistintamente para todos. "Si la causa es verdadera, entonces goza de una universalidad intrínseca; es verdadera para todos y, *a fortiori*, para la Iglesia. Haciendo suya dicha causa, la Iglesia se hace verdaderamente universal".[28] Pero la opción por lo pobres implica en el concepto de Boff el compromiso y la participación en la lucha liberadora:

> La presencia de la Iglesia y su evangelización asumen así un peso político en la lucha contra una situación de dependencia y de opresión. En semejante situación, evangelizar significa traer crisis y conflicto a los creadores de dependencia y opresión.[29]

La Iglesia se hace universal combatiendo a los opresores. En realidad Boff no parece haber contestado de manera convincente a la crítica de que la opción de clase supone "una renuncia a la universalidad y a la solicitud pastoral que la Iglesia debe tener para con todos los hombres, independientemente de su inserción social".[30]

Todas estas consideraciones sobre la universalidad de la Iglesia nos llevan inevitablemente al tema de su unidad, del cual hablaremos en el siguiente apartado; pero antes debemos señalar que la idea de universalidad en la eclesiología aquí bajo estudio revela, además de la seria amenaza de universalismo, una lamentable falta de sustentación bíblica. Es notoria la ausencia del equilibrio neotestamentario en cuanto a la relación de la Iglesia con el mundo. Nos enseñan los Evangelios que la Iglesia le fue dada del mundo a Cristo, que la Iglesia está en el mundo pero no pertenece al mundo, y que ha sido enviada al mundo para ser sal de la Tierra y luz del mundo (Jn. 17; Mt. 5:13-16). También se dice en el Nuevo Testamento que la Iglesia debe mantener su identidad en el mundo (1 P. 2:9-10).

Los evangélicos conservadores estamos de acuerdo, por supuesto, con el rechazo de la idea de que fuera de la iglesia institucional no hay salvación. Condenamos la intolerancia y abogamos porque se practique siempre la libertad religiosa. Pero repudiamos toda tendencia universalista, e insistimos en que la salvación se halla solamente en el Cristo que las Sagradas Escrituras revelan. Para salvarse, el pecador tiene que llegar personalmente, en fe y arrepentimiento, al Hijo del Dios viviente. El evangelio traza una línea divisoria, profunda, entre los que reciben a Cristo y los que lo rechazan (Jn. 3:36; 2 Ts. 1:3-10; Jn. 14-6; Hch. 4:12; 1 Ti. 2:5). La Iglesia es tanto una señal de la gracia salvadora, como una señal del juicio divino sobre los impenitentes. El mensaje de la Iglesia es buena noticia de salvación y, a la vez, solemne advertencia de condenación eterna para todo pecador.

[28]*Ibid.*, p. 154.

[29]Boff, *Teología desde el Cautiverio*, p. 199.

[30]Boff, *La Fe en la Periferia del Mundo*, p. 145.

La unidad de la Iglesia

En la eclesiología de la liberación la Iglesia es sacramento de la salvación del mundo, en forma concreta y activa, cuando en cumplimiento de su misión expresa la fraternidad humana. Esto acontece de manera especial en la celebración de la eucaristía, la cual es testimonio de la obra "creadora de una profunda fraternidad humana".[31] Basándose en el pensamiento del eclesiólogo católico Y. M. Congar, Gutiérrez presenta tres realidades que el término neotestamentario *koinonía* (comunión) significa: (1) La puesta en comunión de los bienes necesarios a la existencia terrestre; (2) la unión de los fieles a Cristo por medio de la eucaristía, y (3) la comunión de los cristianos con el Padre. Esta comunión es también con el Hijo y con el Espíritu Santo. De modo que la fraternidad humana tiene un fundamento trinitario.[32]

Gutiérrez y otros teólogos de la liberación no ven la unidad de la Iglesia aparte de la realidad social en que vivimos. La comunidad cristiana "está en un mundo escindido en clases sociales antagónicas, tanto a escala universal como a nivel local".[33] La lucha de clases es una realidad que divide a la Iglesia misma. Por lo tanto, los eclesiólogos de la liberación concluyen que no es posible manifestar la verdadera unidad de la Iglesia sin tomar partido por la clase oprimida, para el logro de una sociedad más justa, en la que reine la auténtica fraternidad. De otra manera, según Gutiérrez, la Iglesia puede en nombre de una unidad ficticia tomar partido por la clase dominante y ayudar a que se perpetúe el sistema social injusto y opresor.

En vista de que la Iglesia misma vive en ese sistema, su unidad no puede darse realmente sin la unidad del mundo, y "la unidad de los hombres es posible sólo en la justicia efectiva para todos".[34] Por consiguiente, la función de la comunidad cristiana es "luchar contra las causas profundas de la división entre los hombres".[35] Esta es la única forma en que la Iglesia puede ser un auténtico signo de unidad.

El deseo de participar en la unificación del mundo por medio de la praxis liberadora, ha dado lugar a un nuevo tipo de ecumenismo que va más allá de preocupaciones meramente eclesiásticas.[36] Se trata del *ecumenismo secular* que procura aglutinar a cristianos y no cristianos para cambiar las estructuras sociales en América Latina y en el mundo.

[31]Gustavo Gutiérrez, *Teología de la Liberación*, p. 337.

[32]*Ibid.*, pp. 340-41.

[33]*Ibid.*, pp. 358-59.

[34]*Ibid.*, p. 360.

[35]*Ibid.*, p. 360.

[36]*Ibid.*, pp. 361-62.

Las eneñanzas del Vaticano II y de los papas Juan XXIII y Pablo VI abrieron la puerta para la colaboración de la Iglesia Católica con movimientos de filosofía no cristiana, o anticristiana, en las luchas de reivindicación social.

En una evaluación de la eclesiología liberacionista surge de inmediate el deseo de preguntar si las divisiones sociales que existen en la Iglesia no se profundizarían aún más que en el presente si ella toma partido por "la clase oprimida" y hace suya la lucha contra los "opresores". Leonardo Boff aclara:

> La misión de la Iglesia, también como la de Cristo, reside en la reconciliación. Sin embargo, no podrá haber reconciliación verdadera mientras perduren los motivos que lleven a las rupturas sociales y a las luchas de clases. Consiguientemente, la reconciliación solo es posible mediante la conversión de los que estrujan al hombre para el empobrecimiento con las injusticias.[37]

Antes ha dicho que "evangelizar significa traer crisis y conflicto a los creadores de dependencia y opresión".[38]

En opinión de Gutiérrez, "la iglesia misma se irá haciendo una en este proceso histórico y en este compromiso por la liberación de los marginados y explotados".[39] Al optar por los marginados en la sociedad y oponerse a la clase dominante, "la iglesia se librará de aquello que le impide al presente ser claro y veraz signo de la fraternidad humana".[40] Por lo menos esto es lo que Gutiérrez espera. ¿Está soñando él para el presente con una iglesia sin clases? Indudablemente, los conflictos sociales se reflejan en una forma u otra en la comunidad cristiana. En no pocos casos las diferencias de tipo social entre los miembros de la iglesia son un obstáculo para la práctica de la unidad. Pero ¿es en verdad la solución para este problema la opción y la lucha que Gutiérrez propone? ¿De dónde viene la respuesta de Gutiérrez y otros teólogos de la liberación? ¿Del Nuevo Testamento o de una ideología política? ¿Vienen del Nuevo Testamento conceptos como los de "lucha de clases" y "praxis liberadora de los pobres"? ¿Establecieron Jesús y sus apóstoles la lucha violenta contra los opresores como un requisito para el cultivo y expresión de la auténtica unidad cristiana? Estas preguntas, y otras que podrían formularse, no llevan de ninguna manera el propósito de evadir la realidad deshumanizante en que viven millones de latinoamericanos. Mucho menos pretenden aprobar la injusticia social en nuestro medio. Lo que se discute es las

---

[37]Boff, *Teología desde el Cautiverio*, p. 199.

[38]*Ibid.*, p. 199.

[39]Gutiérrez, *Teología de la Liberación*, p. 361.

[40]*Ibid.*, p. 361.

bases y métodos que la eclesiología de la liberación propone para la práctica de la unidad cristiana.

Nos inquieta sobremanera que Gutiérrez y sus colegas no acudan a la exégesis bíblica seria para discutir un tema tan trascendental como es el de la unidad de la Iglesia. Sabemos que en la comunidad cristiana primitiva había miembros de diferentes clases sociales. Es posible que en algunas congregaciones los esclavos fueran muy numerosos, quizá más numerosos que los libres. Sin embargo, nos guste o no, Jesús y sus apóstoles jamás acentuaron la lucha de clases (aunque reconocieran que ésta existía), ni mucho menos propiciaron un levantamiento de los esclavos contra sus amos, en una rebelión que hubiera resultado estéril para el cristianismo, para la sociedad y para los discípulos que se involucraran en semejante conflicto.

Jesús de Nazaret no era un sedicioso como Judas el Galileo (Hch. 5:37), ni un Bar Kokba, quien comandó la sublevación judía contra los romanos por el año 132 d.C. El cristianismo no estaba destinado a ser un movimiento revolucionario más entre los muchos que registra la historia. Su enorme potencial para los cambios sociales tiene que desarrollarse en otras formas, por otros medios, no como el mundo y la teología de la liberación pretenden. Hay en el mensaje del evangelio poderosas simientes de liberación; pero éstas no germinarán a la manera del mundo, en el suelo fertilizado por ideologías (de derecha o de izquierda) antihumanas, o sea anticristianas. Que el esclavo Onésimo volviera voluntariamente a su amo, y que Filemón le perdonara y recibiera no ya como esclavo sino como a un hermano en Cristo, fue el resultado de la gracia y el poder de Dios, no de una praxis violenta contra los opresores. Esto puede ser calificado de puro lirismo, pero así parece al mundo la palabra de la cruz, palabra que "es locura a los que se pierden; pero a los que se salvan, esto es, a nosotros, es poder de Dios" (1 Co. 1:18). Tal es el verdadero escándalo de la cruz.

Gutiérrez nos ha dicho que la unidad de la Iglesia no puede darse realmente sin la unidad del mundo, y que en consecuencia los cristianos deben luchar por la fraternidad universal. Esta lucha debe llevarse a cabo, por supuesto, no solamente en el terreno teológico, ni tan sólo en un ministerio puramente pastoral, de tipo tradicional. El compromiso político se impone. La praxis liberadora es indispensable e ineludible. Pero ¿qué garantía tenemos de que la Iglesia contribuirá al establecimiento de la fraternidad universal insertándose como Iglesia en la lucha violenta contra los opresores? ¿Predicará la paz a nivel internacional y la violencia en la escena local? ¿Se opondrá tenazmente al uso de armas nucleares por las potencias mundiales, pero apoyará y fomentará el secuestro, la tortura física y mental, y la matanza en nuestros países subdesarrollados? ¿No son acaso seres humanos los que mueren como resultado de la violencia, ya sea ésta la institucionalizada o la de la "praxis liberadora"?

Volviendo nuestros ojos de esta perspectiva macabra y haciendo a un lado toda consideración de tipo político —como la de que la Iglesia como Iglesia puede dejar de hacerle el juego a una ideología para hacérselo a otra, que puede ser más opresora que la anterior— nos queda todavía la impresión de que según la eclesiología de la liberación es la Iglesia la que tiene que producir la unidad. Aún más, esta unidad debe ser de tipo social y político. Nadie niega que la unidad cristiana se realiza en una situación concreta. En tal sentido es histórica, terrestre, no extraplanetaria. Pero ¿cuál es su verdadera naturaleza?, ¿cuál es su origen?, ¿cuál su propósito? ¿Se unirán *cristianamente* los latinoamericanos por el simple hecho de que la Iglesia opte y luche por determinado sistema político?

¿Cómo es la unidad *cristiana* revelada en el Nuevo Testamento? Jesús de Nazaret tiene la respuesta en su oración sumo sacerdotal (Jn. 17). En conversación con su Padre, revela la naturaleza y el propósito de la unidad que El desea para los suyos en el mundo. Notamos en primer lugar que esta unidad es posible para los seres humanos. Los discípulos eran humanos, pertenecientes a una raza, a una geografía, a un sistema cultural y social; eran terrícolas, no celestiales. Jesús dice: "los hombres que del mundo me diste" (v. 6). Eran del Padre ("tuyos eran", v. 6); ahora son del Padre y del Hijo (v. 9-10). Voluntariamente han entrado en la unidad del Padre y del Hijo, creyendo que Jesús salió del Padre, enviado por el Padre (v. 8). Es una unidad de personas que creen que Jesús es el preexistente Hijo de Dios. Creen que El es Dios.

La unidad por la cual Cristo ora incluye y excluye. Excluye a los que lo rechazan a El; incluye a los que lo reciben. Jesús no ruega por la unidad del mundo, sino por la de aquellos que el Padre le ha dado (v. 9). Nos guste o no, hay un no-mundo, y hay una no-Iglesia. La línea divisoria es trazada por Jesucristo en su oración al Padre. Esto es un asunto decidido en el consejo de la Trinidad.

El deseo de Cristo es que los creyentes en El sean *uno;* que lo sean no aparte del mundo, sino en el mundo, pero guardados del mundo, santificados por la palabra del Padre (vs. 11-17). Vienen del mundo (v. 6) y al mundo son enviados, como el Padre envió a su Hijo al mundo (v. 18).

Jesús profundiza aún más en el tema de la unidad cristiana cuando ora que ésta sea semejante a la que existe entre El y el Padre: "que sean uno, así como nosotros" (vs. 11, 22). Es mucho más que una organización eclesiástica —intraeclesiástica o inter-eclesiástica—; es muchísimo más que una organización social y política.

Esta unidad real, profunda, espiritual y práctica, se da solamente en la relación personal de los seres humanos con el Padre y con el Hijo: "que también ellos sean uno en nosotros" (v. 21). Aparte de la fe personal en el Señor Jesucristo es imposible que exista entre los seres humanos la unidad por la que Él ora. Es en la cruz donde se derriba "la pared intermedia de separación"; es allí donde Cristo hace la paz entre el hombre y Dios y entre hombre y hombre, destruyendo las enemistades (Ef. 2:14-15). La auténtica unidad cristiana no viene como resultado de los esfuerzos humanos en pro de la paz; viene de Dios por medio de la persona y obra de su Hijo, y por medio del ministerio del Espíritu, quien viene a bautizar en un solo cuerpo —el Cuerpo de Cristo— a todos los que creen el evangelio (1 Co. 12:13; Gá. 3:27-28).

Los creyentes en Cristo no tenemos que hacer la unidad; ya estamos unidos en Él, por su gracia salvadora. Pero tenemos que guardar esta unidad y expresarla (Ef. 4:1-16) en la comunión y la colaboración los unos con los otros, al servicio del reino de Dios. Lo lamentable es que teniendo ya la unidad en Cristo, nos dividimos más y más a nivel de las estructuras eclesiásticas. Ante un mundo profundamente dividido, ofrecemos el doloroso espectáculo de una Iglesia que en la práctica nosotros mismos hemos fragmentado.

El propósito fundamental y supremo de expresar la unidad cristiana es que el mundo crea que Jesucristo estaba con el Padre disfrutando de su gloria antes que el mundo fuese (v. 5), que el Padre le amó desde antes de la fundación del mundo (v. 24), y que siendo uno con el Padre, salió del Padre (v. 8), enviado por el Padre al mundo (v. 18). Sin lugar a dudas, estas son afirmaciones de la preexistencia del Hijo, de su unidad con el Padre, de su deidad. Es una cristología "desde arriba", "de descenso", no "de ascenso". Que el mundo crea esta cristología es el propósito de la unidad cristiana, la cual se hace visible, concreta, histórica, en la comunión de los creyentes en Cristo, en la *koinonía* que incluye mucho más que la comunión litúrgica, y se expresa en el servicio a los hermanos y a la comunidad civil.

Son verdades bíblicas fundamentales como las de la oración sumo sacerdotal de Cristo que echamos de menos en la eclesiología de la liberación.

La misión de la Iglesia

En la introducción de este capítulo dijimos que en la eclesiología de la liberación los temas de la naturaleza y la misión de la Iglesia se relacionan estrechamente el uno con el otro: no se ve a la Iglesia aparte de su misión. De ahí que sin poder evitarlo hayamos anticipado en nuestra discusión sobre la naturaleza de la Iglesia algunos conceptos que pertenecen a su misión. Pero también hicimos ver que esta manera nuestra de dividir el tema responde tan sólo a una conveniencia de orden práctico. El tema de la misión de la Iglesia es tan importante que es preferible tratarlo también por separado.

Gustavo Gutiérrez dice enfáticamente que el propósito de la Iglesia no es salvar, en el sentido de "asegurar el cielo".[41]

> ...la salvación comprende a todos los hombres y a todo el hombre; la acción liberadora de Cristo —hecho hombre en esta historia una y no en una historia marginal a la vida real de los hombres— está en el corazón del fluir histórico de la humanidad, la lucha por una sociedad justa se inscribe plenamente y por derecho propio en la historia salvífica.[42]

De acuerdo a estas palabras, la misión de la Iglesia no se limita a lo que llamamos espiritual y eterno, y no debe definirse en términos abstractos. La salvación no es ahistórica, no tiene que ver solamente con el más allá de la tumba: abarca el más acá de la existencia, sin excluir las luchas por la liberación económica, social y política.

La preferencia por los pobres

Es posible decir que en la eclesiología de la liberación el punto de partida para cumplir con la misión de la Iglesia es el reconocimiento de que existe la lucha de clases y que es indispensable, para ser Iglesia, optar por la causa de los pobres en contra de los opresores. La principal motivación misionera no es que se manifieste la gloria de Dios en el cumplimiento de su propósito salvífico en la historia. Tampoco lo es el hecho que todo ser humano está perdido, pero que "Dios amó de tal manera al mundo que ha dado a su Hijo unigénito para que todo aquel que en Él cree no se pierda, más tenga vida eterna" (Jn. 3:16). Tampoco es el principal incentivo misionero el mandato de Cristo en cuanto a que hagamos discípulos de todas las naciones (Mt. 28:18-20).

Lo que más preocupa a los teólogos de la liberación es la lucha de clases, provocada, dicen, por los que oprimen al pobre. Consecuentemente, la misión de la Iglesia consiste en tomar conciencia de la injusticia social, optar por los pobres, y asumir una postura de compromiso serio e irrenunciable en el proceso revolucionario para liberarlos.

En América Latina, ser iglesia hoy quiere decir tomar una clara posición respecto de la actual situación de injusticia social y del proceso revolucionario que procura abolirla y forjar un orden más humano. El primer paso consistirá en reconocer que en realidad una postura ya está tomada: la iglesia se halla vinculada al sistema social vigente. Ella contribuye en muchos lugares, a crear "un orden cristiano" y a dar un cierto carácter sagrado a una situación alienante y a la peor de las violencias: la de los poderosos contra los débiles.[43]

[41]*Ibid.*, p. 325.

[42]*Ibid.*, p. 226.

[43]*Ibid.*, p. 342.

En apoyo de la opción a favor de la clase oprimida, los teólogos de la liberación señalan que en el Antiguo Testamento Yaweh tiene preferencia por los pobres y los defiende de los opresores. Añaden que en el Nuevo Testamento el Hijo de Dios encarnado se identifica con toda la humanidad, pero lo hace de manera especial con los pobres. Gutiérrez dice: "En términos de la justicia, Dios es parcial: toma partido...uno no puede estar *por* los pobres si no está en *contra* de todo lo que produce la explotación del hombre por el hombre".[44]

En relación con la Tercera Conferencia del Episcopado Latinoamericano, celebrada en Puebla, México, en 1979, Gustavo Gutiérrez comenta:

> Esa opción por los pobres, como lo dice Puebla en diversas ocasiones es preferencial y no exclusiva... No somos propietarios del evangelio, no es posible disponer de él a nuestro gusto. Pero la preferencia por el pobre está inscrita en el mensaje mismo... No, el evangelio se dirige a todo ser humano pero hay en él una predilección por el pobre, y es por ello que se le proclama desde la solidaridad con los oprimidos.[45]

En vista de la actitud de Dios hacia los pobres, la Iglesia debe convertirse a ellos, hacerse pobre para hablar desde la situación de los que sufren la injusticia social. Sólo en solidaridad con las clases explotadas podemos comprender y hacer comprender el evangelio.

Los evangélicos conservadores no vemos que Dios tenga un prejuicio político, de tipo marxista, en su actitud hacia las clases sociales en tiempos bíblicos. Reconocemos, eso sí, que en el Antiguo Testamento Dios es el defensor de los huérfanos, las viudas, los extranjeros, y de todos los pobres, ya sea los que viven en pobreza material o los que representan la pobreza espiritual. No hay manipulación exegética que pueda silenciar el clamor profético por la justicia social. Ningún subterfugio hermenéutico es válido para decir que ese clamor, que también es grito de protesta contra la injusticia que sufrían los pobres, no tiene ninguna aplicación a nuestro tiempo. De no tenerla, ¿para qué fue incluido en la Biblia, si "las cosas que se escribieron antes, para nuestra enseñanza se escribieron" (Ro. 15:4)?

Reconocemos también que el Mesías se identificó con toda la humanidad, pero lo hizo de manera muy especial con los pobres. El nació pobre, y vivió pobre entre los pobres, al servicio de los pobres. El se hizo accesible en primer lugar a las masas; le dio la prioridad a los pobres; sufrió con ellos y por ellos, y les anunció a ellos primero la

---

[44]Gustavo Gutiérrez, "Liberation, Theology, and Proclamation", *Concilium* (6, 10, 74), citado por J. G. Davies en *Christians, Politics, and Violent Revolution* (New York, 1976), p. 100.

[45]Gustavo Gutiérrez, *La Fuerza Histórica de los Pobres* (Lima, Perú: Centro de Estudios y Publicaciones, 1979), pp. 244-45.

buena nueva del reino de Dios. No era El el Cristo de una élite, de un grupo selecto, exclusivo, en la sociedad palestinense. El es universal en su oferta salvadora: "venid a mí todos", "al que a mí viene no lo echo fuera". Pero no hace esta llamada desde las altas esferas sociales, sino desde la realidad de los pobres, a cuya clase El pertenece. Visita el hogar de Zaqueo, el rico jefe de publicanos, pero no es un visitante entre los pobres: es uno de ellos, vive con ellos las angustias y alegrías de la existencia.

Sin embargo, es imperativo considerar la preferencia del Señor por los pobres dentro de "todo el consejo de Dios", no solamente con base en determinados pasajes bíblicos. Definitivamente, la universalidad (no universalismo) del Cristo hace trizas todo esquema "clasista". El vino al mundo porque éste se hallaba perdido, bajo condenación, y deseaba salvarlo. Todos los seres humanos son pecadores, pero todos son redimibles si por medio de la fe echan mano de la gracia salvadora. En este sentido Jesús no es parcial, no es "clasista". Así lo demostró en la encarnación, identificándose con toda la raza humana. Así lo demostró en su ministerio terrenal, rompiendo barreras raciales, culturales, sociales, y de manera muy especial, las religiosas. Así lo demostró en la cruz, donde murió por todos. Así lo demostró después de la resurrección cuando le ordenó a sus discípulos que predicaran el evangelio a todo ser humano, en todas las naciones, en todo el mundo.

La preferencia del Señor por los pobres es de naturaleza salvífica, con todo el sentido que la palabra bíblica *salvación* encierra. A los pobres se les predica el evangelio no sólo porque son una clase desprovista de bienes materiales y oprimida por los poderosos en un medio social injusto, sino también porque como individuos sufren la opresión del pecado dentro de sí mismos. El hecho de ser pobres no les exime de ser pecadores. Los teólogos de la liberación están a favor de los pobres y en contra de la pobreza, a la cual no quieren glorificar. Hacen bien en asumir esta actitud, que debe ser también la nuestra, toda vez que no glorifiquemos a los pobres, como algunos teólogos liberacionalistas parecen a veces hacerlo. Existe el pecado de los opresores y el pecado de los oprimidos. "Por cuanto todos pecaron, y están destituídos de la gloria de Dios" (Ro. 3:23). Existe el pecado de las estructuras y el pecado de los individuos. Segundo Galilea dice: "No quiero caer en un populismo que mitifica al pueblo y a los pobres. El pueblo-pueblo también es pecador..."[46]

Según la eclesiología de la liberación la opción a favor de los pobres implica la responsabilidad de hacerse pobre. La exhortación a practicar la así llamada pobreza evangélica tiene aspectos positivos especialmente para los que vivimos y laboramos en pro del reino de Dios en

[46]Segundo Galilea, *¿Los Pobres nos Evangelizan?* (Bogotá, Colombia: Indo-American Press Service, 1977), p. 35.

países subdesarrollados. No tuvo Cristo el propósito de establecer una Iglesia opulenta, rica en bienes de este mundo, pero pobre en espíritu, alejada de las masas, e impotente para responder a los grandes desafíos de una sociedad como la nuestra, en proceso de cambio. Nos acecha la tentación de querer convertirnos en iglesia para los ricos, o bien de transformarnos en una "iglesia del pueblo", sin pensar que en ambos casos podemos ser manipulados a favor de una ideología. No hay base en el Nuevo Testamento para organizar una iglesia "clasista", ya sea de los pobres o de los ricos. Debemos cuidarnos de no despojar de su contenido bíblico a vocablos como "pobre" y "pueblo", para imponerles un significado ideológico, o político. Para la renovación de la Iglesia no debemos depender de conceptos marxistas como "la lucha de clases", sino de las enseñanzas del Nuevo Testamento y del ministerio del Espíritu Santo.

Estas consideraciones no llevan por objeto subestimar el énfasis que en ambos Testamentos se le da a los pobres, los que no tienen lo necesario para subsistir. Mal haríamos nosotros, latinoamericanos, en olvidar que Jesús se hizo pobre y que las grandes mayorías en nuestro subcontinente son pobres, necesitados de la liberación que trae el evangelio. Lo que deseamos es encontrar y mantener el equilibrio bíblico en nuestra actitud hacia los pobres, y hacia otras clases sociales.

La denuncia profética

Una vez que se ha optado por los pobres, hay en el esquema liberacionista la obligación de denunciar públicamente a los opresores.

En el criterio de Gustavo Gutiérrez la primera tarea de la Iglesia es la *celebración* eucarística, por la cual se implica y significa la creación de la fraternidad humana. Es una celebración de la acción salvífica de Dios en la historia. Luego viene la *proclamación* que se hace desde el compromiso en la causa de los oprimidos. Se celebra en la eucaristía la fraternidad, pero ante la sociedad la Iglesia tiene que "tomar una clara posición respecto de la actual situación de injusticia social y del proceso revolucionario que procura abolirla y forjar un orden más humano".[47] Esto significa "ser iglesia hoy".

Ante todo, dice Gutiérrez, la Iglesia debe reconocer que ya se encuentra vinculada al sistema social vigente, y que ha contribuido en muchos lugares a dar un cierto carácter sagrado a la violencia de los poderosos contra los débiles. Ahora la Iglesia tiene que decidir si continuará favoreciendo el orden establecido para conservar su prestigio social ante los grupos dirigentes, o si romperá con esos grupos para dedicarse a servir realmente a los oprimidos. Según Gutiérrez, la situación opresora y alienante ya existe; la Iglesia ha sido parte de ella y

---

[47]Gustavo Gutiérrez, *Teología de la Liberación*, p. 342.

tiene que hacer todo lo posible para modificarla, empezando por modificarse a sí misma.[48]

La denuncia profética es global. Incluye "toda situación deshumanizante, contraria a la fraternidad, a la justicia y a la libertad", y "toda sacralización" que la Iglesia haya hecho de las estructuras opresoras.[49]

La denuncia profética es radical. No se contenta con señalar algunos síntomas, o consecuencias, de la situación imperante. Va a las causas mismas de la injusticia y la opresión. Es "un cuestionamiento radical del orden social actual".[50] "El mensaje evangélico hace ver, sin evasiones, lo que está a la raíz de la injusticia social".[51] La Iglesia debe estar alerta contra el peligro de dejarse asimilar a una sociedad que busca realizar solamente algunas reformas, sin operar cambios profundos.[52] El "reformismo" y el "desarrollismo" no bastan. Es imperativo el cambio revolucionario, radical.

La denuncia profética es "praxiológica". No se queda en el nivel meramente verbal. Se hace "desde la brega por un mundo más humano. La verdad evangélica, se ha dicho, es una verdad que se hace". La denuncia "no es sólo una 'palabra' o un 'texto', es un gesto, una postura".[53] Inevitablemente, esta denuncia, hecha desde el compromiso revolucionario, puede desestabilizar el orden reinante y poner en movimiento nuevas fuerzas de cambio social.

En su exposición de la denuncia profética, Gutiérrez nos hace pensar en realidades inescapables. Por ejemplo, es cierto que existe la injusticia social en la América Latina, y que como resultado de esa injusticia millones de latinoamericanos sufren un "estado escandaloso de pobreza". También es cierto que la Iglesia tiene parte en esa situación; cuando menos la ha tolerado, y muchas veces ha contribuido a mantenerla, aprovechándose de ella. No cabe duda que la Iglesia tiene que decidir en esta hora de grandes transformaciones sociales si seguirá acomodándose al estado de cosas, o si optará por ser fiel a su vocación profética.

Por otro lado, vemos que la Iglesia no debe dejarse manipular por ideologías que también propugnan el cambio social. Es muy fácil salir de un "constantinismo de derecha" para caer en un "constantinismo de izquierda". Gutiérrez piensa que la opción a favor de los oprimidos

[48]*Ibid.*, pp. 342-44.

[49]*Ibid.*, p. 345.

[50]*Ibid.*, p. 345.

[51]*Ibid.*, p. 347.

[52]*Ibid.*, p.345.

[53]*Ibid.*, p. 346.

es la respuesta a ese problema;[54] pero si se opta en sujeción al concepto marxista de "lucha de clases" el resultado es, inevitablemente, una opción de tipo izquierdista e "izquierdizante".

En el plano bíblico y teológico se ha cuestionado el concepto de "denuncia profética". Algunos teólogos dicen que la palabra *denuncia* significa exponer ante terceras personas los pecados de otra, aun cuando la parte acusada no se halle presente; en tanto que los profetas bíblicos se encararon con los culpables. Este fue el caso, por ejemplo, de Natán ante David y de Juan el Bautista ante Herodes. Pero ¿le predicó Amós sus mensajes a cada opresor en privado, o predicó también públicamente cuando había un buen número de israelitas congregados? ¿Predicó Jonás solamente a cada ninivita en particular, o anunció su mensaje públicamente por toda la ciudad? En realidad, la Biblia da ejemplos de ambos métodos de comunicación cuando se trata de poner al descubierto los pecados individuales y sociales. Es posible que la palabra *denuncia* no sea la más apropiada para este ministerio, pero queda en pie la responsabilidad que tiene el pueblo de Dios, en todo tiempo y lugar, de no ser indiferente a los males que le rodean. De algún modo debe saberse hoy que la Iglesia repudia y condena esos males, y que no participa en ellos.

También se arguye que los profetas bíblicos no exigieron una transformación del sistema político en su nación, ni en otras naciones. No lucharon en Israel, o Judá, por cambiar la teocracia en otro sistema de gobierno. No procuró Moisés transformar social y políticamente a Egipto. Lo mismo puede decirse de Jonás en Nívive, y Daniel en Babilonia. Jesús de Nazaret no inició una revolución política y violenta para derrocar al César y cambiar el Imperio Romano por una teocracia bíblica. Se añade a estos argumentos que los profetas tenían un mensaje específico para un pueblo específico: el pueblo de la Alianza con Yahweh. La conclusión sería que no debemos usar el ejemplo ni el mensaje de los profetas para denunciar los males de nuestra sociedad.

Hay ciertamente una gran distancia entre los tiempos de los profetas y los nuestros. Existe mucha diferencia entre el contexto vital de aquellos siervos de Dios y el de la actualidad. No sería correcto querer imponerle al mundo bíblico nuestro sistema cultural y social, o pretender reproducir en nuestro ambiente la situación social, política y religiosa de aquella lejana época. Pero si se nos han entregado las Escrituras es porque en ellas hay enseñanzas y ejemplos que de algún modo debemos seguir (Ro. 15:3). Es muy fácil tratar de evadir nuestra responsabilidad social encadenando el mensaje bíblico al remoto pasado, o limitándolo a un cumplimiento futuro, en lugar de aplicarlo aquí y ahora.

---

[54]*Ibid.*, pp. 343-44. Véase también de Hugo Assmann, *Teología desde la Praxis de la Liberación* (Salamanca, España: Ediciones Sígueme, 1973), pp. 97-98.

Hechas estas aclaraciones surge una pregunta muy importante: ¿Cómo debemos usar el mensaje bíblico en respuesta a la problemática social latinoamericana? La historia y la realidad contemporánea nos dicen que la Iglesia se ha visto siempre en el peligro de caer ya sea en el acomodamiento complaciente y cobarde, o en el atrevimiento ingenuo e insensato. También nos enseña la historia y la experiencia que no es justo exigirle a la iglesia de determinado país que actúe en cierta forma ante los problemas sociales y políticos.

Hay hermanos evangélicos que juzgan desde afuera a la iglesia evangélica que en un país azotado por la violencia no toma partido por la izquierda política. Se ha criticado fuertemente, desde lejos, a la iglesia evangélica que estando en un país gobernado por los "capitalistas" no denuncia las violaciones de los derechos humanos por parte de las autoridades civiles y militares. Es muy fácil hablar de denuncia profética cuando se vive en la seguridad y comodidad de un país donde se permite el libre juego de ideas. Muy diferente es la situación del cristiano evangélico que vive a diario el drama de la violencia en su propio país, corriendo el riesgo de perder del todo su libertad para servir en el nombre de Jesucristo. Muy diferente es la situación de un país donde los ciudadanos han sido condenados al silencio en lo que respecta a sus derechos. Es interesante que los críticos de la Iglesia generalmente dan la impresión de que solamente en países gobernados por la derecha no hay libertad de palabra, oral o escrita. Pasan por alto lo que sucede en regímenes de izquierda.

Lo evidente es que ya sea bajo la derecha o bajo la izquierda, hay hermanos evangélicos que no sienten la vocación de mártires, y no han preferido "dar la vida muriendo, sino trabajando", para usar palabras del sacerdote jesuita Luis Espinal, quien fue asesinado en Bolivia, en 1982.[55] Sin embargo, estamos seguros que muchos de estos hermanos que no han provocado el martirio estarían dispuestos a dar su vida en el nombre de Cristo, si la voluntad divina se los demandare. Por el momento han decidido que lo mejor es subsistir para servir. Esto sucede en países que pertenecen a la órbita capitalista y en países de línea dura socialista. Gutiérrez dice que la Iglesia no debe estar ansiosa por subsistir; que el asunto no es sobrevivir sino servir.[56] ¿Puede la Iglesia servir sin sobrevivir? La respuesta negativa a esta pregunta explica la opción de iglesias que conscientemente no están haciendo la "denuncia profética" como algunos quieren exigirles que la hagan.

Cada cristiano y cada iglesia tiene su propio contexto vital y su momento de decisión ética frente a los problemas personales y sociales. Es un momento para ejercer la libertad interior y recordar que

---

[55] Palabras citadas por Gustavo Gutiérrez en *Beber en su propio pozo* (Lima, Perú: Centro de Estudios y Publicaciones, 1983), p. 159.

[56] Gustavo Gutiérrez, *Teología de la Liberación*, p. 336.

cada uno "dará cuenta de sí mismo a Dios" (Ro. 14:12). El cristiano no está llamado a buscar, ni mucho menos a provocar, el martirio; pero tampoco debe rechazarlo si el Señor así lo demanda. Sin embargo, ¿quiénes somos nosotros, que no estamos arriesgando diariamente nuestra vida por Cristo, para juzgar y condenar a nuestros hermanos que viven y laboran para el Reino de Dios, ya sea en países capitalistas o socialistas, bajo la continua amenaza de "encierro, destierro, o entierro"?

El anuncio del Reino de Dios

La denuncia pofética debe ir acompañada del anuncio "del amor del Padre que llama a todos los hombres en Cristo y por la acción del Espíritu, a la unión entre ellos y a la comunión con él".[57] La denuncia tiene que ver con la injustica social y sus causas; el anuncio, con su remedio.

Un anuncio "concientizador". No se trata solamente de un mensaje espiritual y futurista. Escuchándolo, las gentes llegan a tener conciencia de su existencia histórica, de su potencial liberador, de su responsabilidad de forjar aquí y ahora un mundo distinto al presente. Es un anuncio que puede poner al descubierto que una situación de injusticia y explotación es incompatible con el advenimiento del Reino. Escuchando ese mensaje, el pueblo que vive en tal situación llega a percibirse como oprimido y se siente impulsado a buscar su propia liberación.[58]

Un anuncio "politizador". Inevitablemente, el pueblo concientizado puede buscar cauces políticos para liberarse. Gutiérrez dice que la Iglesia "debe politizar evangelizando".[59] Comentando sobre la teología de la liberación, Edward Norman interpreta la politización como "la transformación de la fe misma, en tal forma que ella llega a definirse en términos de valores políticos".[60] Gutiérrez sostiene que al afirmar que la Iglesia politiza evangelizando no se pretende que el evangelio se reduzca a crear en los hombres una conciencia política; lo que se quiere decir es que el evangelio "tiene una insoslayable dimensión política".[61]

Gutiérrez no cierra los ojos al peligro de "simplificar el mensaje evangélico, para hacer de él una 'ideología revolucionaria' que, en definitiva, enmascararía la realidad".[62] Cree que es posible evitar este peligro por medio de "la reflexión, la espiritualidad y la nueva predicación de un mensaje cristiano encarnado —no perdido— en nuestro

[57]Ibid., p. 346.

[58]Ibid., p. 347.

[59]Ibid., pp. 348-49.

[60]Edward Norman, Christianity and the World Order (Oxford, 1979), p. 2.

[61]Gutiérrez, Teología de la Liberación, p. 349.

[62]Ibid., p. 350.

aquí y ahora".[63] Sin embargo, la amenaza sigue presente. El discurso político es tan fuerte en la teología de la liberación que se hace difícil escuchar el contenido mismo del evangelio.

Los modos concretos que asumirán la denuncia y el anuncio no se conocen por anticipado. "Hay capítulos de la teología que sólo se escribirán después".[64] Pero esta incertidumbre no debe impedir que la Iglesia tome posición a favor de los oprimidos, reconociendo "el carácter incompleto y provisorio de todo logro humano, cualquiera que éste sea".[65] La Iglesia no debe "sacralizar" una ideología. Lo definitivo está por venir. Hay un "ya" y un "todavía no" del Reino. Este no es solamente futuro, ni extraterrestre. Hugo Assmann explica: "El Reino de Dios jamás se identifica con las estructuras del mundo, pero se inserta y desenvuelve en ellas como un proceso".[66]

Ya hemos citado en el capítulo que trata de liberación y salvación los conceptos de Gutiérrez tocantes al Reino como un proceso histórico. Este proceso, de acuerdo a Gutiérrez, se da en la liberación, pero no se agota en ella. Sin acontecimientos históricos liberadores no hay crecimiento del Reino; el acontecimiento histórico, político, liberador, es crecimiento del Reino, "pero no es *la* llegada del reino, ni *toda* la salvación".[67] En la práctica lo difícil es saber si determinado acontecimiento histórico resultará en verdad liberador, si será pro-Reino o anti-Reino. Mientras exista la maldad en el corazón humano toda revolución puede pervertirse.

En la teología de la liberación el Reino es don de Dios y obra del hombre, aunque a veces uno tiene la impresión que en esta teología el Reino es más logro humano que divino. Se habla más del proceso histórico del Reino que de su consumación; pero tanto Gutiérrez como Assmann se esfuerzan por no identificarlo con ningún sistema político en particular. Assmann ve al Reino en "constante futurización, aun en sus pasos victoriosos".[68] Con todo, como veremos en el siguiente apartado, optar políticamente es indispensable para la teología de la liberación.

La praxis liberadora

En la eclesiología de la liberación la misión de la Iglesia significa mucho más que optar por los pobres, denunciar la injusticia social que

[63]*Ibid.*, p. 350.

[64]*Ibid.*, p. 351.

[65]*Ibid.*, p. 351.

[66]Hugo Assmann, *Teología desde la Praxis de la Liberación*, p. 154.

[67]Gustavo Gutiérrez, *Teología de la Liberación*, pp. 239-40.

[68]Assmann, *op. cit.*, p. 156.

éstos sufren y anunciar el Reino. Todo esto debe conducir a un compromiso de parte de la Iglesia en la praxis liberadora. Dicho de otra manera, la Iglesia tiene que entrar en la contienda política para cumplir su misión.

La opción política. La praxis liberadora no se lleva a cabo en un vacío político; aparte de lo político no es posible vivir como se debe el evangelio, puesto que este mensaje tiene una dimensión política insoslayable. Además, la situación de injusticia que agobia a millones de latinoamericanos exige que los cristianos opten por la liberación en todas sus formas.

> El anuncio evangélico tiene pues una función concientizadora o, en otros términos, politizadora. Pero esto no se hace real y significativo sino viviendo y anunciando el evangelio desde dentro del compromiso por la liberación; sólo en la solidaridad concreta y efectiva con los hombres y clases explotados, sólo participando en sus luchas podemos comprender y hacer incidir en la historia esas implicaciones. La predicación de la palabra sería vacía y ahistórica si pretendiera escamotear esta dimensión.[69]

No hay lugar para la apoliticidad en el pensamiento liberacionista:

> Todo pretendido apoliticismo —caballo de batalla recién adquirido por los sectores conservadores— no es sino un subterfugio para poder dejar las cosas como están... Todo intento de evasión de la lucha contra la alienación y la violencia del poderoso, y por un mundo más justo y más humano es la más grande infidelidad a Dios. Conocerlo es obrar la justicia. No hay otro camino para llegar a él.[70]

La praxis liberadora implica de manera ineludible una opción política, y los teólogos de la liberación nos cierran el paso a una tercera vía. No creen que exista el neutralismo y rechazan todo pretendido "tercerismo". O estamos en la lucha por los pobres, en contra del orden establecido, o somos partidarios de los opresores. Si no militamos en las izquierdas políticas estamos apoyando de una manera u otra a las derechas. Si queremos ser fieles a Dios tenemos que afiliarnos a la izquierda y luchar "contra la alienación y la violencia del poderoso". Esta es nuestra misión en la América Latina. Y que conste, los teólogos de la liberación no hacen diferencia entre la Iglesia como entidad y sus miembros como individuos, en cuanto a las decisiones y acciones políticas. La Iglesia como iglesia debe comprometerse en la praxis liberadora, si en verdad desea cumplir su misión.

Edward Norman comenta que "al cristianismo se le interpreta hoy como un sistema de acción social y política, que depende, eso sí, de

---

[69]Gutiérrez, *Teología de la Liberación*, pp. 347-48.

[70]*Ibid.*, pp. 342, 352.

una autoridad sobrenatural para demandar que se le escuche, pero que se expresa en categorías derivadas de teorías y prácticas políticas de sociedades contemporáneas".[71] Gutiérrez y otros teólogos de la liberación han optado por el socialismo para canalizar políticamente su fe. ¿Es el "socialismo democrático" del obispo Méndez Arceo de México, u otro tipo de socialismo? ¿Espera Gutiérrez que los movimientos revolucionarios en la América Latina le den aliento a un socialismo sui géneris, inspirado por la teología de la liberación?

Lo evidente es que Gutiérrez ha rechazado el reformismo y el desarrollismo, y sostiene la tesis de que la América Latina "no saldrá nunca de su estado calamitoso a menos que experimente una transformación radical, una revolución social que cambie las condiciones presentes".[72] Para él la lucha de clases es una realidad que no puede eludirse: ". . .es necesario ver con lucidez que negar el hecho de la lucha de clases es en realidad tomar partido por los sectores dominantes. La neutralidad en esta materia es imposible. . . Cuando la iglesia rechaza la lucha de clases se está comportando objetivamente como una pieza del sistema imperante. . ."[73]

Gutiérrez menciona algunos motivos para "propugnar" la lucha de clases. Por ejemplo: la voluntad de abolir las causas que desencadenan esta lucha, ir a una sociedad sin clases, suprimir la explotación por unos pocos del trabajo de los demás. "Construir una sociedad socialista, más justa, libre y humana, y no una sociedad de conciliación y de igualdad aparente y falaz".[74]

Aun sin entrar aquí a discutir qué garantías hay de que dicha sociedad no será como la que cierto tipo de socialismo ha establecido en países donde no hay más justicia, ni libertad, ni humanización para el pueblo, queda la preocupación por la idea de que la Iglesia como Iglesia promueva la lucha de clases. El hecho de que, como se dice, la Iglesia haya estado inserta en la lucha de clases, tolerando y aun apoyando la violencia de los grupos dominantes, no justifica que ahora se le exija que simplemente cambie de bando para que siga la matanza. ¿Es esta la manera de arrepentirse cristianamente, cambiando meramente de partido en la guerra del hombre contra el hombre? ¿Es así como la Iglesia debe renovarse? ¿Es esta la forma en que Cristo le ordena a la Iglesia que cumpla su misión? ¿O debe arrepentirse la Iglesia de su pasado y sobreponerse en el poder de la Palabra y del Espíritu a la tentación de seguir siendo una iglesia "clasista"?

[71] Edward Norman, *op. cit.*, p. 2.

[72] Gustavo Gutiérrez, *Theology Digest* (1971), Según cita por Robert McAfee Brown en *Religion and Violence* (Philadelphia 1973), p. 95.

[73] Gustavo Gutiérrez, *Teología de la Liberación*, p. 356.

[74] *Ibid.*, p. 355.

Está a la vista que en la América Latina los cristianos no pueden entrar en la lucha propuesta por la teología de la liberación sin verse involucrados, directa o indirectamente, en la violencia física y brutal. Así lo enseñan la historia reciente y la experiencia actual de algunos de nuestros países azotados por la violencia. Los teólogos de la liberación son conscientes de esta realidad cuando avivan el fuego de la lucha de clases. Saben que la violencia es parte obligada de lo que ellos llaman "praxis liberadora", y tratan en una forma u otra de justificarla. Daremos siquiera un vistazo a este serio problema.

¿Una violencia "cristiana"? Ignacio Ellacuría, jesuita español que ha trabajado por más de veinticinco años en Centroamérica, especialmente en El Salvador, enfoca el tema de la violencia desde un punto de vista sicológico y teológico. Una de sus tesis es que hay violencia pecaminosa y violencia no pecaminosa. Es la injusticia lo que le da a la violencia su carácter de pecado. Toda injusticia es violenta. De ahí que no pueda hablarse de violencia en sentido estricto cuando no hay injusticia presente. La lucha contra la violencia que es fruto de la injusticia no puede ser considerada en sí misma como pecaminosa.[75]

Ellacuría aclara que él no está predicando el uso de la violencia para combatir la violencia. Hay diferencia entre teología y ética; pero sostiene su otra tesis de que la violencia que prevalece en nuestro medio es injusta y clama por remedios extremos. En cuanto a esta violencia, no solamente nos es permitido sino requerido el uso de la fuerza que sea necesaria para redimirla. Pero en la lucha contra la violencia no debe perderse de vista la esencia del cristianismo, recordando que la redención cristiana deriva su poder no del odio sino del amor.[76]

Hay más de una manera en que los cristianos han intentado redimir la violencia. Ellacuría da tres ejemplos: (1) El pietista Charles de Faucauld, quien con sus hermanos va a vivir entre los que sufren violencia, pero no lucha por ellos. Se limita a darles un ejemplo de amor, de mansedumbre y servicio. (2) Martín Luther King, cuyo motivo fue el amor cristiano, y su método la no violencia para combatir la injusticia. (3) Camilo Torres, el cura guerrillero.

Según Ellacuría, estos son tres ejemplos de maneras cristianas de tratar con el problema de la violencia en un espíritu redentor. En ninguno de estos ejemplos hay una negación de valores cristianos. Ningún cristiano puede dar testimonio o expresar toda la riqueza del cristianismo. Diferentes grupos de cristianos deben cultivar diferentes

---

[75]Ignacio Ellacuría, *Freedom Made Flesh. The Mission of Christ and His Church* (Maryknoll, New York: Orbis Books, 1976), pp. 228-29, 225-26. La edición española fue publicada por Ediciones del Secretariado Social Interdiocesano, San Salvador, El Salvador, con el título de *Teología Política*. No hemos tenido acceso a esta versión.

[76]*Ibid.*, pp. 227, 229-30.

aspectos importantes del mensaje evangélico y del ejemplo de Cristo. Charles de Faucauld expresa el aspecto trascendente del evangelio, y Martín Luther King su aspecto social. Preguntamos, ¿cuál aspecto representa Camilo Torres con la metralleta en la mano? Ellacuría procura salir del paso diciendo que el caso de Camilo debe ser considerado y evaluado en términos de su situación, la cual era desesperada.[77]

No es posible decir que en el ejemplo de Jesús de Nazaret hay un aspecto que justifique la destrucción de los enemigos. Esto se ilustra por el hecho de que Ellacuría trata de explicar la conducta de Camilo Torres basándose no en el ejemplo de Cristo, sino en la "situación límite" en que el sacerdote colombiano tuvo que luchar.

Además, en la práctica la distinción entre violencia pecaminosa y violencia (fuerza, fuerza coercitiva, etc.) no pecaminosa, puede ser demasiado subjetiva. Para Ellacuría, la violencia desatada por el orden establecido es "la peor forma de violencia".[78] Es a esta violencia institucionalizada que el pueblo debe dirigir su atención. Pero si la violencia establecida es "la peor", esto significa que hay otras violencias pecaminosas, las cuales pueden manifestarse en el proceso mismo de combatir la violencia que tiene como raíz la injusticia social. Ellacuría reconoce, con base en la biología y la sicología, que la violencia es un fenómeno típico del ser humano. En otras palabras, todos tenemos la tendencia a ser violentos. La Biblia lo dijo hace casi dos mil años. Todos podemos ser violentos, de manera injusta: "No hay justo ni aun uno...sus pies se apresuraron para derramar sangre...y no conocieron camino de paz" (Ro. 3:10-18).

Estas breves reflexiones sobre el pensamiento de Ellacuría no llevan el propósito de justificar la violencia establecida. No son un intento de ocultar, o negar, ni mucho menos aprobar, la injusticia social que le da origen y aliento a esa violencia. Lo que deseamos es que se plantee el problema desde una óptica bíblica, especialmente desde el ejemplo de Jesús de Nazaret en su vida, ministerio y muerte de cruz.

Jesús de Nazaret es problemático para los que de alguna manera desean cristianizar la violencia en nombre de la liberación. Lo es también la enseñanza que Él dio sobre el amor. Gustavo Gutiérrez encara la dificultad admitiendo en primer lugar que "la lucha de clases plantea problemas a la universalidad del amor cristiano y a la unidad de la iglesia".[79] Pero agrega que toda consideración de este hecho debe tener en cuenta que la lucha de clases es una realidad y que la neutralidad en este asunto es imposible. Más adelante explica:

---

[77]*Ibid.*, pp. 227, 229-30.

[78]*Ibid.*, p. 199.

[79]Gustavo Gutiérrez, *Teología de la Liberación*, p. 353.

Se ama a los opresores liberándolos de su propia e inhumana situación de tales, liberándolos de ellos mismos. Pero a esto no se llega sino optando resueltamente por los oprimidos, es decir combatiendo contra la clase opresora. Combatir real y eficazmente, no odiar; en eso consiste el reto, nuevo como el evangelio: amar a los enemigos.[80]

Cuando este "amor" se lleva a sus últimas consecuencias puede significar los sentimientos que James H. Cone describe en las siguientes palabras:

El poder de amarse a uno mismo precisamente porque uno es negro y una disposición a morir si la gente blanca procura que uno actúe de otra manera... La experiencia de ser negro es el sentimiento que uno tiene cuando golpea al enemigo de los negros lanzándole un coctel Molotov al edificio del blanco y verlo consumirse en llamas. Sabemos, por supuesto, que se necesita mucho más que quemar edificios para deshacernos de la maldad, pero de alguna manera debe comenzarse.[81]

Si hacemos nuestra la convicción de Gutiérrez, no odiaremos al enemigo, pero lo combatiremos amándolo. El amor será entonces antítesis del odio, pero no de la violencia que le hagamos sufrir al enemigo. ¿Estableció Jesús de Nazaret esta diferencia en su enseñanza y en su ejemplo? ¿La estableció San Pablo ante los que le odiaban a muerte? ¿Es la misión de la Iglesia, y del cristiano en lo personal, mostrarle amor a los enemigos del evangelio combatiéndolos?

Desde una perspectiva ética, José Míguez Bonino distingue también entre amor y odio para la praxis liberadora: "En la mente y conciencia de los latinoamericanos comprometidos en la liberación, estamos involucrados en un proyecto de amor, no de odio".[82] Luego da algunas pautas que deben seguirse para explicar este amor. En primer lugar, Míguez Bonino ve que el militante liberacionista establece su identidad no en el enemigo, considerado como una amenaza, sino en el amor a sus hermanos, a sus compañeros de existencia y de lucha, por quienes estaría dispuesto a morir. En segundo lugar, debe reconocerse, dice Míguez Bonino, que en todo conflicto se da siempre la dialéctica de amor para el hermano y odio para el enemigo. Pero hay la posibilidad de que el odio al enemigo se subordine al amor a los hermanos. Entonces, la lucha se vuelve "funcional" y se abre la posibilidad de afirmar la humanidad del enemigo durante y después del conflicto.

---

[80]*Ibid.*, p. 357.

[81]James H. Cone, *A Black Theology of Liberation* (Philadelphia & New York: J. B. Lippincott Company, 1970), pp. 56-57.

[82]José Míguez Bonino, *Toward a Christian Political Ethic* (Philadelphia: Fortress Press, 1983), p. 112.

"Esta es la clase de ética de la liberación que muchos —cristianos y no cristianos— están procurando desarrollar dentro del proyecto de liberación".[83]

Míguez Bonino reconoce que hay diferencia entre teoría y práctica cuando se trata de problemas éticos. La praxis política no se presta a abstracciones o generalizaciones éticas; pero este hecho no excusa al teólogo de su responsabilidad de elaborar teorías éticas. No es posible evadir la dialéctica que se presenta en medio del conflicto social. Al fin y al cabo son los líderes y el pueblo los que deben decidir qué es lo correcto en un momento particular, pero el trabajo teórico puede influir en las decisiones. "No estamos tratando aquí con normas universales sino con formulaciones éticas tentativas que se ofrecen como un recurso en la lucha".[84]

Ciertamente, las explicaciones de Míguez Bonino podrán parecer satisfactorias a nivel teórico. Pero hay preguntas que quedan en pie. Por ejemplo, ¿es posible subordinar el odio al enemigo al amor a los hermanos en medio del calor de la lucha contra el enemigo mismo? ¿Puede un cristiano manifestarle amor al enemigo torturándolo o matándolo? ¿El amor que Cristo nos ordena que tengamos para nuestros enemigos es simplemente el hecho de subordinar el odio a otro sentimiento —el amor a los que nos aman—, o es una virtud —fruto del Espíritu— que nos mueve a perdonar el enemigo y a servirle?

No negamos que también es posible preguntar si un opresor que profesa creer el evangelio puede mostrarle el verdadero amor cristiano al oprimido mientras lo mata lentamente de hambre. Pero de lo que estamos hablando ahora es de amor y ética en la praxis liberadora. Si la violencia institucionalizada por los opresores justifica el uso de la violencia por los discípulos del Señor Jesús, entonces, ¿qué tiene de único el amor cristiano? ¿Amó Jesús a sus enemigos dándoles muerte, o se entregó en la cruz para salvarlos? ¿Nos ordena Él que amemos a nuestros enemigos matándolos? ¿No corre el riesgo la teología de la liberación de establecer o institucionalizar otro tipo de violencia con el nombre de "cristiana"? ¿No estamos volviendo al concepto de "guerra santa"?

Que a través de los siglos no pocos cristianos hayan participado en guerras y revoluciones derramando sangre humana tampoco justifica que la Iglesia acepte y propague una teología que le dice sí a la violencia, en términos dialécticos que no todos pueden comprender. Lo que las grandes mayorías pueden entender es el *sí*, aparte de sus lucubraciones teológicas y condicionamientos éticos.

Si la Iglesia debe responder con violencia a la violencia, ¿cómo

[83]*Ibid.*, p. 113.

[84]*Ibid.*, p. 109.

puede ella hablar contra la violencia generadora de mayor violencia? ¿Cómo romperá "la espiral de violencia"? Si la Iglesia opta por la violencia, serán otros los que lucharán contra la violencia sufriéndola. Jesús no fue un no-violento pasivo. Por el contrario, su muerte en la cruz fue un acto de entrega personal, voluntaria, contra la violencia, en pro de la justicia, la paz y la libertad. En palabras de Leonardo Boff: "Ese sufrimiento es el verdadero sufrimiento porque nace de la lucha contra el sufrimiento.. Este sufrimiento no es una fatalidad, sino que se asume junto con el proyecto liberador".[85]

El cristiano que habla o escribe, o actúa en otra forma contra la violencia —cualquiera que ésta sea— sin llegar a la violencia, es un no-violento activo. No es indiferente al problema de la violencia; o no se resigna a contemplarlo; quiere hacer algo para que se solucione dentro de las relatividades humanas. Esta no-violencia activa puede tener también su alto costo: sufrir la violencia por estar en contra de la violencia sin practicarla. Pero el que así sufre se halla en el camino del auténtico discipulado cristiano: siguiendo a Jesús.

Evaluación general

No parece existir todavía una sistematización del pensamiento eclesiológico en la teología de la liberación. Por de pronto hemos tenido que espigar aquí y allá en diferentes obras liberacionistas para formarnos siquiera una idea general de lo que en ellas se enseña en cuanto a la Iglesia. El énfasis de la eclesiología de la liberación se halla definitivamente en lo que significa *ser iglesia* en un contexto revolucionario de extremada pobreza e injusticia social. Y la propuesta sobresaliente es que la Iglesia haga una revisión radical de su naturaleza y misión y que se convierta a la causa de los pobres en la lucha liberadora.

De inmediato nos damos cuenta de que la eclesiología de la liberación se sustenta más en la reflexión sociológica y teológica de sus exponentes que en una exégesis seria, cuidadosa, de textos bíblicos eclesiológicos. No hay una exposición de pasajes tan conocidos como Mateo 16:16-18; 1 Corintios 12—14; Efesios 1—4; Colosenses 1; 1 Pedro 2:1-10, para mencionar solamente unos cuantos ejemplos. Abunda en el Nuevo Testamento el material eclesiológico, pero los teólogos de la liberación no lo aprovechan como debieran para darle base y contenido bíblico a su pensamiento tocante a la naturaleza y misión de la Iglesia.

Ellos quieren liberarse de una dogmática eclesiológica que les parece inadecuada o inoperante para la realidad social y política de nuestro subcontinente. Claman por un verdadero *aggiornamento*, o sea una

[85]Leonardo Boff, *Jesucristo y la Liberación del Hombre*, p. 428.

puesta al día que implica una renovación profunda en la vida y tarea de la Iglesia. Le dan las espaldas al eclesiocentrismo tradicional, que, según ellos, aleja de las masas a la Iglesia y la pone al servicio incondicional de las clases dominantes. Pero se inclinan hacia la izquierda política, y su eclesiología no se ajusta siempre a lo que el Señor de la Iglesia dice sobre ella en su revelación escrita. Al mismo tiempo es obvio que los teólogos de la liberación no tienen un alto concepto de la inspiración y autoridad de las Escrituras, y su eclesiología es uno de los productos de la "nueva manera de hacer teología".

Se dice que la Iglesia es sacramento universal de salvación, que todo ser humano es templo de Dios, que no existe más la diferencia entre lo sagrado y lo profano, que la Iglesia no es un no mundo sino "la humanidad misma atenta a la palabra", y que a Cristo lo encontramos en el prójimo y no aparte del prójimo, puesto que éste es el principal sacramento de salvación. Estos conceptos y otros más resultan en un *ecumenismo secular* que abarca no sólo a cuerpos eclesiásticos, sino a todos los que se preocupan por el cambio social, sin importar que sean personas que sustentan una filosofía atea. La línea de diferencia trazada por el Nuevo Testamento entre la Iglesia y el mundo se va haciendo más y más borrosa en la eclesiología de la liberación.

En cuanto a la misión de la Iglesia hemos visto que según la eclesiología de la liberación el propósito de la Iglesia no es "asegurar el cielo", sino optar por la causa de los pobres, denunciar la injusticia de los opresores, anunciar el reino de Dios para "concientizar" y "politizar" a los oprimidos, y participar directamente en la praxis liberadora con la mira de establecer una sociedad socialista, "más justa, libre y humana". Los teólogos de la liberación reconocen que esta lucha puede llegar a la violencia física, pero no ven contradicción entre el amor universal de Dios y la lucha violenta contra los opresores, a quienes es necesario amar combatiéndolos, no odiándolos. Pero la contradicción sigue en pie, no obstante las lucubraciones teológicas, sicológicas y éticas de los apologistas del uso de la violencia por los cristianos en la lucha de clases. El ejemplo y las enseñanzas de Jesús de Nazaret en su ministerio terrenal le plantean un problema harto difícil a los que abogan por una "violencia cristiana".

Como sería de esperarse en una eclesiología que profesa ser cristiana, hay en el pensamiento de los teólogos de la liberación varios puntos positivos. Por ejemplo, se subraya la enseñanza del neocatolicismo sobre la posibilidad de salvación fuera de la iglesia institucional, jerárquica; se hace a un lado la arrogancia clerical al reconocer que la Iglesia es la totalidad del pueblo de Dios; se le da fuerte énfasis a la Iglesia como a una comunidad u organismo fraternal; se reconoce que en el pasado la Iglesia se alió con los poderosos y se hizo rica en medio de un pueblo hundido en la pobreza; se clama por una profunda renovación de la Iglesia; se demanda de los cristianos una vida de amor auténtico y de entrega total al servicio del prójimo. Los teólogos católicos de la liberación hablan muy en serio de renunciación y sacrificio a favor de la causa liberadora. Su actitud nos mueve a preguntarnos si nosotros no estamos simplemente jugando a ser cristianos, renuentes a salir de nuestro acomodamiento religioso para caminar una milla extra a favor del evangelio.

Es legítima la preocupación por la enorme responsabilidad que tiene la Iglesia de responder en palabra y hecho a los clamores de una sociedad como la nuestra, agobiada por gravísimos problemas económicos, políticos, morales y espirituales. No puede negarse que la teología de la liberación es un desafío a reevaluar nuestra reflexión eclesiológica, estudiar sus bases, analizar las influencias teológicas, históricas y culturales que convergen en ella, y traer al frente aquellos elementos bíblicos que bajo esas influencias hemos relegado a un segundo o último plano en nuestra eclesiología.

Es evidente que muchos de nosotros los evangélicos latinoamericanos nos hemos satisfecho con repetir una eclesiología formulada en otras latitudes, en un contexto cultural y social muy diferente al de la América Latina, en un tiempo ya lejano del nuestro. Nos toca ahora responder al desafío de la teología liberacionista produciendo una eclesiología que arraigada en la Escritura reponda a las necesidades particulares de la Iglesia y del pueblo latinoamericano.

Conclusión

Un intento de respuesta

De la teología de la liberación descrita a grandes rasgos y evaluada someramente en este libro, hemos visto el contexto histórico y social en el que ella ha surgido, las corrientes de pensamiento europeo que le han dado aliento, la contribución protestante y neo-católica a su desarrollo, la metodología que ha empleado, y algunos de sus temas más importantes.

Aunque esta teología es esencialmente política y de inspiración marxista, nuestro énfasis al evaluarla ha querido ser bíblico y teológico, sin haber podido evitar, por supuesto, algunas referencias a lo político y social.

La teología de la liberación es una nueva manera de hacer teología que tiene como punto de partida y norma hermenéutica no la revelación escrita de Dios, sino el contexto social y la praxis revolucionaria que intenta crear en América Latina un "nuevo hombre" y una "nueva sociedad" bajo un sistema de tipo socialista, como supuesta manifestación del reino de Dios.

Naturalmente, esta teología entra en conflicto con el capitalismo y el neo-colonialismo; pero también discrepa profundamente con el pensamiento evangélico conservador en el terreno de la interpretación bíblica de la fe cristiana. Hemos visto que los teólogos de la liberación tienen un concepto no elevado de la inspiración y autoridad de las Escritura, aceptan de manera acrítica la exégesis moderna, someten el texto bíblico a una ideología, y como resultado de este condicionamiento hermenéutico le dan a doctrinas fundamentales como la cristología y la eclesiología una interpretación que está lejos de ser satisfactoria para los que nos sentimos seriamente comprometidos con el evangelio.

Es digno de notarse que el Vaticano sigue reaccionando contra la teología de la liberación sin oponerse a sus aspiraciones por la justicia social. Acaba de darse a conocer un documento preparado por instrucciones de Juan Pablo II y emitido cinco días antes del interrogatorio a que sería sometido el teólogo Leonardo Boff, a quien hemos citado ampliamente en este libro. Según el documento:

El "error de los teólogos de la liberación" estriba en que sin examen crítico se identifica el "análisis científico" con el "análisis marxista". No se tiene en cuenta de hecho que éste depende de premisas ideológicas incompatibles con la fe cristiana que llevan a una lógica que desemboca en la "perversión del cristianismo".[1]

Joseph Ratzinger, principal autor del documento ha aclarado que éste no llevaba dedicatoria especial para Boff y el "coloquio" que sostendría en Roma "para verificar el sentido eclesiástico de sus escritos".[2]

Por nuestra parte, mientras rechazamos los fundamentos no bíblicos de la teología de la liberación, debemos reconocer que este sistema teológico viene a nosotros, evangélicos conservadores, como una voz de alerta tocante a nuestra responsabilidad social y como un desafío a escudriñar las Escrituras para ver lo que ellas tengan que decirnos en relación con la problemática latinoamericana. Aun cuando la teología de la liberación pase de moda como sistema, o sea condenada por el Vaticano, su impacto en la conciencia teológica de la cristiandad latinoamericana puede ser duradero.

Los evangélicos conservadores no podemos darnos ya el lujo de hacer teología en aislamiento social. No debemos responder al reto de la teología de la liberación repitiendo simplemente argumentos políticos de sus enemigos en otras latitudes. La hora en que vivimos es crucial para nuestra sociedad y para la Iglesia que el Señor redimió con su sangre. Necesitamos el consejo sabio de nuestros hermanos en la comunidad evangélica mundial. Pero más que todo nos urge afianzarnos en la palabra escrita de Dios, depender como nunca del poder y la dirección del Espíritu Santo, y vivir realmente el evangelio.

La respuesta evangélica a la teología de la liberación tiene que ser teológica y "praxiológica". No basta con atrincherarnos en un conservadurismo que cierra los ojos ante la realidad social y se limita a repetir fórmulas dogmáticas sin explicarlas ni aplicarlas a la nueva situación que nos confronta en la América Latina. Tenemos que proclamar fielmente el evangelio en términos pertinentes a esta situación, y vivirlo hasta sus últimas consecuencias. Si llenamos estas condiciones, mucho más que a la teología de la liberación estaremos respondiendo positivamente a las enseñanzas y exhortaciones de la palabra escrita de Dios y al ministerio del Espíritu Santo en nuestra vida. Al fin y al cabo esto es lo más importante.

---

[1]*Prensa Libre*, Guatemala, 4 de septiembre de 1984.

[2]*Ibid.*

La respuesta teológica

En los capítulos precedentes hemos hecho algunas sugerencias en cuanto a elementos bíblicos que la teología evangélica latinoamericana tiene que subrayar, o recuperar, para ser fiel a la Palabra de Dios y pertinente a la situación social. Entramos ahora en más detalle sobre algunas de las características que esa teología debe tener.

Para el cristiano evangélico hay una teología que no admite cambio porque es la palabra del Señor que "permanece para siempre" (1 P. 1:25), y un quehacer teológico cuyo producto sí puede modificarse con el paso del tiempo. Es imperativo mantener la diferencia entre la palabra meramente humana y la que el Espíritu Santo inspiró valiéndose de hombres piadosos que vivían, pensaban, sentían y actuaban en estrecha relación con su ambiente cultural y social (2 P. 1:21; 2 Ti. 3:14-17).

El que estudia atentamente la historia del quehacer teológico sabe que la teología como reflexión humana es en buena parte el fruto directo o indirecto de los vaivenes culturales y sociales de las distintas épocas en que determinados teólogos han vivido y laborado. La teología evangélica no está exenta, como reflexión humana, de las influencias de su contexto social. Es muy difícil, por lo tanto, predecir cómo será esta teología en la América Latina dentro de diez o veinte años. Nuestro subcontinente se encuentra convulsionado por fuerzas transformadoras que pueden desestabilizar a estos países y crear un nuevo orden social antes de que termine el presente siglo. No sabemos exactamente hacia dónde va Latinoamérica si el Señor no viene pronto. Pero sí estamos seguros de que es posible profundizar ahora nuestras raíces teológicas y sugerir pautas que deben seguirse en el ministerio de comunicar la Palabra de Dios a la nueva sociedad latinoamericana que se halla en gestación ante nuestros ojos.

Definitivamente, la teología evangélica del futuro tendrá que ser *bíblica* en sus fundamentos; *eclesiástica* en su estrecha relación con la comunidad de fe; *pastoral* en su intento de ser voz orientadora para el pueblo de Dios; *contextualizada* en cuanto a lo cultural y social, y *misionera* en su propósito de alcanzar a los no cristianos con el evangelio.

Una teología bíblica

La teología auténticamente evangélica se esfuerza por arraigarse en la revelación escrita de Dios. Por lo tanto, la Biblia tiene que ser para el teólogo evangélico su principal fuente de conocimiento y su máxima autoridad. La base del genuino pensamiento evangélico no es lo que dice el teólogo Fulano, sino lo que dice el Señor en su palabra escrita. Se da por sentado que para formular una teología bíblica es indispensable esforzarse por desentrañar el significado de las Escrituras. Se necesita *exégesis*, y ésta nos demanda preparación, dedicación, trabajo intenso, perseverancia, y sobre todas las cosas sujeción al Espíritu Santo para ser iluminados por El. Es muy fácil imponerle a las Escrituras un esquema teológico, cualquiera que éste sea, en vez de estudiar paciente y concienzudamente el Sagrado Texto para descubrir en sus palabras lo que los hagiógrafos quisieron expresar bajo la inspiración del Espíritu Santo y lo que los lectores originales pudieron entender.

Los evangélicos latinoamericanos nos jactamos diciendo que somos el pueblo de un libro: la Biblia. Pero en realidad no hemos estudiado como debiéramos este libro para evaluar y mejorar nuestro quehacer teológico. En general, nuestra teología ha sido solamente un eco de la que se ha forjado en otras culturas. Nos ha faltado interés, preparación, tiempo, y respaldo financiero para la tarea teológica. Además, ha habido en la comunidad evangélica conservadora una preferencia por los hombres de acción, con cierto desdén por los hombres de reflexión. Aun en lo referente a la educación teológica hay quienes defienden un funcionalismo que tiene en poco el progreso académico: "no importa que baje la calidad en la preparación teológica de los líderes, con tal de que éstos funcionen". Bien ha dicho el teólogo evangélico latinoamericano Samuel Escobar que en algunos sectores evangélicos "la reflexión teológica como forma de obediencia a la Palabra de Dios desaparece avasallada por un activismo acrítico entusiasta y eficaz que no tiene tiempo para pensar la fe".[3]

Ya es tiempo de sentarnos a escudriñar exegéticamente la palabra de Dios, no sólo para comprobar o defender nuestra teología, sino especialmente para descubrir lo que el texto bíblico tenga que decirnos en esta situación crítica en la cual nos ha tocado vivir. Debemos pasar de los manuales de teología sistemática que se limitan a citar textos bíblicos en apoyo de determinado sistema teológico, a una teología exegética que se nutre directamente de la palabra de Dios.

Por otra parte es muy fácil huir de la problemática actual refugiándose en un meticuloso ejercicio exegético que no fructifica en una teología para el aquí y el ahora de nuestro pueblo. Resulta bastante cómodo enfrascarnos en el estudio de las remotas culturas bíblicas mientras le damos las espaldas a la cruda realidad que nos rodea. Es también posible correr a refugiarnos en el futuro y llegar a ser prominentes escatólogos que dicen muy poco o nada sobre la realidad presente que acongoja al pueblo latinoamericano. Escapándonos al pasado y al futuro, trazamos un arco teológico por encima de los problemas angustiosos de la América Latina. Si hay referencia a estos problemas el toque es tangencial, no profundo.

Necesitamos, por lo tanto, que se multiplique el número de teólo-

[3] Samuel Escobar, "Identidad, Misión y Futuro del Protestantismo Latinoamericano", *Diálogo Teológico*, El Paso, Texas, Abril de 1979, No. 13.

gos *evangélicos* latinoamericanos que estando rigurosamente entrenados en las ciencias bíblicas y teológicas puedan interpretar las señales de los tiempos a la luz de la revelación escrita, instruir adecuadamente a los futuros pastores y maestros del pueblo de Dios, y darle impulso al pensamiento evangélico latinoamericano.

Una teología eclesiástica

Lo dicho en el apartado anterior no significa de manera alguna que debamos echar por la borda todo lo que se ha producido en el campo teológico a través de casi veinte siglos de cristianismo.

Sería presuntuoso creer que el Espíritu Santo ha guardado silencio durante todo ese tiempo y que no comenzará a hablar sino por medio nuestro. O sea, pensar que ningún cristiano antes de nosotros ha tenido la asistencia del Paracletos en el estudio y exposición de las Escrituras.

Hay toda una herencia doctrinal, una "tradición" —en el mejor sentido de este término— que no debemos menospreciar, pero que tampoco debemos exaltarla por encima de la revelación escrita de Dios. El teólogo evangélico no ha de sentirse ajeno a todo ese proceso de siglos en la reflexión doctrinal de la Iglesia. La teología exegética debe ir acompañada por la teología histórica.

Sería insensato pasar por alto la rica enseñanza de los Padres primitivos, subestimar los grandes credos de la Iglesia universal, o tener en poco el trabajo tesonero de los exegetas bíblicos de épocas más recientes, por el afán de congraciarse con los iconoclastas que solamente destruyen sin edificar nada que sea positivo desde el punto de vista bíblico.

Es además indispensable estar al día en cuanto a lo que acontece en el mundo teológico, y aprovechar al máximo especialmente la contribución que otros hacen al avance de la teología evangélica en nuestros países. Estamos en deuda con el pasado y con el presente para nuestro quehacer teológico en la América Latina.

Por una teología eclesiástica entendemos también la teología que se forma en relación estrecha con la comunidad de fe. Una cosa es hablar de teología eclesiológica, y otra muy distinta referirse a una teología eclesiástica. La teología eclesiológica puede quedarse en el plano puramente teórico, analizando la doctrina tocante a la Iglesia en las Escrituras y en el trabajo reflexivo de los teólogos. Esta teología puede producirse en aislamiento, al margen de la comunidad de fe. En su torre de marfil el teólogo piensa en la Iglesia y desde allí le envía su mensaje, sin comprometerse seriamente con ningún grupo eclesiástico. Habla de la Iglesia y le habla a la Iglesia desde afuera, como un extraño.

Necesitamos la comunión y el consejo de nuestros hermanos en la fe, especialmente cuando se trata de nuestros colegas en el ministerio del evangelio. La teología evangélica debe surgir al calor de esa comu-

nión y bajo la luz de ese consejo. El teólogo académico debe ser
también un teólogo eclesiástico, identificado plenamente con el pueblo de Dios.

Una teología pastoral

Si la teología se produce en el seno de la comunidad de fe será
necesariamente pastoral, porque surgirá en respuesta a los interrogantes y necesidades del pueblo cristiano. Será una teología realizada
desde la palabra escrita de Dios hacia la situación concreta de los
evangélicos latinoamericanos. Esta teología no se verá alejada de la
existencia humana, ocupada tan sólo en tecnicismos que interesan
únicamente a los académicos, pero no a la generalidad del pueblo
evangélico. Una teología esotérica, producida especialmente para los
expertos, es inútil, desde el punto de vista de los intereses del reino de
Dios, si no desciende de su elevado pedestal académico para edificar
espiritualmente a la gente que ocupa las bancas en las iglesias.

Son numerosos los temas que la teología pastoral debe tratar en el
contexto de la iglesia evangélica latinoamericana. Entre ellos se
encuentran los relacionados con la naturaleza y misión de la iglesia
misma, y los deberes del cristiano en su relación cotidiana con la
familia, la iglesia, y la sociedad.

Todos los elementos fundamentales del credo evangélico deben ser
expuestos bíblicamente con referencia especial a la iglesia latinoamericana. Aun las bases teológicas de la liturgia evangélica habrán de
evaluarse por medio de una exégesis cuidadosa y despasionada del
texto bíblico. Será necesario preguntarse, por ejemplo, si en nuestro
culto público hemos de limitarnos a imitar servilmente la liturgia de
otras culturas, o si hay libertad en el evangelio para adorar al Señor en
formas que respondan mejor que otras a la sensibilidad de nuestra
propia gente. Qué significa ser la Iglesia del Señor en países conturba-
dos por el proceso de cambio social, es una de las preguntas más
importantes que la teología pastoral, basada en la exégesis bíblica,
tiene que responder.

Una teología contextualizada

Es posible entender por contextualización el esfuerzo que debemos
realizar para que la teología sea pertinente a nuestra propia cultura. No
es posible lograr esta pertinencia aparte del diálogo entre la teología y
nuestro contexto cultural y social.

En el caso de la teología evangélica y su énfasis en la exégesis bíblica
es preciso recordar que el trabajo exegético puede cumplir con el
requisito de averiguar lo que el hagiógrafo comunicó a sus lectores
originales. Pero falta tender el puente entre la cultura de los tiempos
bíblicos y la nuestra. Esta es una verdadera transculturización. Tenemos que investigar lo que el texto bíblico significó para aquellos

lectores, y determinar lo que el significado de ese texto nos enseña a nosotros, a fines del siglo veinte, en el contexto latinoamericano.

El Informe de la Consulta de Willowbank sobre el Evangelio y la Cultura, enero de 1978, dice que para una comprensión actual de la Palabra de Dios es necesario ir más allá del método popular que se acerca a las palabras del texto bíblico "sin captar que el contexto cultural del escritor difiere del lector", e ir más allá del método histórico que "toma con debida seriedad el contexto histórico y cultura originales". El modo contextual de aproximación a las Escrituras "toma en serio el contexto cultural del lector contemporáneo además del contexto del texto bíblico, y reconoce que debe establecerse un diálogo sobre los dos".[4]

En la América Latina tenemos que hacerle al texto bíblico no solamente nuestras preguntas tradicionales, relacionadas con las necesidades del individuo y con el más allá. Plantearemos también los interrogantes de tipo social que se oyen fuera de la iglesia. Hay preguntas fundamentales que atañen a todo ser humano, en cualquier tiempo y lugar; pero cada generación y cada grupo social tiene también sus propias preguntas que es necesario contestar. Es posible que algunas de las preguntas de ayer no tengan la misma importancia el día de hoy; y que las preguntas de determinada sociedad no sean las más apremiantes para otro grupo social.

La teología evangélica latinoamericana deberá consistir en a lo menos un intento de respuesta a los interrogantes que agobian a los latinoamericanos. El significado bíblico será estudiado en interacción con dichos interrogantes, pero no substituido por ellos, ni por una respuesta que haga violencia al texto sagrado. El diálogo entre la Escritura y el contexto social no debe llevar el propósito de inyectar significado en el texto bíblico. Este ya posee un significado que le es propio y que tenemos que relacionarlo con nuestra propia situación latinoamericana

De lo que se trata no es de atribuirle al texto bíblico un significado que le es ajeno, sino de extraer el que ya posee y relacionarlo —sin tergiversaciones— con las necesidades del individuo y las de la sociedad en general. Se entra en diálogo con las Escrituras no para cambiarles su significado, como si éste pudiera modificarse a capricho del intérprete o en respuesta a las transformaciones sociales. Si tal cosa sucediera las Escrituras dejarían de ser la norma suprema y permanente para la fe y conducta de la Iglesia en todo tiempo y lugar. El significado bíblico estaría a merced de los diferentes estados de ánimo del hermeneuta y de las diferentes situaciones en la sociedad. No tendríamos un significado estable al cual acudir para orientar nuestros

---

[4] *El Evangelio y la Cultura*. Informe de la Consulta de Willowbank, (Wheaton, Illinois: Comité de Lausana para la Evangelización Mundial, 1978), p. 10.

pasos y conducirnos en este mundo cambiante de manera agradable a Dios.

Vale también la pena señalar que por "el texto bíblico" debemos entender "todo el consejo de Dios". Uno de los mayores problemas en la teología evangélica tradicional ha sido su tendencia a usar solamente determinadas secciones bíblicas y limitar el significado de las Escrituras a la esfera de lo individual y "espiritual". Así, por ejemplo, se le ha dado énfasis al Nuevo Testamento, con menoscabo del Antiguo, y se ha subrayado únicamente el aspecto espiritual, individual, eclesiástico, y eterno de la salvación en Cristo. En algunos casos se ha llegado a perder hasta el sentido de comunidad que el Nuevo Testamento enseña tocante a la Iglesia.

Hace dos décadas la mayoría de nosotros, evangélicos latinoamericanos, no le dábamos importancia a "las implicaciones sociales del evangelio". Mientras tanto, una nueva teología se estaba gestando en el continente, con movimiento pendular hacia la izquierda política. El liberacionismo teológico ofreció llenar el vacío que la Iglesia Católica preconciliar y la hermenéutica evangélica tradicional habían dejado en la cristiandad latinoamericana. Alucinados por el resplandor de una ideología a la que revisten de enunciados teológicos, los teólogos de la liberación nos incitan a refugiarnos en una hermenéutica que acaba por desfigurar el significado del texto bíblico.

No hay necesidad de tergiversar la Escritura para responder a los interrogantes de nuestros coterráneos. Pero es indispensable recuperar aquellos elementos bíblicos que hemos relegado al olvido. Abunda la Biblia en enseñanzas sobre la dignidad del ser humano (incluyendo a ambos sexos); la libertad y la esclavitud; la justicia personal y social; la propiedad privada; la riqueza y la pobreza; las relaciones laborales; la paz y la guerra; los deberes y privilegios de la familia; el origen y naturaleza del Estado; las atribuciones y limitaciones del poder civil; los deberes cívicos del cristiano; la filantropía cristiana (las "buenas obras" como fruto de la salvación); en fin, las relaciones humanas en la familia, en la comunidad de fe, en el orden civil, en la escena internacional.

Hay en las Escrituras grandes principios éticos que el pueblo cristiano debe seguir y proclamar para ser en verdad sal y luz de la Tierra. Es digno de notarse que líderes no cristianos han surgido como voceros de estos principios bíblicos que la Iglesia no ha comunicado. Los movimientos contemporáneos de reivindicación social han tomado prestadas de la Biblia algunas de sus enseñanzas sobre la dignidad y libertad del ser humano. Ante el silencio de la Iglesia otros han levantado su voz. Para remediar esta situación todo lo que tenemos que hacer es recuperar las enseñanzas bíblicas, "anunciando todo el consejo de Dios".

Una teología misionera

Tiene que entrar la teología en diálogo con el contexto cultural y social para comunicar eficazmente el evangelio, o sea convertirse en una teología misionera. Tal debe ser el propósito de la contextualización. De otra manera, como dice el Dr. C. René Padilla, la teología pierde el equilibrio entre fidelidad a "la fe dada una vez a los santos" (Judas 3) y pertinencia a la situación social. O se convierte meramente en el esfuerzo por preservar una tradición teológica, o se acomoda al contexto social, perdiendo así su identidad cristiana. "Si la teología en el mundo de los dos tercios va a ser pertinente y fiel, tiene que basarse en una hermenéutica misionológica".[5] Hemos de contextualizar el evangelio para cumplir con la misión que el Maestro nos ha dado (Mt. 28:18-20).

Todo lo que hemos dicho aquí sobre una teología latinoamericana sugiere que nuestra tarea no consistirá en añadir o quitarle algo al evangelio, sino en subrayar aquellos elementos bíblicos que no han recibido suficiente énfasis en nuestro quehacer teológico, o recuperar los que hemos olvidado. Consistirá nuestra tarea en responder bíblicamente a los interrogantes y necesidades del pueblo latinoamericano.

La respuesta de la praxis cristiana

En el capítulo sobre cristología hemos afirmado que Jesús no vino a fundar otro grupo religioso, u otro partido político, sino a establecer una nueva comunidad, la comunidad del reino de Dios, sustentada y caracterizada por el amor, la humildad, la justicia, la paz, el servicio, y la concordia entre los hombres de buena voluntad. Sobreentendemos los evangélicos que esta comunidad la integran todos aquellos que han nacido de nuevo por el poder de la Palabra y del Espíritu de Dios. Es la comunidad de los que han llegado a ser hijos de Dios por haber creído en el nombre del Señor Jesús (Jn. 1:11-13). Ésta es la Iglesia, el Cuerpo de Cristo, llamada a vivir y proclamar el evangelio en medio de la sociedad, no aparte del mundo, sino en el mundo, pero sin dejarse contaminar por el mundo.

La Iglesia es el pueblo de Dios en esta era, entre los dos advenimientos del Señor Jesús a la Tierra (1 P. 2:9-10). La Iglesia es la comunidad del reino de Dios en medio de "los reinos de este mundo". Dice San Pablo que los creyentes en Cristo Jesús hemos sido liberados de la potestad de las tinieblas y "trasladados al reino de su amado Hijo" (Col. 1:13). También leemos en Apocalipsis 1:6 que Cristo "ha hecho de nosotros un reino de sacerdotes para Dios y su Padre" (Biblia de Jerusalén). La Iglesia es el agente del reino presente de Dios. A la vez, ella es llamada a proclamar y de alguna manera ejemplificar las

---

[5] C. René Padilla, "Toward a Biblical Foundation for a Two-Thirds World Evangelical Theology", *Theological Fraternity Bulletin*, Mexico, 1982-1983.

virtudes del reino que está por venir. Si este reino se caracterizara por el derramamiento del Espíritu Santo sobre toda la humanidad, por la justicia, la paz y la fraternidad universales, el mundo debe ver aquí y ahora en la conducta de cada cristiano en particular y de la Iglesia en su totalidad, un anticipo de esas y otras bendiciones que el Mesías traerá en plenitud para todos los pueblos de la Tierra.

Cómo podemos hablar de ese futuro derramamiento del Espíritu y no permitir que El nos llene hoy para que podamos vivir en forma auténtica la vida cristiana en el hogar, en la congregación y en la sociedad? ¿Cómo podemos hablar de una justicia que reinará en todos los pueblos del orbe y no ser justos hoy en nuestra vida personal, familiar y social, para abogar con autoridad de lo alto por la causa de la justicia en la sociedad? ¿Cómo podemos hablar de la paz que disfrutarán todos los seres humanos y no seguir hoy la paz y la santidad en nuestra vida personal, familiar y social? ¿Cómo podemos hablar de la futura fraternidad universal y no amarnos hoy los unos a los otros así como el Maestro nos ha mandado?

La Iglesia es el agente del reino presente de Dios y la abanderada del reino que está por venir. Todo esto nos impone una seria responsabilidad ética ante Dios y ante la sociedad. Tenemos una vocación celestial que cumplir en este planeta: vivir y proclamar el reino de Dios. Esto significa ser Iglesia el día de hoy en el centro del torbellino social. El mundo debe *oír* el evangelio, pero también *verlo* encarnado en la vida de los que lo proclamamos.

Nuestra respuesta teológica a la Palabra de Dios y a los problemas candentes de la sociedad latinoamericana, debe ir respaldada por una praxis auténticamente cristiana. Tenemos que ser Cristianos, así con mayúscula, como lo fueron aquellos discípulos que merecieron tan glorioso nombre en los días apostólicos (Hech. 11). En la comunidad evangélica latinoamericana muchos de nosotros corremos el peligro de acomodarnos a la situación reinante y jugar a ser cristianos el domingo por la mañana, en imitación servil de un cristianismo de clase media que nos viene de sociedades opulentas occidentales, ajenas al drama doloroso que viven millones de latinoamericanos.

Ese cristianismo puede convertir fácilmente a las iglesias en "clubes de autoedificación", como dijo un profesor de educación cristiana en un seminario teológico norteamericano. Puede ser también el cristianismo de la "gracia barata", de la cual habló el joven teólogo alemán Dietrich Bonhoeffer. Muy triste es confesarlo, pero ha habido mucho de esa "gracia barata" en nuestros esfuerzos de evangelización en la América Latina. Hemos predicado con bastante frecuencia un evangelio de "ofertas" sin "demandas", guiados en algunos casos por el afán de conseguir "decisiones" y publicar estadísticas que al fin y al cabo promueven el culto a la personalidad. La búsqueda de un crecimiento que no pasa de ser numérico puede expresarse también en esa predicación que ofrece felicidad personal, paz en el hogar, salud física, éxito profesional, prosperidad económica, y la solución de todos los problemas de esta vida. Pero es una predicación que no insiste como debiera en que el Señor nos llama primordialmente a resolver el problema de nuestro pecado por medio de la fe en El y en su obra redentora, y que El anda en busca de *pecadores* dispuestos a convertirse en sus *seguidores*, en cualesquiera circunstancias que la vida en este mundo les depare.

Se está abaratando tanto el evangelio en nuestro medio que hay quienes prefieren, para ganar adeptos, no señalar la diferencia abismal que existe entre el camino del auténtico discipulado cristiano y aquellos "cristianismos" que en su esquema doctrinal niegan fundamentos de la fe neotestamentaria. De esta manera se intenta suavizar el evangelio para que un mayor número de personas puedan aceptarlo sin dificultad. Así no predicó Jesús. El dijo: "Si alguno quiere venir en pos de mí, niéguese a sí mismo, y tome su cruz, y sígame" (Mt. 16:24).

Desde este punto de vista, sobrada razón tiene Juan Luis Segundo para decir que el evangelio no es una "mercancía barata". El genuino discipulado cristiano tiene un costo que puede ser muy elevado, según los designios del Señor. Somos salvos por la gracia de Dios, por medio de la fe, para servir; y si el Maestro así lo demanda, también para sufrir y aun para morir en su nombre. Este es un lenguaje muy extraño para aquellas personas que buscan una iglesia evangélica para ser felices, según la idea de felicidad que impera en el mundo.

Jurgen Moltmann cita al teólogo católico Metz, quien habla de la iglesia burguesa como de un supermercado donde se ofrecen a precios bajísimos productos o mercancías para todos los gustos. Dice Moltmann que en el Nuevo Mundo hay tal variedad de denominaciones y tantas iglesias que nadie tiene por qué preocuparse por algún problema que surja en su congregación: le es muy fácil irse a otra que sea de su gusto. En la competencia del mercado religioso, el ganador —como en cualquier otro mercado— es el que ofrece lo más barato y atrayente a los compradores. Finalmente, con facilidad la iglesia cae víctima de la seducción de las iglesias "de clase", en las que los miembros aceptan solamente a los de su misma condición social: se reunen los pájaros del mismo plumaje.[6]

En la América Latina hay iglesias evangélicas que corren el peligro de volverse "clasistas", indiferentes a las grandes mayorías que sufren los resultados más deplorables de nuestro subdesarrollo económico y social. Según parece, la clase media, que ha luchado para llegar a esa altura, se consagra fácilmente a conservar sus logros, y aun a mejorarlos procurando subir un peldaño más en la escala social, dándole las

---

[6]Jurgen Moltmann, *The Power of the Powerless* (San Francisco, California, 1983), pp. 160-61. Se da aquí una traducción libre y una adaptación de lo dicho por Moltmann.

espaldas a las clases menos privilegiadas. Las iglesias que surgen de esta movilidad social pueden fácilmente olvidarse de las demandas del discipulado cristiano y del ejemplo del Señor Jesús, quien tuvo compasión de las multitudes que andaban esparcidas y maltratadas como ovejas sin pastor.

Un pastor evangélico norteamericano, de clase media, se dio cuenta de que su iglesia estaba encadenada a sí misma, a sus tradiciones en la liturgia y métodos de trabajo, a su clase social, a su manera de ser iglesia en un gran centro urbano. Teniendo una nueva percepción de la ciudad misma como un campo misionero, estimuló a los miembros de la congregación a interesarse también en los grupos marginados, incluyendo a vagabundos, drogadictos, y aun homosexuales. El énfasis de este pastor es más espiritual que social, pero ha roto cadenas en lo que respecta a la vida y misión de una iglesia urbana que no se había interesado en otras clases sociales. El número de miembros ha crecido, pero es más bien una congregación esparcida por la ciudad, sirviendo a los sectores más necesitados. El templo puede acomodar solamente a 275 personas, pero el número de miembros llegó a más de mil en 1982. Había solamente cien miembros en 1970. Pero lo más importante no es el crecimiento numérico sino la nueva modalidad de ministerio que el pastor y su iglesia están llevando a cabo.

No cabe duda que muchas de nuestras iglesias en la América Latina tienen que ser desencadenadas para servir a otros segmentos sociales. A lo que debe añadirse que en nuestro caso el reto va más allá de lo meramente espiritual. Se trata también de los millones que claman por justicia social. La Iglesia no puede hacerse sorda a ese clamor. Se nos dice que debemos ver no solamente los *efectos* sino también las *causas* de nuestra problemática social y hacer algo al respecto, para ser consecuentes con nuestra fe cristiana.

Tan grande desafío es ineludible y ha resultado en un despertar de la conciencia social de los evangélicos a nivel de consultas y congresos mundiales. Prueba de este aserto son algunos documentos como la Declaración de Wheaton (1966), el Pacto de Lausana (1974), la Declaración sobre la Evangelización y la Responsabilidad Social (Grand Rapids, Michigan, 1982), y los Documentos del Grupo III, Conferencia de Wheaton, Illinois, 1983. Parece que el proceso de reflexión y concientización sobre la responsabilidad social de la Iglesia Evangélica es irreversible. Se ha dado un buen paso al comenzar por la reflexión bíblica y teológica sobre tan discutido asunto. Lo que esperamos muchos de nosotros, evangélicos latinoamericanos, es que en ese proceso participen siempre los espíritus más serenos y estables en la fe bíblica, para que la Iglesia Evangélica asuma plenamente su responsabilidad social sin perder el rumbo marcado por la revelación escrita de Dios. Que nuestra *acción* sea impulsada y orientada en todo tiempo y lugar por esta *revelación*.